U0061739

順生論

張中行——

著

三聯書店

責任編輯	鄭海檳
書籍設計	道　轍
書籍排版	何秋雲
校　　對	栗鐵英

書　　名	順生論
著　　者	張中行
出　　版	三聯書店（香港）有限公司
	香港北角英皇道 499 號北角工業大廈 20 樓
	Joint Publishing (H.K.) Co., Ltd.
	20/F., North Point Industrial Building,
	499 King's Road, North Point, Hong Kong
香港發行	香港聯合書刊物流有限公司
	香港新界荃灣德士古道 220-248 號 16 樓
印　　刷	美雅印刷製本有限公司
	香港九龍觀塘榮業街 6 號 4 樓 A 室
版　　次	2022 年 6 月香港第一版第一次印刷
規　　格	32 開（130 × 190 mm）368 面
國際書號	ISBN 978-962-04-4950-5

目錄

我與讀書

（代前言）

　　這是一篇不該寫而終於決定寫的文章。不該寫的原因，比喻說，居室內只有幾件多年伴隨的破桌子、爛板凳之類，而視為奇珍，並攔住過路人，請人家進來欣賞，這說輕些是愚陋，重些是狂妄。而又決定寫，如文題所示，是因為先與"讀書"，後與《讀書》，有些關係。後來居上，且說近一兩年來，不知道以何因緣，我的一些不三不四的文章，竟連續佔了《讀書》的寶貴篇幅。根據時風加市風，印成鉛字的名字見三次以上，就有明眼人或不明眼人大注其意。自然，也因為文中總不免有些不三不四，或說野狐禪氣，有些認真的人就不淡然置之。於是，據說，有人發問了："這新冒出來的一位是怎麼回事？"又據說，這問是完全善意的。何以為報？想來想去，不如索性把不三不四的來路和情況亮一下；看了家底，也就不必再問了吧？這家底，大部分由"讀書"來，小部分由"思考"來；思考的材料、方法以及動力也是由讀書來，所以也無妨說，一切都是由讀書來。這樣說，沒有推卸責任之意，因為書是我讀，思考是我思考，辮子具在，跑不了。語云，言者無罪，說是這樣，希望實際也是這

樣。以下入正文，圍繞著讀書和思考，依老習慣，想到哪裏
說到哪裏。

一

由呱呱墜地説起。遺憾也罷，不遺憾也罷，我未能有幸生
在書香門第，因而就不能寫王引之《經義述聞》那樣的書；還
不只我沒聞過，就我及見的人説，祖父一輩和父親一輩都沒聞
過。家庭是京、津間一個農戶，雖然不至缺衣少食，卻連《四
書》《五經》也沒有。到我該讀蒙書的時候，三味書屋式的私
塾已經幾乎絕跡，只好順應時勢，入鎮立的新式學堂。讀的不
再是三、百、千，而是共和國教科書。國文是重點課，開卷第
一回是“人手足刀尺，山水田，狗牛羊”，比下一代的“大狗
叫，小狗跳”死板得多。時代不同，據説總是越變越好。是否
真值得這樣樂觀，我不知道；但不同確是不錯，大不同是：
現在一再呼籲甚至下令減輕學生負擔，我們那時候卻苦於無事
可做。忝為學生，正當的消閒之法是找點書看，學校沒有圖書
館，鎮上也沒有；又不像江南，多有藏書之家，可以走宋濂的
路，借書看。但那時候的農村有個優越條件，是不入流的“小
説家者流”頗為流行，譬如這一家有《濟公傳》，那一家有《小
五義》，就可以交換著看。於是，根據生物，為了活，最能適
應或將就的原理，就東家借，西家換，大量地看舊小説。現在
回想，除了《紅樓夢》《金瓶梅》之外，通行而大家熟知的，

歷史，俠義，神魔，公案，才子佳人，各類的，不分文白，絕大部分是石印的小本本，幾乎都看了。有的，如《聊齋志異》《三國演義》《鏡花緣》等，覺得特別有意思，還不只看一遍。

這樣盲人騎瞎馬地亂讀，連續幾年，現在問，得失如何？失難說，因為"不如怎樣怎樣"是空想，不可能的事，不管也罷。只說得（當然是用書呆子的眼看出來的），如果教訓也算，可以湊成三種。一種是初步養成讀書習慣，後來略發展，成為不以讀書為苦，再發展，成為以眼前無書為苦。另一種是學了些筆下的語言，比如自己有點甚麼情意想表達，用白，用文，都像是不很費力。還有一種是教訓。古人說，詩窮（多指不能騰達）而後工。我想可以擴而充之，說書也是窮（多指財貨少）而後能讀。專說我的幼年，依普通農家的傳統，是衣僅可蔽體，食僅可充腹。娛樂呢，現在還記得清清楚楚，家裏一件玩具也沒有，冬閒的時候，男頑童聚在一起，只能用碎瓦片、斷樹枝做投擲、撞擊的遊戲。這很單調，而精力有餘，只好謀消磨之道，於是找到最合用的，書。何以最合用？因為可以供神遊，而且長時間。總之，因為窮，就讀了不少。現在，也可算作進步之一樁吧，不要說幼兒園，就是小家庭裏，如果有小孩，也是玩具滿坑滿谷，據說其中還有電氣發動、會唱會鬧的。我老了，步伐慢，跟不上，總有杞人之憂，像這樣富而好樂，還會有精力和興趣讀書嗎？──不好再說下去，否則就要一反韓文公之道，大作其《迎窮文》了。

二

　　總有七八年吧，小學不好再蹲下去。農、士、商，三條路，受了長兄畢業於師範學校的影響，走熟路，考入官費的通縣師範學校。成文規定，六年畢業；不成文規定，畢業後到肯聘用的小學當孩子王。不知為甚麼，那時候就且行善事，莫問前程。課程門類不少，但考試及格不難，可以臨陣磨槍，所以還是常常感到無事可做。學校多年傳統，兩種權力或自由下放給學生，一種是操辦肉體食糧，即用每人每月四元五角的官飯費辦伙食；一種是操辦精神食糧，即每月用固定數目的圖書費辦圖書館。專說所謂圖書館，房間小，書籍少，兩者都貧乏得可憐。但畢竟比小學時期好多了，一是化無為有，二是每月有新的本本走進來。其時是二十年代後期，五四之後十年左右，新文學作品（包括翻譯和少數新才子佳人）大量上市的時期，又不知道以何因緣，我竟得較長時期佔據管理圖書館的位置。近水樓台先得月，於是選購、編目、上架、借收等事務之餘，就翻看。由於好奇加興趣，幾年時光，把這間所謂館的舊存和新購，絕大部分是新文學作品，小部分是介紹新思想的，中的，由紹興周氏弟兄到張資平、徐枕亞，外的，帝俄、日本、英、法、德，還有西班牙（因為生產了堂‧吉訶德），凡是能找到的，幾乎都看了。

　　與小學時期相比。這是由溫故而走向維新。有甚麼獲得呢？現在回想，半瓶醋，有時閉門自喜，不知天高地厚。但究竟是睜開眼，瞥了一下新的中外，當時自信為有所見。就算是狂妄吧，比如，總的說，搜索內心，似乎懷疑和偏見已經萌了芽。這表現在很多方面，如許多傳統信為真且正的，上大人的冠冕堂皇的大言，以至自己的美妙遐想，昔日讚而嘆之的，變為半信半疑，或乾脆疑之了。這是懷疑的一類，還有偏見的一類，專就文學作品說，比如對比之下，總覺得，散文，某某的不很高明，因為造作，費力；小說，某某的，遠遠比不上某些翻譯名著，因為是適應主顧需求，或逗笑，或喊受壓，缺少觸動靈魂的內容。這類的胡思亂想，對也罷，錯也罷，總而言之，都是由讀書來的。

三

三十年代初我師範學校畢業，兩種機緣，一堵一開，堵是沒有小學肯聘用，開是畢業後必須教一年學才許升學的規定並不執行，合起來一擠就擠入北京大學。考入的是文學院，根據當時的自由主義，入哪一系可以自己決定。也許與過去的雜覽有關吧，糊裏糊塗就選了中國語言文學系。其時正是考證風颳得很厲害的時候，連許多名教授的名也與這股風有關，如錢玄同，把姓也廢了，改為疑古；顧頡剛越疑越深，以至推想夏禹王是個蟲子；胡適之的博士是吃洋飯換來的，卻也鑽入故紙堆，考來考去，說儒的本職原來是吹鼓手；等等。人，抗時風是很難的，何況自己還是個嘴上無毛的青年。於是不經過推理，就以為這考證是大學問，有所知就可以得高名，要加緊步伐，追上去。追，要有本錢，這本錢是依樣葫蘆，也鑽故紙堆。在其時的北京大學，這不難，因為：一，該上的課不多，而且可以不到；二，圖書館有兩個優越條件，書多加自由主義。書多用不著解釋，專說自由主義，包括三項：一是閱覽室裏佔個位子，可以長期不退不換；二是書借多少，數量不限；三是書借多久，時間不限。於是利用這種自由，我的生活就成為這樣：早飯、午飯之後，除了間或登紅樓進教室聽一兩個小時課之外，經常是到紅樓後面，松公府改裝的圖書館，進閱覽室入座。座是自己早已佔據的，面前寬寬的案上，書堆積得像個小山嶺。百分之九十幾是古典的，或研究古典的。先看後看，沒有計劃，引線是興趣加機遇，當然，尤其早期，還要多憑勢利眼，比如正經、正史，重要子書，重要集部，一定要看，就是以勢利眼為指導的。機遇呢，無限之多，比如聽某教授提到，逛書店碰到，看書，王二提到張三，張三提到李四，等等，就找來看。興趣管的面更廣，比如喜歡看筆記，就由唐、宋人的一直看到俞曲園和林琴南；喜歡書法，就由《筆陣圖》一直看到《廣藝舟雙楫》。量太大，不得不分輕重，有些，尤其大部頭自認為可以略過的，如《太平御覽》《說文解字詁林》之類，就大致翻翻就還。這樣，連續四年，在圖書館裏亂翻騰，由正襟危坐的《十三經注疏》《資治通鑒》之類到談情說愛的《牡丹亭》《霓裳續譜》之類，以及消閒的《回文類聚》《楹聯叢話》之類，雜亂無章，總的說，是在古典的大海裏，不敢自誇為漫游，總是曾經"望洋向若而嘆"吧。

　　也要説説得失。語云，開卷有益，多讀，總會多知道一些，有所知就會有所得。這是總的。但是也有人擔心，鑽故紙堆，可能越鑽越糊塗。明白與糊塗，分別何所在，何自來，是一部大書也難得講明白的事。姑且不求甚解，也可以從另一面擔心，不鑽也未必不糊塗。還是少辯論，且説我的主觀所得。一方面是積累些中國舊史的知識，這，輕而言之是資料，可備以後的不時之需；重而言之是借此明白一些事，比如常説的人心不古就靠不住，古代，壞人也不少，尤其高高在上的，他們的善政都是幫閒或兼幫忙的文人粉飾出來的。另一方面是學了點博覽的方法，這可以分作先後兩步：先是如何找書看，辦法是由此及彼，面逐漸擴大；後是如何趕進度，辦法是取重捨輕，捨，包括粗看和不看。這些，我覺得，對我後來的"盡棄其學而學焉"確是有些幫助。失呢，也來於雜覽，因為不能專一，以致如室中人多年後所評，樣樣通，樣樣稀鬆。或如《漢書·藝文志》論雜家所説："雜家者流，蓋出於議官，兼儒墨，合名法，知國體之有此，見王治之無不貫，此其所長也。及蕩者為之，則漫羨而無所歸心。"

四

　　大概是大學四年的末期，腦海裏忽然起了一陣風暴。原來底子薄，基礎不鞏固，抗不住，以致立刻就東倒西歪，具體說是有了強烈的惶惑之感。還可以具體並重點地說,是心裏盤問:偏於破的,如舜得堯之二女,是郗鑒選東床坦腹式的許嫁或卓文君式的私奔,還是曹丕得甄氏式的搶;三代之首位的夏禹王,是治水的聖哲兼開國之君,還是個蟲子,等等,就是能考清楚了,遠水不解近渴,究竟有甚麼用?偏於立的,生而為人,生涯只此一次,究竟是怎麼回事。如果有意義,意義何在?要怎樣生活才算不辜負此生?等等問題是切身的,有精力而不先研討這個,不就真是辜負此生了嗎?這是注意力忽然由身外轉向身內。何以會有此大變?直到現在我也不明白。但這變的力量是大的,它使我由原來的自以為有所知一變時就如墜五里霧中。我希望能夠儘早撥開雲霧而見青天。辦法是胸有成竹的,老一套,讀書,讀另一類的書。起初是樂觀的。這樂觀來於無知,以為扔開《十三經注疏》之類,找幾本講心理、講人生的書看看,就會豁然貫通。當然,這樂觀的想法不久就破滅了。破滅有淺深二義:淺的是,不要說幾本,就是"讀書破萬卷"也不成;深的是,有些問題,至少我看,借用康德的論證,是在人的理性能力之外的。這些後面還要談到,這裏只說,因為想撥開雲霧,我離開大學之後,就如入了另一個不計學分、不發證書的學校,從頭學起。

這另一個學校,沒有教室,沒有教師,沒有上下課的時間,更糟的是學甚麼課程也不知道。起初,只能用我們家鄉所謂"瞎摸海"(稱無知而亂闖的人)的辦法,憑推想,找,碰,借,讀讀試試,漸漸,兼用老家底的由此及彼、面逐漸擴大法，結果，專就現象說，就真掉進書或新知的大海。這說來嫌話太長，只好化繁為簡，依時間順序，舉一斑以概全豹。先是多靠碰，比如還看過經濟學的書，不久就發現，它只講怎樣能富厚，不講為甚麼要富厚，文不對題，扔開。另一種情況是百川歸海，終於找到冤有頭的頭，債有主的主。這百川，大致說是關於人以及與了解人有關的各門科學知識。人，或說人心，中國傳統也講，缺點是玄想成分多，比如宋儒的天理與人欲對立，就離實況很遠。所以我一時就成為"月亮也是外國的圓"派，幾乎都讀真洋鬼子寫的。由近及遠，先是心理學，常態的，變態的，犯罪的，兩性的，因而也藹理斯，特別欣賞弗洛伊德學派的，因為深挖到獸性。向外推，讀人類學著作，希望於量中見到質；再推，讀生物學著作，因為認為，聽了貓叫春之後，更可以了解禪定之不易。直到再向外，讀天文學著作，因為那講的是生的大環境，如果愛丁頓爵士的宇宙膨脹說不錯，人生就化為更渺小，意義就更難說了。說到環境，這牽涉到萬有的本質問題（科學成分多），知識的真假、對錯問題（哲學成分多），於是就不能不讀偏於理論的科學著作。而所有這些，就我個人說，都是為解答一個問題，人生究竟是怎麼回事，所以百川就歸了海，這海是"人生哲學"。這門學問也確實不愧稱為海，西方的，由蘇格拉底起，東方的，由孔子起，還要加上各種宗教，著作浩如煙海。只好找重要的，一本一本啃。洋鬼子寫的，儘量用中譯本；沒有中譯本，英文寫的，找原本，非英文寫的，找英文譯本。與科學方面的著作相比，這人生哲學方面的著作是主幹，所以讀的種數，用的時間，都佔了首位。還有一種情況，是歸攏後的再擴大，也可以說說。那是因為哲學的各部門有血肉聯繫，讀一個部門的，有如設宴請了某夫人，她的良人某某先生，甚至姑姨等系的表姐表妹，也就難免跟了來。人生哲學的戚屬很多，比如你總追問有沒有究極意義，就不能不摸摸宇宙論；有所知，有所肯定，不知道究竟對不對，就不能不摸摸知識論；而一接近知識，就不免滑入邏輯；等等。總之，找來書讀，像是越讀問題越多，自己不能解答，就只好再找書，再請教。就這樣，讀，讀，舊問題去了，來了新問題，小問題去了，來了大問題，直到人借以存在的時、空及其本原是怎麼回事也成為問題，就問愛因斯坦，及至知道他也不是徹底清楚，就只能抱書興嘆了。說句總結的話，這一階段，書確是讀了不少，所得呢？一言難盡。

<h2 style="text-align:center">五</h2>

嚴格說，不應該稱為"得"，因為情況複雜，複雜到捫心自問，自己也有賬算不清。語云，讀書明理，難道反而墮入佛家的無明了嗎？也不盡然。實事求是地說，是小問題消減了，大問題明顯了。明顯到自信為不能解決，所以其結果就一反宋朝呂端之為人，成為大事糊塗，小事不糊塗，頗為可憐了。以下具體說這可憐。可憐由零碎的可喜來，先說可喜。這也不好枚舉，只說一點點印象深的，影響大的，算作舉例。一種，姑

且名之為“方法”，曰無成見而平心靜氣地“分析”。姑嫂打架，母親兼婆母必說姑直而嫂曲，鄰居不然，說針尖對麥芒，母用的是黨同伐異法，鄰居用的是分析法。顯然，治學，定是非，分高下，應該用分析法，事實上許多人也在用分析法。且說我推重這種方法，並想努力用，主要是從薛知微教授（十九世紀末在倫敦大學任教）的著作裏學來的。他著作不少，只說一本最有名的《倫理學之方法》。書的高明之處，為省力，引他的高足伯洛德先生的意見（非原文）：對某一個問題，他總是分析，就是從這個角度看，如此如此，從那個角度看，如彼如彼，都說完，彷彿著者並沒甚麼主見，可是仔細想想，人類智力所能辨析的，不過就是這些，思想的高深就蘊含在這無餘義之中。這可謂知師者莫如徒。這本書我讀了兩遍，自信為有所得，其最大者是：確知真知很難，許許多多久信的甚麼以及宣揚為應信的甚麼，絕大多數是經不住分析的；因而對於還未分析的甚麼，上德是“不知為不知”。另一種，姑且名之為“精神”，曰無徵不信的“懷疑”。就我所知，在這方面，也是進口貨佔上風。古希臘有懷疑學派，雖然莊子也曾“不知周之夢為胡蝶”，“胡蝶之夢為周”，可是意在破常識，所以沒有成為學派。大大的以後，法國笛卡爾也是由懷疑入門，建立自己的哲學體系。這些都可以不計，只說我更感興趣的，是許多人都熟悉的羅素，他推重懷疑，而且寫了一本書，名《懷疑論集》。主旨是先要疑，然後才能獲真知。他舉個有趣的例，是英國課本說打敗拿破崙是英國人之力，德國課本說是德國人之力，他主張讓學生對照著唸這兩種，有人擔心學生將無所適從，他說，能夠使學生不信，教育就成功了。他的懷疑還有更重大的，是繼休謨之後，懷疑歸納法的可靠性。舉例說，如果把"一定還有明天"當作可信的知識，這信是從歸納法來的，因為已經一而再，再而三，就推定一定還有三而四。為甚麼一而再，再而三，其後必有三而四？因為我們相信自然是齊一的（有規律，不會有不規律的變）。何以知道自然是齊一的？由歸納法。這樣，自然齊一保歸納法，歸納法保自然齊一，連環保，就成為都不絕對可靠了。就舉這一點點吧，分析加懷疑，使我有所得也有所失。得是知識方面的，也只能輕輕一點。先說個大的，比如對於生的大環境的底裏，我確知我們殆等於毫無所知，舉個最突出的例，我們這個宇宙，用康德的時間觀念（與愛因斯坦的不同），問明天還有沒有，自然只有天知道。如是，計劃也好，努力也好，都不過是自我陶醉而已。再說個小的，比如有情人終於成為眷屬，我確知這決定力量是身內（相貌、能力等）身外（地位、財富等）兩方面條件相加，再加機遇，而不是西湖月下老人祠中的叩頭如搗蒜。總之，辨識真假、是非的能力強了，大大小小的靠不住，雖然未必說，卻可一笑置之。失呢？大失或大可憐留到下面說，這裏只說小失，是心和身常常不能合時宜，這包括聽宣傳、看廣告都不怎麼狂熱之類。浮世間，為了爭上游，至少是為了活，大概常常不得不狂熱或裝作狂熱吧？每當這種時候，分析方法和懷疑精神等就來搗亂，以致瞻前顧後，捉襟見肘，苦而不能自拔了。

六

　　以下正面說可憐，包括兩類：一類是大問題不能解答，以致難得安身立命，這一節談；另一類是不得已而退一步，應天順人，自欺式地自求多福，下一節談。記得英國培根說過（《新工具》？）："偉大的哲學起於懷疑，終於信仰。"不知道這後一半，他做到沒有。我的經驗，想做到，就要腳踩兩隻船，一以貫之必不成。這兩隻船，比如一隻是冥思室或實驗室，一隻是教堂，在室裏雖然被類星體和基本粒子等包圍，到堂裏卻可以見到上帝；通曉類星體和基本粒子等可以換取世間的名利，安身立命卻要由上帝來。我可憐，是因為不能腳踩兩隻船，而習慣於由懷疑起，一以貫之。比如喜歡追根問柢就是這種壞習慣的表現。追問，有天高皇帝遠的，如歷史上的某某佳人，就真能作掌上舞嗎？某某的奉天承運，就真是來於救民於水火嗎？遠會變為近，也追問關於人的，不合時宜，單說關於理的。各時代都有流行的理，或說真理，新牌號的大多不許追問，老牌號的升遷，以至很多人想不到追問。如果起於懷疑而一以貫之，就難免（在心裏）追問：所信的甚麼甚麼最對，至好，為甚麼？為甚麼還可以分為不同的層次，仍以人生哲學為例，厚待人比整人好，為甚麼？答曰，因為快樂比痛苦好。一般人至此不問了，薛知微教授之流還會問，為甚麼？比如答覆是快樂比痛苦有利於生活，慣於追根問柢的人還會問，為甚麼利於生活就好？甚至更乾脆，問，為甚麼生就比死好？顯然，這公案只能終止於"不知道"。遺憾的是，我也誠心誠意地承認，能信總比不能信好，因為可以安身立命。話扯遠了，還是趕緊收回來，談人生究竟是怎麼回事。確是很可憐，借用禪和子的話形容，是在蒲團上用功多年，張目一看，原來還是眼在眉毛下。直截了當地說，關於人生有沒有意義，或說有沒有目的，我的認識是，膽量大一些答，是沒有；小一些答，是無法證明其為有。這膽小一些的答覆是由宇宙論來，因為宇宙何自來，將有何歸宿，以及其中的千奇百怪，大到星雲的旋轉，小到一個蚊子哼哼哼，為甚麼，有何必要或價值，我們都說不上來。不好，這擴大為談天，將難於收束。那就下降，專說人。天地間出現生命，生命有強烈的擴展要求，於是而我們就戀愛，湊幾大件成婚，生小的，小的長大，再生小的，究竟何所為？平心靜氣，實事求是，只能說不知道。孔老夫子說"畏天命"，畏而不能抗，又不明其所以然，所以成為可憐。這可憐，說句抱怨的話，也是由讀書來的。

七

大問題不能解答，或者說，第一原理樹立不起來，是知識方面的迷惘。但迷惘也是人生的一個方面，更硬梆的現實是我們還活著。長日愁眉苦臉有甚麼好處呢？不如，事實也是人人都在這樣做，且吃烤鴨，不問養壯了有甚麼意義。這是退一步，天上如何不管了，且回到人間打算盤，比如住樓房比住窯

洞舒服，就想辦法搬進樓房，而不問舒服和不舒服間還有甚麼
大道理。這生活態度是《中庸》開頭所說：「天命之謂性，率
性之謂道，修道之謂教。」用現代語注釋是：人有了生就必須
飲食男女，這是定命，到身上成為性，只能接受，順著來，順
著就是對；但人人順著也難免有衝突，比如僧多粥少就不免於
爭，所以還要靠德、禮、法等來調節。對於這種生活態度，幾
乎是人人舉手贊成，認為當然。我也贊成，卻受了讀書之累，
不是認為當然，而是認為定命難抗，只好得過且過。或說得冠
冕些，第一義的信仰既然不能樹立，那就抓住第二義的，算作
聊以自慰也好，甚至自欺也好。正如寫《邏輯系統》的小穆
勒先生，長期苦悶之後，終於皈依邊沁主義（其主旨為善是最
大多數人的最大幸福），既已皈依，就死生以之。這當然也得
算作信仰，但其中有可憐成分，因為不是來於理論的應然，而
是來於實際的不得不然。說句洩氣的話，是生而為人，要活，
並希望活得如意些，就不能不姑且相信應該分辨是非，有所取
捨。取，天上不會掉餡餅，所以還要盡人力，想辦法。邊沁式
的理想，我們很早就有，那是孟子的眾樂主義。孔、孟是理想
主義者，凡理想主義都不免夾帶著樂觀主義。他們相信，只要
高高在上者英明，肯發善心，人間就會立刻變成盛世。事實是
在上者並不發善心，或根本就沒有善心，因而人間就始終不能
盛。與孔、孟的眼多看天相比，荀子眼多看地，於是就看見性
惡以及其本原的「欲」。兩千年之後，西方的弗洛伊德不只看
見欲，而且經過分析，說欲可以凝聚為「結」，所以不得了。

這要想辦法，以期不背離邊沁主義或眾樂主義。他的想法寫在名為《一種幻覺的將來》那本不厚的書裏，主旨是：因為人生來都具有野性，所以應當以"文"救之。這文，我的體會，包括習俗、道德、法律、組織、制度等等。具體應該如何？難說，而且不好說，只好不說。

八

很快就迎來"四十而不惑"。不惑有自足的一面，是"吾道一以貫之"；有影響的一面，是原地踏步，看著別人走出很遠，難免感到寂寞。舊習難改，仍然讀書。性質有變，以前是有重心，略有計劃，而今變為阮步兵的乘車式，走到哪裏算哪裏，碰見甚麼是甚麼。比以前數量少了，因為難得主動。獲得呢？天方面，依然故我；人方面，也借助歷練，像是所知更多一些。古人說，"察見淵魚者不祥"，裝作不知也罷。一晃又是四十年，也許應該算算總賬了吧？不敢用《舊約·創世記》的算法，那會後悔吃智慧果，痛哭流涕。但事實是不能變的，讀了不少雜七雜八的是事實，既往咎之也沒有用，還是不悔恨的好。也無妨從另一面看。現在時興旅遊，讀書也是旅遊，另一種性質的，地域更廣闊，值得看看的更多。缺點是有些地方，比如天，至少我是，看不清楚。但這也未嘗不可引孔子的話來解嘲，那是："不知為不知，是知也。"寫到此，想到重實際的哪一位也許要說，所有這些不過是文字般若。這我承認，但就算只是文字，既然可以稱為般若，它就有可能引來波羅蜜多；縱使不能引來，總比無明而自以為有明好一些吧？這樣説，對於"我與讀書"，作為終身大事，我的態度顯然還是"家有敝帚，享之千金"一路。蠹魚行徑，是人生的歧途嗎？大道本多歧，由它去吧。

張中行

1990 年 3 月 12 日

第一分

天　心

一

存在

"存在"是個最難解的謎。

我們能夠覺知有外界，能夠覺知有我。"存在"是存在的，這是"有"的證明。"覺知"可能是幻，有幻即是"有"。記得法國哲學家柏格森說過，我們住在"有"的世界裏，不能想像"無"。的確，我們想像到的常常是"空"，即抽去一切物的空間，不是"無"。假設"存在"縮小，一直縮到由無限小變為零，這是甚麼形態？難於想像，因為我們的設想中不能消除"空"時。我們不得不承認"有"，不得不承認"存在"。

我們住在地上，佔咫尺之地，憑借覺知逐漸認識一點點宏觀世界的景象。地是繞日的一個行星。日是銀河系裏千千萬萬恆星裏的一個恆星。恆星之間有距離，以光年（每秒三十萬公里行一年的長度）計，最近的有幾光年。銀河系的直徑約十萬光年。銀河系是螺旋狀星雲。銀河系之外，各種形狀的星雲還有很多很多。近年發現，距銀河系一百多億光年之處還有天體。還有人設想，我們所處的世界是個具有某種性質（例如由物質組成）的整體，還可能有不同性質（例如由反物質組成）的整體，即另一世界。這是天外有天。總之，都屬於

"存在"。這個 "存在" 遠到何處為止？康德以為，這是超出人類理性能力以外的問題，因為設想有邊緣，就會有 "邊緣以外"。很可能是無邊。

宏觀是一端，另一端是微觀。古人已經知道，"一尺之棰，日取其半，萬世不竭"（《莊子·天下》）。近代科學分析出許多視力所不及的存在物，如分子、原子、電子等。小至於電子，還是個複雜的構造。是否有不能再分的單位？有其物而不能分析，難於想像。這方面也可能是無邊。

我們是有限，"存在" 是無限。我們的悟性是歸納外界的有限活動而形成的，可能不適用於無限。

何以會有這樣一個 "存在"？如果凡是出現的都是必然的，這個 "存在" 是順從意志的必然呢，還是順應天運的必然呢？"存在" 之先能有意志或天運嗎？如果 "存在" 存在於時間的綿延之中，在最初，以何因緣而忽然出現 "時間"，生此 "存在" 呢？如果 "存在" 是無始，甚麼力量限定會長此這樣而不是 "無" 或其他形態呢？有的終是有了，有其事似應有其理，可惜我們難知此理的究竟。

我們覺知的存在物，其動或變都有條理，或者說有慣性。這個限定從何而來？是設定的呢，還是自發的呢？不知道。我們用歸納法，根據存在物的條理或慣性，摸索出一些規律。存在物的條理或慣性會不會變？據我們所知，還沒有變。也可能沒有變的可能。但我們沒有理由保證不會變，因為就 "存在" 之為無限說，沒有甚麼是不可能的。

　　"存在"有沒有目的？或者只是有某種趨向？似乎看不出來有甚麼目的，人類所謂目的，是生於有所欲，"存在"未必有所欲。如果設想有"存在"之上的甚麼賦予甚麼目的，就又遇見上面提出的問題，這個"存在"之上的甚麼從何而來？

　　關於"存在"，我們知道得實在太少。就是自以為知道的一點點，究竟真實到甚麼程度，也很成問題。例如對於任何事物，我們都是放在"時間"的格子裏來理解的，時間是像我們想像的那樣，從古到今，按照過去、現在、未來的順序綿延下去嗎？所謂"久""暫"，對任何事物都是一樣的嗎？很可能，"時間"只是人類理解事物的一種形式，"存在"與"時間"究竟有甚麼關係，我們可能並不知道。

　　總之，我們確實知道自己是"存在"的一部分，可是對於"存在"，卻幾乎毫無所知。莊子說，"吾生也有涯，而知也無涯。"生年不滿百，終於不得不帶著這個大疑難結束覺知，實在是憾事。

二
生命

　　鄰居有一隻母羊，下午生了兩隻小羊。小羊落地之後，瘸瘸拐拐地掙扎了幾分鐘，就立起來，鑽到母羊腹下，去找乳頭。據說這是本能，生來如此，似乎就可以不求甚解了。

　　生命樂生，表現為種種活動以遂其生，這是司空見慣的事，其實卻不容易理解。從生理方面說，有內在的複雜構造限定要如此如彼；從心理方面說，有內在的強烈欲望引導要如此如彼。所以能如此如彼，所以要如此如彼，究竟是怎麼回事？原因是甚麼？有沒有目的？

　　小羊，糊裏糊塗地生下來，也許是"之後"，甚至也許是"之前"，有了覺知，感到有個"我"在。於是執著於"我"，從"我"出發，為了生存，為了傳種（延續生命的一種方式），求乳，求草，求所需要的一切。相應的是生長，度過若干日日夜夜，終於被抬上屠案，橫頸一刀，肉為人食，皮為人寢，糊裏糊塗地了結了生命。

　　人養羊，食羊之肉，寢羊之皮。人是主宰，羊是受宰制者，人與羊的地位像是有天淵之別。據人自己說，人為萬物之靈。生活中的花樣也確是多得多。穿衣，火食，住房屋，乘車馬，行有餘力，還要繡履羅裙，粉白黛綠，弄月吟風，鬥雞走狗，甚至開府專城，鐘鳴鼎食，立德立言，名垂百代，這都是羊之類所不能的。不過從生命的性質方面看，人與羊顯然相距不很遠，也是糊裏糊塗地落地。之後，也是執著於"我"，從"我"出發，為了飲食男女，勞其筋骨，餓其體膚，甚至口蜜腹劍，殺親賣友，總之，奔走呼號一輩子，終於因為病或老，被抬上板床，糊裏糊塗地了結了生命。羊是"人殺"，人是"天殺"，同是不得不死亡。

地球以外怎麼樣，我們還不清楚，單是在地球上所見，生命現象就千差萬別。死亡的方式也千差萬別，老衰大概是少數。自然環境變化，不能適應，以致死滅，如風高蟬絕，水涸魚亡，這是一種方式。螳螂捕蟬，雀捕螳螂，為異類所食而死，這又是一種方式。可以統名為"天殺"。樂生是生命中最頑固的力量，無論是被抬上屠案，或被推上刑場，或死於刀俎，死於蛇蠍，都輾轉呻吟，聲嘶力竭，感覺到難忍的痛苦。死之外或死之前，求康強舒適不得，為各種病害所苦，求飲食男女不得，為各種情欲所苦，其難忍常常不減於毒蟲吮血，利刃刺心。這正如老子所說："天地不仁，以萬物為芻狗。"也無怪乎佛門視輪迴為大苦，渴想證涅槃到彼岸了。

有不少人相信，天地之大德曰生，因而君子應自強，生生不息。我們可以說，這是被欺之後的自欺。糊裏糊塗地落地，為某種自然力所限定，拚命地求生存，求傳種，因為"想要"，就以為這裏有美好，有價值，有意義。其實，除了如叔本華所説，為盲目意志所驅使以外，又有甚麼意義？

　　天地未必有知。如果有知，這樣安排生命歷程，似乎是在惡作劇。對於我們置身於其內的"大有"，我們知道得很少。可以設想，至少有兩種可能：一、它存在於無限綿延的時間之中，其中的任何事物，前後都有因果的鎖鏈聯繫著；二、它是無始無終的全部顯現的一種存在形式或變動形式，前後的時間順序，只是我們感知它的一種主觀認識的形式。如果是前者，則從最初（假定有所謂"最初"）一剎那起，一切就為因果的鎖鏈所束縛，所有的發展變化都是必然的，就是説，其趨向是騎虎難下。如果是後者，則一切都是業已完成的，當然更不容有所謂選擇。總之，死也罷，苦也罷，都是定命，除安之若素以外，似乎沒有別的辦法。

　　古人有所謂"畏天命"的説法。如果畏是因為感到自然力過大，人力過小，定命之難於改易，則這種生活態度的底裏是悲觀的。古今思想家裏，講悲觀哲學的不多。叔本華認為，生活不過是為盲目意志所支配，其實並沒有甚麼意義，他寫文章宣揚自殺，説這是對自然的一種挑戰（意思是你強制我求生，我偏不聽從），可是他自己卻相當長壽，可見還是不得已而順從了。世俗所謂悲觀，絕大多數是某種強烈欲望受到挫折，一時感到痛苦難忍，其底裏還是樂生的。真正的悲觀主義者應該為生命現象之被限定而綿延、無量齷齪苦難之不能改易而憂心，應該是懷疑並否定"大有"的價值，主張與其"長有"，無寧"徹底無"。

　　徹底無，可能嗎？無論如何，"大有"中的一個小小生命總是無能為力的。孟德斯鳩臨死時候說："帝力之大，如吾力之為微。"畏天命正是不得不如此的事。不過，受命有知，作《天問》總還是可以的，這也算是對於自然的一個小小責難吧。

三

鬼神

　　還沒有所謂科學的時候，多數人相信有鬼神，現在，少數人還是相信有鬼神。我們生存於現世間，鬼神在信者的想像中，是現世間之外或之上的事物。鬼神有無，過去，有些人認為可以存而不問，但是更多的人對它感興趣，因為這牽涉到死後能否以另一形式繼續存在，能否繼續有覺知的問題。

　　有沒有鬼神呢？擴大一些說，有沒有超現實的非科學所能解釋的神秘事物呢？答覆要分作兩個方面說。

　　一種，所謂神，或更確切一點，稱之為大神秘，是形而上學的，用通俗的話說是"造物"，即"存在"的本原。這有沒有呢？我們還不知道。如果有，它是有意識的嗎？就是說，萬有的種種，都是它想這樣才這樣嗎？如果真是這樣，它會不會另想一套，因而萬有的種種忽而改弦更張呢？根據我們現有的對宇宙的理解看，改弦更張的可能像是未必有，但是"未必"並不等於"不可能"。到目前為止，對於"本原"方面的問題，我們知道得還很少，因而就難於斷定某種可能是不是絕對不可能。這樣，大神秘既然也是一種可能，它的存在自然也不是絕對不可能的。

另一種，所謂鬼神，是一般人設想的。鬼是人死之後的一種存在形式，或稱為魂靈。神是現世間之上的貴族階層，它有權，有力，已經超出輪迴，卻常常干涉現世。這樣的鬼神是人造的，自然不存在。

人設想有鬼神，主要原因是：一，有些現象還不知道如何解釋。例如死，活人，力能扛鼎，談笑風生，忽然寂滅了，他哪裏去了呢？很自然的想法是成為鬼。再如夢，人分明睡在床上，卻感到做了種種事，見了不少人，這是怎麼回事？顯然也會使人想到這是魂靈在活動。再如一些幻覺，黑夜或甚麼地方，像是分明見到一些奇怪的現象，如死去的人之類，這也會使人想到是有鬼。二，人道難言，希望從而也就設想有超現世的力量主持公道，福善禍淫，作為遺憾的補償和安慰，於是漸漸就形成一個有鬼神的世界。

鬼神生於人的設想，是虛幻的，因而到科學知識日漸深厚的時候，它的壽命就難於維持下去了。

一、死、夢、幻覺這類現象，現代的科學知識，特別是心理學和生理學，已經可以解釋得明明白白了。

二、相信鬼神的人拿不出可以經得起檢驗的證據，像傳說中阮瞻經歷的那樣，讓不相信的人親眼看一看。

三、關於鬼神的傳說，都是互相鑿枘，難於自圓的。舉個最明顯的例，如果活人都是由死人輪迴脫胎而生，人口增加，這多出的魂靈是哪裏來的呢？

四、我們所處的世界，根據現在的認識，是有嚴格的規律的。大自然像是被巨細不遺的因果的鎖鏈維繫著，一切發展變化都是在自然規律之下受限定的。沒有幻境，更不會出現奇跡。設想的鬼神是自然規律之外的奇跡，所以一定不是事實。

沒有鬼神，好呢還是不好呢？從感情方面思量，這就是另一回事了。

《聊齋志異》寫了不少鬼，其中有些是可怕的，但大多數是可愛的。可怕也罷，可愛也罷，專就死後沒有完全寂滅這一點說，也確是值得人深思。死了，魂靈飄忽，還可以有見聞，有悲歡，甚至可以遇見親友，敘別情，喝燒酒，這也許比嚥氣萬事空可取一些吧？佛家說，生死事大，也難怪有人會這樣想，如果這個世界真像《聊齋志異》描寫的那樣，也好吧？

但是，現代科學已經把那類故事的真實性完全否決了。與《聊齋志異》的世界相比，現代科學是生硬的，冰冷的，它使人不得不相信，以己身為中心，生命只有一次，死亡就是寂滅。這是定命，你願意接受也得接受，不願意接受也得接受。接受的態度自然可以不同，比如詩人，大概會"念天地之悠悠，獨愴然而涕下"（唐·陳子昂《登幽州台歌》），至於哲人，那就多半是"知其不可奈何而安之若命"（《莊子·人間世》）了。

四

天道

天道向善是個相當普遍的信仰，其表現有多種形式。

相信有神有鬼在暗中主持因果報應，獎善罰惡，是一種最粗淺的形式。

"天地之大德曰生"（《易‧繫辭》），"皇天無親，惟德是輔"（《尚書‧蔡仲之命》），"天道無親，常與善人"（《老子》第七十九章），是另一種形式。這樣的天道雖然近於有意志的，卻未必具有擬人的形象。

還可以更抽象，表現為宇宙論方面的一種看法，就是，我們所處的世界不管多麼龐大複雜，它的行程總是趨向於一種已定的目的，這樣的行程，不是如流水之自然趨下，而是有選擇地走向某種有價值的至高至善的境界，所以無論宇宙的整體還是人生的種種活動，都不是沒有意義的。

有鬼神主持公道的想法，現在很少人相信了，這裏不談。皇天樂善，是不是這樣呢？證明一定不是這樣自然不容易，但是大量的事實使我們不能不懷疑這種想法。專就生命現象說，我們常見的是弱肉強食，大魚吃小魚；天災，無限的生命可以同時絕滅；人禍，據說長平一次活埋四十萬：說是"天地之大德曰生"，不像。至於"惟德是輔""常與善人"云云，事實也顯然並不如此。所以過去有不少人提出疑問，如楊衒之《洛陽伽藍記》卷一的一段話就説得明白而沉痛："昔光武受命，冰橋凝於滹水，昭烈中起，的盧踊於泥溝，皆理合於天，神祇所福，故能功濟宇宙，大庇生民。若（爾朱）兆者，蜂目豺聲，行窮梟獍，阻兵安忍，賊害君親，皇靈有知，鑒其凶德，反使孟津由膝，贊其逆心。《易》稱天道禍淫，鬼神福謙，以此驗之，信為虛説。"

在人間，為善可以得禍，但也未嘗不可以得福，不管怎樣，這總是宇宙中的一點點塵埃，可以存而不論。至於整個"存在"的趨向問題，那就既龐大而又玄遠，確鑿地説是如何如何或不是如何如何都很不容易。目的論者相信宇宙整體的進程有價值、有意義，如果事實真是這樣，當然也很好。但是反覆思索，總使人感到，這種如意的想法，其來源是希望，是信仰，言之成理至於無懈可擊是很難的。

難於言之成理，最主要的原因是天道難明，不得不強不知以為知。對於整個"存在"的性質，例如是甚麼，如何來，如何去，為甚麼，等等大問題，直到現在，我們幾乎還是毫無所知。有些人，其中多數是哲學家或宗教家，不願意安於不知，更不願意安於生命之徒然，於是深思冥索，苦尋究竟，終於想出一些似乎可以自圓其説的解釋。這當然也好，但是問題在於，這是主觀的猜測，既不能舉出事實來證驗。又不能舉出必須是這樣而不能是別樣的理由。因為不能舉出只能如此的理由，所以常常是一百個人有一百種想法，這自然不能都對，而最大的可能是都不對，因為悶坐井中，冥想天地之大，如鄒衍之徒所為，幸而言中的可能是沒有的。

天道難明，強不知以為知，其結果當然是，說得如何天花亂墜，都是隔靴搔癢。但是，這裏無妨退一步想，假定天道向善的如意想法是可取的，我們能不能安然信受呢？似乎仍舊有困難，因為，我們還會感到有些疑問。其一，不管所謂天道是有意志的，還是無意志的，既然目的是趨向於至高至善的境界，那麼，在時間的順序中（假定事物是在時間的順序中發展變化，像我們覺知的那樣），我們任意截取先後兩個段落相比，總當能夠清楚地看出來，後一個段落比先一個段落是較高的，較善的，但是這卻是很難衡量辨別的。其二，如果人類的道德觀念是通於天道的，而天道應該是無不可能，那麼，它本來就使善充滿到處，統轄一切，豈不更好？而事實是偏偏有大量的惡，這是為甚麼？其三，天道向善，而至高至善的境界要在無限長的時間中逐漸實現，如此大費周折，這道理也是很難理解的。

此外還有一個大問題，就是，人類所謂善，真是可以擴大到人類以外，當作評價一切的標準，甚至整個“存在”都必須信受奉行嗎？我想，如果有人竟至這樣設想，那必是患了自大狂的病。不要說整個“存在”，姑且局限在地面上，例如人發明殺蟲藥和殺菌藥，救了不少人的生命，這當然可以算作善了，但是如果不是處在人的地位，而是處在蟲和菌的地位，這究竟是善還是惡就成為問題。推到地面以外，善惡的分辨就更渺茫了，舉例說，銀河系旋轉而不靜止，其中大量的恆星也生生滅滅，以至於整個宇宙是"有"而不是"無"，這是善呢，還是惡呢？顯然都說不上。

我們生而為人，站在人類的地位說長道短自然是難免的，不過要講包括其他在內的大道理，那就應該眼睛睜大，心情冷靜。這樣，我們會很容易地認識，所謂善惡，是人類以己身為本位來評價事物（嚴格講應是評價人的行為）的一套概念，推到人類生活以外是行不通的。而講到善惡的本原，其實也簡單得很，不過是人生而有"欲"。人類樂生，於是把可以利生的一切當作善；人類畏死，於是把可以避死的一切當作善；其他衣食住行等等事物的評價都不過如此。這裏也許有人會想到更根本的問題，即"欲"的價值問題。這當然很難說，有所欲是已然的事，歡迎也罷，不歡迎也罷，反正是既成事實，除了順受之外，又能怎麼樣！前面說，有的人不安於生命之徒然，這是想給"欲"及其派生的一切找個理論的靠山，以證明人事上的種種瑣屑是理合於天。這種意圖是可以理解的，而如果有所得，也未必沒有用，如《易》傳的"天行健，君子以自強不息"就是這一類。但是這類領悟，歸根到柢不過是一種形而上學的信念，用它自悲或自欺都可能有大用，如果竟以為這就是真理，定而不可移，那就與相信鬼神沒有分別了。因此，想到天道方面的問題，我們以為寧可這樣說，天道遠，人道邇，人生有涯，人力有限，我們最好還是不捨近而求遠吧。

五

命運

相信命運似乎對人有好處，強者可以用它欺人，弱者可以用它自慰。

現在，相信命運的人比過去少多了，因為，據不信的人說，那是迷信。——"不信"也是一種"信"，這會不會也是迷信呢？是己非人要有使人心服的理由，這就不是片言隻字所能解決的了。

過去有一些人，以預言他人的未來為職業，如卜卦、算命、相面、測字之類。相信這類人的預言，是迷信，因為他們並不能知道未來。所以這樣說，是因為他們據以推知未來的材料（如生辰八字、面容之類，這裏稱之為"甲"），與他人的未來（如騰達、貧病之類，這裏稱之為"乙"）並沒有必然的聯繫，說嚴格一些，是甲和乙並沒有因果關係。假因不能推出真果，這就可以證明，他們所說能知他人未來的話是虛妄的，相信虛妄的話自然是迷信。

這個問題比較簡單，容易解決。但是問題卻不能到此為止，因為我們的論據只能證明，他們根據"這樣"的材料以預言未來是虛妄，而不能證明，他們根據"任何"材料而預言未來都是虛妄。是不是根據任何材料都不能預知未來呢？在常識上，顯然沒有人這樣想，因為事實證明，以某種材料為依據，我們可以確知某種情況將要出現；並且，如果事實不是這樣，我們的日常生活就會變得難於想像。這樣，可見我們，或有意或無意，還是相信未來是可以預知的。這在本質上同相信命運是不是沒有分別呢？

"命運"這個說法，在過去有神秘色彩，容易引起誤會。這裏換個說法，"人一生的種種遭遇，都是前定的"，或者如有的人所說，"人一生的遭遇，種種活動，甚至極細微的末節，都是遺傳加環境的必然結果"。這是不是事實呢？顯然，否認這樣一個說法，在理論上有不少困難，最主要的一個是，必須對因果關係有另外的看法。根據現在的科學常識，絕大多數人認為，我們所處的世界是個統一的整體，其中任何個別事物，都由因果關係的鎖鏈維繫著，就是說，它是前因之果，後果之因，無因而自生自滅的現象是沒有的。如果這個認識不錯，顯然，人一生的種種遭遇，就其為前因所決定說，確是前定的。

因果關係，或說因果規律，使不少人相信定命論。有的人說，如果有足夠的材料，他就可以根據因果規律，通過演算，預知全宇宙的無限未來。甚至有的人還設想，我們所處的宇宙，可能是一成為"有"就全部定了局的，我們覺得它是在時間順序中發展變化，那只是主觀認識的一種形式。時間，確是微妙難以理解的事物，這裏只好安於常識，承認事物是在時間順序中發展變化，問題的癥結在於，在這個時間的順序中，能不能有無因的個別事物出現。

堅信因果規律的人説，不能。有的人對這樣的堅信有懷疑，因為所謂因果規律，是人試著用它"説明"存在的，現在把它高舉到"統轄"存在的地位，沒有危險嗎？很難説。但我們似乎不得不承認，推倒它不很容易，至少是很不方便。一個像是避難就易之法是，只説生命的活動間或有例外。但是，這就等於説，這個世界忽而生出一個新系統，不那麼統一了，問題實在太大，且不管它。堅信因果規律的人大概不會讓步，他可能堅持，生命的活動其實也不例外，譬如説意志吧，你覺得是自發地想如何如何，其實並不是自發，因為你想這樣而不想那樣，還是有原因的。

這樣用因果規律解釋一切，甚至統轄一切，引起的問題有兩個：一，對不對；二，好不好。前一個問題，或者要留給將來的哲人去解決，這裏只談後一個。好不好的問題，最顯著的表現在生命的活動方面，或者更嚴格一些説，表現在人的生活方面。如果相信人的一切遭遇，一切細微的活動，都是前因所決定，那就：一，"自強不息"就成為無意義了；二，道德、法律所要求的"個人負責"也就失去根據，因為，反正是已經注定了的，不能改變，被因果規律束縛著的個人又有甚麼辦法！這種沒辦法的心情，如果真正成為印在心上的陰影，它就會產生破壞"理想"和"興趣"的力量，這也是個不小的實際問題。大概就是因此，所以歷史上有不少賢哲，想出種種理由證明，雖然世界是在因果規律的統轄之下，可是"人"卻有意志自由。這種看法是常識上容易接受的，因為：一，根據我們的自身體驗，確是有所謂"我想如何如何"，"我能如何如何"；二，道德、法律的要求不是毫無效果的。自然，這裏又會碰到所體驗的自由是否真實的問題。上面已經說到，這很難解決，因為對於宇宙整體的性質，我們了解得還不夠多；而且，意志自由之感，從一個方面看，它是實有的，我們難得不承認，從另一方面看，意志活動也是在時間順序之中，我們很難證明它完全不受前因的影響。

　　關於定命和人定勝天的問題，根究孰是孰非，就會遇到左右為難的麻煩。存在的本質或者比我們所能想到的要複雜得多。既然暫不能解決，那就不如安於不知為不知；幸而這從躬行方面看，關係並不太大，因為飯是不能等到營養理論都通了之後才吃的。我們要生活，就不能不希望有個比較妥善的可行之道。我想，這可行之道就是，"假定"自強不息會產生效果，也就是姑且承認意志活動中會出現"自生因"，它不是前因所生，卻能夠突入時間的順序，產生後果。這只是個假定，它有落空的可能，但也有成為現實的可能，在真相沒有徹底弄清楚之前，失掉這後一種可能是不應該的。從積極方面看，有了這個假定，人人堅信煉石真可以補天，人生的"理想""興趣"等等就都有了依靠，被命運播弄的無可奈何的陰影就會淡薄甚至完全消失。自然，這種假定並不是放棄因果規律，而是同樣要借重因果規律，因為，如果種瓜不能得瓜，自強不息也就沒有意義了。我們的生命大概就是這麼一回事，常常處於兩歧之間：對於有些事物不能求甚解，但又必須相信自己的眼睛，選擇一條路，向前走。

六

快樂

樂比苦好，處理人生問題，決定取捨的時候，這似乎是個不須證明的原則。也難於證明，因為這是來自切身的感受，生來如此，歷來如此，或者只有天知道是為甚麼。

中國過去研討哲理，重在躬行，講道，講德，不大推求德與樂的關係，可是說到君臨之道，總是把與民同樂看為大德。西方講學，喜歡問德的本質，古代有所謂快樂主義者，主張人生的真諦不過是求樂。近代的邊沁學派，以快樂的“量”作為德的標準，因而主張，能夠使最大多數人獲得最大幸福的行為是上好的行為（善）。把快樂當作人生的最大價值，並且以此為原則立身處世，可以不可以呢？這個問題相當複雜，需要分析。

樂是人所熟知的感受，可是難於定義。它是生命活動中的一種現象，表現為心理的一種狀態，表現為生理的一種狀態，可以從心理學和生理學的角度予以說明；用日常的用語解說就比較難，因為無論說它是舒適的感覺也好，喜悅的情緒也好，實際等於說樂就是樂。這裏想躲開定義的問題，因為是人所熟知，無妨利用這個熟知，只是說，樂是人所希求而喜歡經歷的一段時間的感受。

希求是“某一個人”希求，經歷是“某一個人”經歷，換句話說，樂是某一具體人的具體感受。快樂主義者把這種具體感受當作人生的價值所在，於是樂就成為德的最後的依據。把樂當作價值，結果不管是有意還是無意，都不能不同邊沁學派一樣，兼承認一個"量"的原則，就是：小樂是小價值，大樂是大價值；能夠產生小價值的行為是小德，能夠產生大價值的行為是大德。

這對不對呢？理大致可通，但不完全對，因為，如果用此為決定行為的最高原則，一切準此辦理，有時候就會遇到困難。一，正如常識上所熟知的，有的樂，作為一段時間的感受是真實的，但是結果會產生苦，這樣的樂，顯然是不宜於希求的。二，不管是常人還是道德哲學家，都把某種性質的尋歡作樂當作沒有價值甚至卑下的行為，這表明行為的價值不能單純由能否產生一段時間的快樂感受來決定。三，有些行為，與樂關係很少，或者經常要產生苦，可是不能不做，甚至人人認為有義務做，可見，至少是有些時候，決定行為的準則並不都是樂，而是兼有另外的甚麼。

自然，在這種地方，快樂主義者可以用個"明智"的原則予以解說，就是，有些行為，可以產生樂而不宜於做，或者不能產生樂而宜於做，是因為換一種做法，反而可以獲得更大量的樂。這個明智的原則，或說是"核算"的原則，對於有些情況確是頗為適用，譬如過去常說的"十年寒窗"，是苦事，可是能夠換取"黃金屋"和"顏如玉"，那是更大的樂。但不是一切情況都如此，舉例說，伯夷叔齊上首陽山（假定傳說是真）之類的行為，用這個原則來解釋就很勉強。

還有理論方面的更大的困難。一，前面說，樂是某一具體人的具體感受，如果把這個當作惟一實在的價值，利他（或說是邊沁的"眾樂主義"）的行為，一般推崇為至上德，就失去理論的根據，因為，"他人"的樂，以及"他人"究竟樂不樂，另一個人是無法感受到的，不能感受到而必須承認有大價值，這怎麼說得通呢？二，邊沁學派的大師，小穆勒先生，承認不同的樂兼有質的差別，就是說，有的樂（如欣賞藝術品）價值大，有的樂（如飲酒）價值小。這從常識上看是很有道理的，可是，正如薛知微教授在所著《倫理學之方法》中所指出，這樣說，就等於放棄了"量"的原則，因為決定行為好壞，更根本的標準並不是"量"，而是"質"，這質顯然是樂以外的甚麼。

是甚麼呢？叔本華的"盲目意志"的理論或者並不錯。自然演化中出現生命，何以會如此，目的是甚麼，難於知道，我們只好不問。生則有需求，表現為心理和生理狀態是"欲"。有欲就不能不求滿足，求而不得，表現為心理和生理狀態是苦，求而得，表現為心理和生理狀態是樂。這樣說，樂是欲的滿足，所以叔本華的看法是，這只是苦（欲而未得）的免除，並沒有甚麼積極內容，可以當作價值。

以居家度日為比喻，樂如果有積極價值，那就等於積蓄，如果沒有積極價值，那就等於還債，究竟屬哪一種呢？不容易說，或者說可以各是其所是，各非其所非。反正事實總是那麼一回事，如果沒有欲，沒有執著的需求，沒有滿足，就談不到樂不樂。這裏，更為切要的是對"欲"的看法。悲觀主義者，如叔本華，以"己身"為獨在的一方，認為"欲"（即所謂"盲目意志"）是天命強加於人的脅迫力，受脅迫，聽命，在世間奔波勞碌，實在沒有意味。這樣看欲，看天命，態度是敵視，如果真能夠表現為行動，是不接受，連帶的，由欲而生的樂當然也在摒棄之列了。

悲觀主義是對"人生的究竟"的一種看法，不同道的人當然不這樣看。但是一定要斥為錯誤，找出足以服人的理由卻不容易，因為關於人生的究竟，我們所知還很少，所有這方面的哲理，都只是憑自己的偏好而捕風捉影。但是，至少由常人看，悲觀主義有個大弱點，是坐而可言，起而難行。相信悲觀主義，以"我"為本位，自愛，自尊，對天命幾乎是怒目而視，一切想反其道而行。但是，如何反呢？充其量能夠走多遠呢？叔本華寫過一篇文章，《論自殺》，說這是對自然的一種挑戰，可是他自己卻是壽終的，可見既已生而為人，不管如何發奇想，真正離開常道是如何不容易。

廣泛地觀察人世，可以看到，常道是不得不走的路，疑也罷（如少數哲人），"順帝之則"也罷（如絕大多數人），既然已經在路上，惟一的也是最為可行的辦法是"順路""走"下去。依據這個原理立身處世，對於"樂"，我們無妨這樣看：我們由自然接受"生"，應該順而受之；"欲"是"生"的一種集中的最活躍的表現，欲的滿足，是"利生"的不可避免的需要；樂的感受，是"得遂其生"的一種符號，一種報酬，也是一種動力。"生"是天命，這樣的天命，究竟是好是壞，我們可以問，可以猜測，不過找到確定的解答卻大難。古人說，

"天地之大德曰生",這樣的信仰可以使人寬心,卻未必真實。實事求是,我們最好還是謙遜一些,順受天命而不問其所以然,也就是不到玄學方面去找根據。這樣,我們把"生"(包括"欲")當作更根本的東西,"樂"不過是連帶而有的事物,如果說人生有所謂目的,這目的是"生"而不是"樂",這就與快樂主義者的看法有了距離。

與快樂主義者相比,對於"樂",我們只是重視它而不以之為"主義"。不以之為主義,這裏就容許有個"別擇"的原則,就是說,決定行為的時候,在兩種或多種可能之間,由於某種考慮,我們可以不選取能夠很快使自己獲得某種享受的那一種。快樂主義者這樣做,在理論上有困難;自然,事實上也許同樣不得不這樣做。

這樣說,快樂主義是完全錯了嗎?也不能這樣說。快樂主義的弱點,我個人看,主要是理論方面太"徹底",以致把"樂"當作比"生"更根本,至於說到實行,卻是大體上可以接受,也是應該接受的。由世間的常道看,不管說樂是欲的滿足也好,說它不是最根本的也好,"樂比苦好"總是難得不承認的常理,因為樂與"欲"有血肉聯繫,也就是與"生"有血肉聯繫,順受天命,要"生",求"善其生",就不能不把"樂"當作十分珍貴的事物。人生,上壽不及百年,呼吸一停止就是斷滅,怎樣度過一生比較好呢?古今有無數的人想到這個問題。不同的解答可以提出不同的條件,不過,無論如何,說"由於多有所樂而心安理得"是個重要條件,總是絕大多數人會同意的吧?

七

出世

人生不過是這麼一回事，但是對它的態度以及處理辦法卻可以大有差別。辦法有常有變，或者說有順有逆。舉例說，中國的儒道和來自印度的佛道相比，前者是常，是順，後者是變，是逆。絕大多數人走的是常道，生生而不問其所以然。這是世間法，像是行船順流而下，比較簡易。佛道就不然，對人生的看法、處理，常常與一般人相反，這是出世間法，逆水行舟，困難不小，因而"真正"信受奉行的是極少數。

出世，這是方便說，因為變是變世俗之道，逆是逆世俗之道，出也罷，入也罷，都是"在世間"所行。但是這與一般人的在世間所行大有分別，舉最顯著的說，佛家否定世俗的所謂幸福，而嚮往彼岸，即所謂涅槃，這在常人是會感到奇怪，甚至難於理解的。

難於理解，是因為道不同不相為謀。這所謂道，最根本的是對生命活動的看法。"生"是客觀事實，對於這樣的事實，一般人是不疑不問，"順帝之則"；佛家則不然，他們認為生是無常，是苦，用世間常道求樂避苦，其結果是不能超出輪迴，越陷越深，也就是要受永無止境的苦。苦樂，這是切身的大事，佛家與常人的認識相反，因而對付的辦法也就大不相同，大致說，常人取的偏要捨。常人是率性而行，佛家偏要改性，由常人的眼光看，這是變，是逆。

處理人生問題，逆水行舟，引起的問題有兩個：一，這樣認識對不對；二，如果認識不錯，並且真正信受奉行，能不能取得期望的效果。

先看看前一個問題。人生無常，有生必有死，這是常人也承認的，問題在於，對這樣的現實如何評價。顯然，評價主要須靠當事者的感受。同樣一種經歷，甲可能感到樂，乙可能感到苦，或者，苦樂的感受雖然差不多，甲可能覺得好，認為宜於取，乙可能覺得壞，認為宜於捨。如果這不同的感受都是來自內心，一方想說服另一方就非常困難。佛家稱現世為娑婆世界，意思是充滿苦，這對不對呢？常人當然不這樣看，但是否定這樣的認識卻不容易，因為：一，世間生活中有苦，這是事實；二，忍苦，碌碌一生，終於是無常，實在不值得，這樣的認識也能自圓其說，至少是可以自行其是。自然，這樣認識的是少數，但是，在這樣的問題上，少數也必須服從多數嗎？似乎不能這樣說。

佛道，出世法，我個人看，可評議的主要不在於“看法”，而在於“辦法”，也就是上面提到的第二個問題，信受奉行，能不能得到期望的效果。這裏假定人生是苦的看法不錯，脫離輪迴的想法很好，怎麼辦呢？佛家的辦法是出世，用“般若”渡到彼岸，求得涅槃。這就使人不得不想到兩個問題：

一，涅槃的境界是否實在；二，有沒有可靠的路徑通向涅槃。

　　由常人看，佛家眼裏的世界像是很奇怪，凡是常識上切身感知的，他們都當作空幻（只有"苦"似乎是例外），而常人難於想像難於理解的涅槃境界，他們卻看為實有。這同柏拉圖的視"觀念"為實在，現前為假象，頗有些相像。自然，這樣分辨實虛，也可以講出一番道理來作為依據，不過困難在於，這樣的道理，如果跳出來冷眼看，常是滯礙多於圓通。一，在現世界，何以證明是"實有"，以及甚麼是最可信的"實有"，這類問題很複雜，不過，只要我們不得不承認情況是"有"而不是"無"，我們就不得不尊重使我們覺得"有"的"感知"，因為無論是攝取實相，還是組織知識，我們都不能離開它。即使是哲人，碰到實虛問題，也不得不把切身感知當作"實"的最重要的依據。佛家要出世，也許因為必須防止愛染，於是把切身感知的當作空而非實，這同一般人的認識相差太遠，即使是信徒，似乎說服自己的常識也很困難。二，涅槃的境界在彼岸，嚴格講，用此岸（現世）的話必致難於解釋清楚，勉強說，如《心經》所謂"不生不滅，不垢不淨，不增不減"，至少常人聽起來會莫明其妙，如何證明這個境界為實有呢？顯然不能靠世間的"感知"，不能感知而說為實有，能夠使人心悅誠服嗎？還有，照現代科學的常識所認識，生物不過是大自然演化過程中的一個小小泡沫，有生滅，人，同樣受自然規律統轄，沒有靈魂，沒有永生，呼吸一停就是斷滅，即使立宗傳代的古德也不例外，這類事實與涅槃的理想也是不能並存的。

以上是説涅槃的理想，作為目標，其真實性有問題。照理説，目標既然動搖，通路云云自然可以不在話下。不過這裏無妨退一步，假定涅槃境界為實有，或者引用佛家"境由心造"的話，承認涅槃境界可以生於心而存於主觀，那麼，修持方面有沒有困難呢？我想，困難可能更大，原因是，由文字般若變為身體力行，真槍實彈，勝，要費大力；敗，只是一念之差就落花流水，不可收拾。落花流水的危險，主要來自三個方面。一，徹底改造"感知"有困難。佛門的信士弟子同樣是人，"萬法皆空"云云，可以信，可以説，但是，生，説，信，都是在"世間"，而不能在"空"中。因此，出世，住山林精舍，因為要"生"，就不得不托缽化緣，如果化緣之道不通，就不得不同常人一樣，每日也是柴米油鹽。每日面對柴米油鹽，卻要樹立個"五蘊皆空"，惟有涅槃是真如妙境的認識，至少由常人看，這困難是不小的。二，徹底制欲有困難。佛家把"欲"當作苦的本原，這或者失之片面，但總是事出有因，這裏無妨表示同意。欲生苦（嚴格講，是欲而不得則生苦），怎麼辦呢？當然只有一條路，化有欲為無欲。就是在化有為無的辦法上，佛家與常人背道而行：常人是求滿足，或者説"適當"的滿足，以求心安，或者用常人的標準説，以求樂；佛家是制而"滅"之，以求永除苦根。由理論方面看，滅欲以除苦根的辦法或者更可取，因為這是一勞永逸，而不是一波未平，一波又起，不過問題是，理論是否有價值，主要須看它"實行"時候通不通，畫餅是不能充飢的。人生而有欲，這説悲觀一些是"定命",有欲,於是"不得不"求滿足,這"求"的頑強的願望,表現為感情就是"愛"。佛家深明這一點,所以把"愛"(確切説是私欲之愛)當作大敵,三藏中的律藏,甚至可以説,主要是對付這個敵人的。出世,必須守無量的清規戒律,這説明制欲,破愛染,是如何不容易。事實也正是這樣,修持,操信仰的兵仗與愛染作戰,實際是以個人的願力與生的定命作戰,在這樣艱苦的境遇中,只是守戒,不見可欲,使心不亂的辦法,究竟能有多大效果呢?勝利的,如《高僧傳》中所寫,也許不少嗎?但是,如我們在俗世所見,一敗塗地的似乎更多。三,徹底跳出去有困難。古人説,"天無私覆,地無私載"(《禮記·孔子閒居》),生而為人,中才也罷,上智下愚也罷,都是已陷於天地的網羅之內,這就是上面提到的定命,憑自己的願力跳,可以,事實是,不管如何用力,懸空的時間有多長,最終還是不得不落在地上。佛門弟子,修不淨等觀以對付塵網,住茅棚,嚮往涅槃,願力不可謂不大,但是,充其量,把定命的繩索能夠砍斷多少呢?舉例説,視生老病死為大苦,可是既已有生,就不能不靠衣食以維持生,生之中難免有病,如維摩詰大居士所患,終於又不能不老死,可見還是掙不脱。——其實,就是看得開也大不易,如《涅槃經》所形容,釋迦離世間,不也是萬民悲痛嗎?孟德斯鳩臨死時候説,"帝(即天命)力之大,如吾力之為微",想到人生、自然規律一類大問題的時候,即使是悟道大德,恐怕也難免有同樣的慨嘆吧?

以上是説"行"的方面也是此路難通。佛道的出世,知與行都有困難,原因何在呢?我個人想,主要是由於所求太奢。佛家雖然稱現世為娑婆世界,卻不是悲觀主義者。悲觀主義者認為整個"存在"無價值,無意義,所以與其"有",無寧"無"。佛家不然,認為人生雖苦,可是有辦法可以根除,而根除之後,就可以移往淨土,如《阿彌陀經》所形容,獲得無上的滿足。這樣,用個比喻説,常人所求不過是家門之內的飽暖,佛家則是富有天下。因此,説到底裏,佛家的制欲,是棄小欲而想遂大欲。"照見五蘊皆空"云云,不是真正看得開,因為下面緊接著還説"度一切苦厄"。從這個角度看,宋儒批評佛道,説口不離"生死事大",只是怕死,也不能説是無的放矢。在這一點上,中國土生土長的道家似乎更高一著,如《莊子·大宗師》中所宣揚的那種純任自然的態度,佛家並不是這樣滿不在乎的。

出世法,如佛家所傳的,就其最終的目的説,是"取",是"執著",而不是萬法皆空,可以滿不在乎,只是所取、所執著的與常人大不相同。這與常人不同的"執著",從人生哲學的角度看,有三點很值得注意。一,佛家輕視私愛之情,可是不捨"大悲",修菩薩行,要普度眾生,這即使應該算作空想吧,如果所想多多少少可以影響所行,我們就不得不承認,想總比不想為好。二,逆常人之道以滅苦的辦法,如果真能夠信受奉行,精進不息,禪悟而心安理得,這種可能還是有的;修持而確有所得,這條路一定不如常人嗎?似乎也不容易這樣説。三，定命的網羅，疏而不漏，跳出去，大難，不幸有疑而問其所以然，又常常會感到迷蒙而冷酷。對這樣冷酷的現實，道家的辦法近於玩世不恭，只是不聞不問地混下去。佛家則不然，他們認真，想人定勝天，沙上築塔，其精神是“抗”。勝利自然很難，不過，正如叔本華所推崇的，逆自然盲目之命而行之，可以當作人對自然的一種挑戰。這用佛家的話説是“大雄”，結果是螳臂當車也好，這種堅忍的願力，就是我們常人，想到人生、自然這類大問題的時候，也不能淡漠置之吧？

八

本

性

　　立身，處世，治世，都不能不同"人"打交道，因而講治亂，明禍福，究窮達，都要先明白人是怎麼回事。這在古代，就集中表現為人性善惡的爭論。不同的學派，就其理想的本質說，也就是對於價值的看法，差別並不大，但是理想的辦法卻千差萬別。這差別，與怎樣看待人性有相當密切的關係，舉例說，相信性善就強調率性而行，相信性惡就不能這樣，要重教化以改變本然之性。

　　性的本相究竟怎樣呢？這在中國哲學史上是個頭緒紛雜的問題。紛雜的徵象之一是，人人都在閉門造車，甲說性善，乙說性惡，丙說性無善無惡，丁說性有善有惡，戊說生善染惡，己說性善情惡，等等；之二是，公說公有理，婆說婆有理，誰也說不服誰；之三是，都難於自圓其說。

　　相持不下，主要的原因就是都不能自圓其說，都只見其一而未見其二。舉例說，性善說的玄學基礎是天道向善，而其實，"天道無親，常與善人"云云，不過是一些人的願望，或者說推想，有誰曾見到天道在哪裏？見不到，憑冥想猜測，自然就會人各異辭，譬如老子，所見就不是這樣，而是"天地不

仁，以萬物為芻狗"。且不談玄學，只是依常識判斷，性善說
也有困難，因為世間有惡是人人都不得不承認的事實，如果天
性皆善，這些惡從何而來呢？另一面，性惡說困難也不少，一
個最根本的是，如果本性皆惡，可是大家都承認善是最高的價
值，這怎麼解釋呢？

　　人性善惡問題，兩千多年來爭論不休，結果還是不了了
之，癥結所在是文不對題。這一點，近代道德哲學已經分辨得
很清楚：所謂善惡，評價的對象是"行為"，不是"本性"，換
句話說，只有意志支配的行為可以說是善或惡，本性，受之自
然，不是意志所能支配，自然就無所謂善惡。

　　這個道理並不難懂。其一，性的本身是甚麼，很難說，我
們無妨，或者只能，從表現方面看，那是與生俱來的某些"能
力"（能做甚麼，不能做甚麼），某些"趨向"（要怎樣，不要
怎樣）。所謂與生俱來，就是存於意識之前，並且不因人的好
惡而有所改變。譬如說，目能視，耳能聽，生來如此，不能變
為耳視目聽；樂生惡死，生來如此，不能變為樂死惡生。與生
俱來，受之自然，正如許多外物，大者如日月星辰，小者如塵
埃芥子，我們不能說它是善還是惡。其二，在道德哲學中，
"善"的概念蘊涵"應"的概念，就是說，凡是善的都是應該
做的。誠是善，是應該做的；詐是惡，是不應該做的。一切
受之自然的事物，身外如日大月小，夏熱冬寒，身內如二目一
口，惡死樂生，我們不能說它應該如此還是不應該如此，也就
不牽涉善惡的問題。其三，"應"的概念又蘊涵"能"的概念，

就是說，凡是應該做的都是能夠做到的。還以誠詐為例，誠是應該做的，只要想做，也是能夠做到的；詐是不應該做的，只要不想做，也是能夠制止的。日大月小，夏熱冬寒，二目一口，惡死樂生，都受之自然，不能因人之好惡而有所改變，所以談不上應該不應該，也就不牽涉善惡的問題。其四，凡是善的都是應該做的，都是能夠做到的，因而趨善避惡就成為道德的責任。如果把善的概念擴大到也適用於一些自然物，道德的責任問題就會難於處理，因為，很明顯，我們不得不承認，有些事物，善或惡，我們不必過問，因為它不是人力所能改變的。

趨善避惡，是人的責任，所以所謂善惡，只能適用於意志力所能及的行為。人的活動千差萬別，其中有些，非意志力所能左右，如得病暈倒，損壞旁人器物，睡中打鼾，擾亂旁人睡眠，個人都不負道德的責任，也就不能說是惡。意志力所能左右的活動就不然，故意損壞旁人器物，清醒時作怪聲以擾亂旁人睡眠，人人都承認是惡，因而避免就成為道德的責任。性，受之自然，非意志力所能支配，人喜歡也罷，不喜歡也罷，既然不能選擇，也就難於負道德的責任，說它善或惡是不適當的。

但是，我們也不得不承認，性既然是與生俱來的某些“能力”和“趨向”，它就不能不與“行為”發生關係，因為它是行為的動力，流水之源。水到渠成，水流可以決定渠的情況，行為的動力自然也可以決定行為的情況。因此，性雖然沒有善惡，我們也還可以考察，率性而行，其可能的結果是善還是惡，或者偏於善還是偏於惡。在這一點上，我覺得，荀子的看法比孟子高明得多，因為切合實際。善惡問題是談人事，孟子卻越過人而冥想天道，天何言哉，不過人的空想而已。荀子就不然，他從世間的凡人著眼，在《禮論》篇裏說："人生而有欲，欲而不得則不能無求，求而無度量分界則不能不爭，爭則亂，亂則窮。"荀子看到，欲望是人世間一個根本的力量，而且是頑固的力量，可是滿足欲望的事物不是有求必應的，因而不免於爭，就是說，率性而行，其結果是易於流為惡。這種看法，同近代西方的精神分析學派有相似之處，雖然未必盡是，律己論人，卻是值得深思的。

九

節制

　　荀子説，"人生而有欲"，這似乎沒有人反駁過，因為是人人切身體會到的事實。欲，何自來？何所為？很難説；我們只知道，有欲無欲像是生命與非生命的分界，換句話説，欲是生命之所以成為生命的決定性質。生而有，是先天的，不管我們喜歡也罷，不喜歡也罷，反正在己身能感知能抉擇之前早已受之自然，所以這裏沒有要不要的問題，只有如何對待的問題。

　　欲在人生中常常表現為強烈的希求的力量。求而得，會感到滿足（或依常識，稱為快樂），求而不得，會感到苦惱。得，要靠許多條件，有的條件容易具備，有的條件不容易具備，因此，欲的結果未必就是快樂，也許多半是苦惱。

　　不管是常識還是哲學，都把苦惱當作應該避免的（苦行僧另有所求，苦是手段，不是目的）。從理論方面看，避苦之道不出二途，一條是有求必應，另一條是索性不求。有求必應，理論上可能不可能呢？那要看求的情況；無論如何，從實際方面看，一定是行不通的。也許就是因此，有些人談人生，主張寧可走第二條路，索性不求。例如道家就是這樣，他們宣揚的生活之道是少思寡欲，要"虛其心，實其腹"（《老子》第三章），吃飽肚子不想事，欲自然就減到很少了，砍掉欲，自然就不會有失望之苦。佛家更進一步，把欲當作苦的根源，要用大雄之力觀空以減欲度苦。減欲，度苦，證涅槃，才能取得真樂、極樂。視娑婆世界為苦，到彼岸為樂，這是出世，還不能算厭世。叔本華則更趨極端，乾脆不承認有樂，而認為，生活不過是受盲目意志的支配，它迫使人想，迫使人求，幸而滿足，所謂樂，也不過是解除欲之壓抑的暫時的寬弛，換句話說，暫時寬弛的所謂樂是假象，受欲之牽繫的苦才是真實的。這樣看，所謂生，是為盲目意志所制，為滿足欲望而孜孜不倦，甚至歡欣鼓舞，是受了騙，因此，有生不如無生，這是厭世。

生而有欲，生與欲不可分。已受生而談減欲，這樣想，也許應該稱之為智，這樣做，也許應該稱之為毅；不過問題在於，實際上萬難做到，至少絕大多數人是這樣。《阿含經》記佛滅度的情形，四眾還是號哭墜淚，這說的是常識，卻可以表現人生的實況。可見減欲云云，就人生談人生，也只能是想想而已。

生而有欲，我們要面對現實，承認它，這是一面。還有更重要的一面，是如何處理，無限制地求滿足對不對？古今中外，有縱欲的人，沒有徹底的縱欲學派，因為事實上行不通。為甚麼？可以分作三個方面說。

一、人欲，簡直可以說是無限的，俗語說，作了皇帝還想成仙，無限制地求滿足，幸而滿足了一個，也許隨著又產生兩三個，或者幸而滿足了一個瑣細的，很快又新生兩三個龐大的。可是滿足欲望的條件卻不能無限制，有的甚至是很少而難能。這就回到前面所說，其結果是愈多求而愈難得滿足，因而不得不大受其苦。

二、生與欲不可分，欲的滿足，其本意應該是全生，利生。例如飢而思食、渴而思飲就是這樣，求得則能生存，求而不得則不能生存，因而求其滿足是絕對必要的。但是所謂滿足，也宜於適可而止，如果食不厭精，飽而不止，也會致災成害。何況有些欲望，如一般所謂嗜好，其性質與飢而求食、渴而求飲不盡同，如果求而不止，以致陷溺其中，結果必致適得其反，成為對生命的大害。

三、欲望不能無限制地求滿足，一個更重要的原因是，人是生在社會裏，己身之外還有大量的他人，為了社會的安定繁榮，甚至只是為了己身的能夠生存、幸福，也必須兼顧社會，也就是己身之外的大量的他人。己身有欲，他人也有欲，欲的性質相類，滿足的條件相同。有的條件多而易得，例如供呼吸的空氣，一般說不致引起爭端。絕大多數條件不是這樣，而是有限的，有的甚至希有而難得。因此，常常是，僧多粥少，只有一部分人能夠獲得滿足，而難於使所有的人都獲得滿足，或者，一部分人過分求得滿足，另一部分人就會難於獲得適度的滿足，這就會引起爭端，爭則亂，結果也許是兩敗俱傷。為了社會的安定繁榮，社會上人人都能夠生存、幸福，一定要避免這種爭端，避免之道，具體的辦法可以很複雜，但是原則很簡單，就是，欲而求，要有個限制，任何人不得越過限制去活動。

限制，一般說都是社會性質的，如制度、法律、風俗、習慣，等等，都是來自社會的力量，它限定人要怎樣活動，不要怎樣活動。欲望與限制的協調，是社會和個人都能安然的重要條件。可是就欲的性質說，毫不逾矩的協調並不是很容易的事。如前面所說，欲是一種強烈的希求的力量，強烈，迸發，就會此伏彼生，不能適可而止，這就容易越出限制，擾害他人。如何避免？除了社會力量之外，還要利用己身的力量予以控制，這就是所謂"節制"。

宋儒受佛教的影響，把欲望當作惡，說人性中有天理和人欲兩個方面，修身立德，要用天理來制服人欲。其實，正如戴東原所指出，離開人欲，又哪裏來的天理？生與欲不可分，要生，否定欲是錯誤的，也萬難做到。但是欲又容易闖禍，怎麼辦？辦法是像對待烈馬那樣，一面要接受烈性，一面要訓練它習慣於受節制，能夠順著大路跑而不亂來。

不亂來，就是有欲有求，但能適可而止。如何能做到這樣？上面說，制度、法律、風俗、習慣等等，是社會方面的重要的限制力量。但是專靠這些，有時候還不能萬全，不能輕易地收效；或者從個人方面說，只是靠外力而聽之任之，是忽視道德的責任，並且有時會衝破限制而害己損人。欲而求，有些是當然的，有些是不應該的，當然的一些，求而超過限度，也會成為不應該的。個人的道德責任是節制，就是靠自己的知識和意志的力量，明辨甚麼是當然的，甚麼是不應該的，並且能夠取其當然而捨其不應該。這自然不是很容易的事，至少早期試做的時候是如此。但是我們不可畏難而放棄責任，聽之任之。我們要信任自己，嚴格要求自己，即使不容易，也要勉為其當然。這樣，孜孜不息，日久天長，節制會成為習慣的力量，那就可以行所無事而心安理得了。

一〇
利他

　　記得德國哲學家康德在《實踐理性批判》中曾説："有兩種事物，我們越思索它就越感到敬畏，那是天上的星空和心中的道德律。"感到敬畏，我的領會，是因為竟會有這樣的事物，真是意想不到。道德律是一種奇怪的像是與自然相對的強制力量。飢而思食是自然的；可是伯夷、叔齊不吃，以致餓死，這強制不吃的力量來自道德律。寒而思衣也是自然的；可是羊角哀解衣與友，以致凍死，這強制不穿的力量也來自道德律。照宋儒天理、人欲的對立劃分法，道德律屬天理，它是理應與人欲作對的。為甚麼會有天理？我們現在分析，那是一種玄學信仰，是現實生活尊重道德，希望尊重不只為當然，而且有理由，才用做美夢的方式建立起來的。但為其來由的道德卻是質實的，它經常在遏止人欲方面顯示力量。這情況的主要表現是，求欲望之滿足，發現會累及他人的時候，就克制，使他人不致受累。換個説法是，利己與利他不能協調的時候，道德律經常是要求勉為其難，"利他"。為甚麼要這樣？

　　這樣的問題，一般是不問。這是常識走的路，安於知利他為當然，而不問其所以然。早期的儒家就是這樣。孔子講立身處世，主張以"仁"為行為的最高準則。仁的含義是甚麼？《論語》記載："樊遲問仁。子曰：'愛人。'"這可以當作定義。書裏還說到如何行，積極方面是"己欲立而立人，己欲達而達人"；消極方面是"己所不欲，勿施於人"。至於為甚麼要這樣，孔子沒有問，自然也就沒有答。孟子像是想深入一步，問為甚麼要這樣。答覆是："人皆有不忍人之心。""惻隱之心，仁也。"這是説，天性如此。或者用《中庸》開篇的説法："天命之謂性，率性之謂道。"意思就更加清楚。不管怎麼説，辨析其所以然是闖入哲學範圍，推諸天命的答覆就顯得不夠。一是天命究竟何所指，有沒有，這又是玄學信仰方面的事，難得證明。二更嚴重，即使有，為甚麼非順從不可？因為利己更是本性如此，為甚麼就不當也百依百順？總之，走這條路為利他找根據，結果是難得滿人意。

還有一條路，是由"人皆有不忍人之心"深入一步，如莊子，説："天地與我並生，萬物與我為一。"或如宋儒，説："仁者以天地萬物為一體。"(《河南程氏粹言·論道篇》)"民吾同胞，物吾與也。"(南宋·張載《西銘》)因為人己是同氣連枝，所以就不"能"不有同情心，不"當"不有同情心。這裏的問題顯然在於，天地萬物是否為一體。更加顯然，這樣的問題很難説清楚。同在，可以理解為一體；但人己又確實有分別，尤其在利害衝突的時候。還有，宋儒是説"仁者"，不是説人人，可見這還是一種道德信仰，信仰是難得用來作信仰本身的靠山的。

"天命之謂性"，"仁者以天地萬物為一體"，是由"天"的方面下手，為利他找根據。此路難通，只好改由"人"的方面下手。人，古往今來，東西南北，多到數不清。但其中一個地位特殊，是"自己"。法國哲學家笛卡爾想通過懷疑建立起哲學系統，經過思路的許多周折，最後承認："我思，故我在。"這是由哲理方面證明自己最實在。牙疼不算病，疼起來要了命，這疼，只有自己能夠感受，最清楚。這是由常識方面證明自己最親切。因此，講人生，講社會，都不得不由自己出發，甚至以自己為中心。這自己，最突出地表現為"感知"：樂，我感知，所以歡迎；苦，我感知，所以不歡迎。古希臘有所謂快樂主義學派，評定行為、措施等的好不好，就是以自己的感知為標準的。這裏不管這樣處理能通不能通，只說，即使能通，作為利他的根據必是做不到，因為感知，只有自己是親切確實的，至於他人的，那是用"能近取譬"的辦法推出來的，隔靴搔癢，為甚麼要顧及？總之，以自己的苦樂為行為的準則，我們只能找到利己的根據，不能找到利他的根據。

以上說天，說人，都是想以"理"來證明利他為當然。困難多，是因為我們在難於講理的地方偏偏要講理。在有關人生的許多問題上，我們常常要只問現實，不問理。活著，而且捨不得，為甚麼？不知道。反正已經是這樣，只好順路走下去。快樂主義學派的精神也是順路走，只是把生活看得過於單純，所以路子窄了，有的地方就難通。就說快樂吧，人是有時，甚至常常，明知結果是苦也會做的。生是複雜的，但也可以一言以蔽之，一切活動，所求，總的說是"生"。生是各式各樣的欲求和行動的總和，其中有快樂，但不都是快樂。人要的是這個。有甚麼究極價值嗎？像是沒有，或說不知道。但既已有生，就命定要生得順利。怎麼能順利？顯然，只有自己就必不能實現。從遠古以來，為了生，我們的祖先就養成互相依賴、互相扶助的習慣。人助我是利己，己助人是利他。就自己説，助人比助己難，可是為了生就不能不勉為其難。難而要做，是德，或説是康德的道德律。作為德的精髓的利他，就是這樣，由功用起，經過昇華而登上道德律的寶座的。

道德律，要遵守，即盡力照辦，在人己利害不能協調的時候，要克己，多為對方著想。這樣做，所求，説穿了不過是生順利的可能性大一些。如果嫌這樣解説近於功利主義，不高雅，那就説為了人的品格向上、精神文明之類也可以。剩下一個問題是：利他的"他"，以甚麼樣的範圍為合適。常識像是限於"人類"，如常説人權，而不説鳥權、獸權。本此，吃烤鴨不算違反利他的道德律。但同樣本諸常識，對於毫無必要的虐待動物的行為，也總是譴責而不是讚揚。孟子早已説過這類意思，是："見其生不忍見其死，聞其聲不忍食其肉。"這是利他的範圍擴大到牛羊之類，雖然程度不深，只是"君子遠庖廚也"，而不是不吃。佛家就走得遠多了，把利他的範圍擴大到"諸有情"，並把殺生定為第一大戒。怎麼樣才可以算作適當呢？顯然很難説。照佛家的辦法，連蚊蟲、跳蚤也放過，我們辦不到；走向另一端，把不忍之心嚴格限於人，見天鵝、海豹等被殺害而無動於衷，我們也辦不到。折中之道，由理的方面定一個一以貫之的原則，行的方面能夠無往而不心平氣和，恐怕很難。可行的辦法似乎只能是：既要貴生，又要重德，遇事就事論事，勉為其難，不幸而未能盡善，安於差不多而已。

一一

增補

　　有"存在"，是個大神秘；"存在"中有"生命"，又是個大神秘。我們談人生，先要知道生命是怎麼回事。但這很難說，譬如想到何自來、何所為的問題，我們就會感到茫然。"所為"指最終的目的，這正如俗語所說，只有天知道。我們所能知道的不過是生命的一些現象，或者說，生命活動的大致趨向，這概括說就是求"生"，或說是求"生命的延續"。首先是己身的生存；己身永生，自然規律不容許，於是求傳種。生存，傳種，生命得以延續，這有甚麼至上意義嗎？古今中外的哲人設想出很多理由，但這些都是閉門造車，充其量不過是自我安慰的幻想而已。

　　探討生活之道，宜於少注意幻想，多注意事實。事實是求"生"，生之上不知所求，或者竟是無所求，因此，我們說"生"就是目的也未嘗不可。"生"是目的，求之，如何才能求得呢？除了己身的活動之外，要靠外界的條件。外界的條件千差萬別，但是就一般的生物看，數量卻不見得需要很多。例如草木，所需不過是有限的土地、陽光、水分、肥料而已。魚蝦，所需不過是有限的池水而已。人，所謂萬物之靈，如果只是為求"生"，所需外界的條件也許不必過於繁複，例如原始人，現在看起來條件很差，可是就求"生"而言，還是滿足了願望的。

但是人終歸與一般生物不同，——不是說特別高貴，而是說，因為肉體的活動能力，尤其是精神的活動能力，遠遠超過一般生物，所以就不能安於僅僅能夠生存的最低限度，就是說，不僅要"生"，而且要生得美好，豐富，更如意。生活更如意，要靠多方面的條件，概括說，其中包括社會方面的，物質方面的，還有精神方面的，我們可以總名之曰文化。

人是生在社會裏，沒有一個有組織的社會，不能適當地安排人與人的關係，美好的生活，甚至只是最低的生存，也就難於求得。這個道理容易明白，可以不說。物質方面的條件也是這樣，不具備，或者貧乏而低劣，生活就會受到大影響。這個道理更容易明白，也可以不說。需要注意的是另外一些條件，沒有它，似乎生活也不致受到顯著的影響，可是有它，生活就會更美好，更豐富。這類條件大致說是偏於精神方面的，我們可以稱之為"增補"。

增補在人類生活中佔有很重要的位置，不僅由來已久，而且無孔不入。莎士比亞劇作裏說過這樣的話，即使是乞丐，身上也有幾件沒用的東西。沒用，當然是就簡單的維持生存說的；如果此外真沒有任何功用，乞丐當然也就早棄置不要了。增補之用是生活最低需要之外的另一種用，你說它不重要嗎？也不盡然。

衣，似乎可以只求取暖，但是，紅裝，碧裙，各種花紋，各種形式，爭奇鬥艷，所圖的都是增補之用。居室也是如此，本來能蔽風雨就可以了，但是，只要條件許可，就要雕樑畫棟，朱戶綺窗，其外圍還要假山流水，花木竹石。再例如小至日常瑣事，桌椅怎樣佈置，頭髮怎樣修剪，商店買物，紐扣髮卡之微，也要挑選顏色樣式。這類事，我們不憚煩，反而譽之為審美觀點，或說是求生活的美化。

已經能夠生存，又進而求便利，富厚，美化，等等，這是為甚麼？

一種解釋，可以稱之為現象的，常識的。人生而有欲，只是最低限度的能夠維生，還不能使欲得到比較充分比較合適的滿足。舉個最淺近的例，飢而求食，脫粟並非不能果腹，只是不能使欲得到比較充分比較合適的滿足，所以進而求粱肉。外界條件求便利，求富厚，求美化，其目的都是希求欲能夠獲得更充分更合適的滿足。

一種解釋，較深一層，可以稱之為本質的，哲理的。生命，受之自然，也許竟如老子所說，"天地不仁"嗎？或然，或未必然。不過無論如何，生命定於一身為"我"，而"我"之在世間，只此一瞬間，則是不可變易的事實。如何對待？家有敝帚，尚且享之千金，何況"一生"！所以，至少就一般常人而論，都應該善自利用。所謂善自利用，一個總的精神，是以人力勝天，就是說，自然雖然冷漠無情，我們卻偏偏要以人力謀補救，短者長之，薄者厚之，醜者美之，鄙者雅之（當然是在自然規律所容許的範圍之內），以求不負此"一生"。這需要多方面的努力。勞動，生產，對人對社會盡責，這些，我們方便稱之為本分的，社會的，外物的，當然都很重要。但是只有這些還不夠。這包括兩種情況：一種是，外界求而難得，不得，需要"代"，需要"化"；另一種是，雖已有所得而尚不滿足，需要"補充"，需要"擴大"。這正面說就是，需要一種精神方面的境界，可以供神遊而使生活更美好，更豐富，更如意。

上面的話也許玄虛一些，我們可以換個方式，從實例方面講。某些科學，如數學、天文、物理等，研究到某種程度，可以使人神遊於一種"知"的境界。這種感受，雖然未必像斯賓諾莎所說，應該算作至上的"知天"，但是它能夠豐富、擴大生活的境界，卻是不容否認的事實。這或者還不夠明顯。更明顯的是各種形式的藝術。例如繪畫，顯而易見，可以引人進入一種造境。看宋人《長江萬里圖》，會使人多少感到身經三峽的心情。看密勒《拾穗圖》，會使人感到農田生產的樸厚可親。正如宗少文好臥遊，幾乎人人都喜歡繪畫，其原因就是繪畫的造境可以擴大生活的境界。再例如小說、戲劇也是這樣，《水滸傳》，寫好漢，寫江湖，《桃花扇》，寫興衰，寫離合，都能創造一種活生生的境界，讀它（或看排演），常常可以使人與作品中的人物共感受，同呼吸，這類入小說、戲劇之境，也是一種神遊。再例如詩詞，我們讀"黃河遠上白雲間，一片孤城萬仞山"（唐·王之渙《涼州詞》）是一種感受，讀"菡萏香銷翠葉殘，西風愁起綠波間"（南唐・李璟《浣溪沙》）是另一種感受，這也是一種神遊，雖然與繪畫、小說等相比，詩詞的境界顯得縹緲一些。此外，雕刻、音樂等也是這樣，所謂欣賞，都是神遊其造境，其結果是，外界求而不得者可以得到（性質當然不盡同），已有所得而尚不滿足者可以補充而擴大之。這是藝術的增補之用（理智的訓誡之用這裏不談）。以上是談欣賞，自然還可以更進一步，自己從事創作。這當然比較難，但是就其功用說，道理卻是一樣的。

　　生也有涯，生活之道難言，無論如何，正如某生物學家所說，生只此一次總是個遺憾。這自然是我執。如果我們不能或不願走佛家的路，破執，那就最好還是順常道而行，重視增補而求生得更美好，更豐富，更如意。去日苦多，而世間萬有，所以要及時努力，善自利用之。

一二

不朽

　　不朽是樂生在願望方面的一種表現。不是最高的表現，是讓步的表現。最高的表現是長生，如秦皇、漢武所求的那樣，煉丹道士如葛洪之流所幻想的那樣。長生做不到，不得已，才謙退，求不朽。這有多種說法。如俗話是："人過留名，雁過留聲。"太史公司馬遷是："立名者，行之極也。……亦欲以究天人之際，通古今之變，成一家之言。……藏之名山，傳之其人。"（《報任安書》）《左傳》說得全面而細緻，是："大（太）上有立德，其次有立功，其次有立言，雖久不廢。"不廢，表現有多種。最通常的是見於文字，如蘇東坡，不只有各類著作傳世，而且《宋史》有傳。其他形式，如某制度是某人所創，某建築物是某人所建，某宅院是某人所住，某器物是某人所遺，某墳墓是某人的長眠之地，等等，都是。表現方式不同，而實質是一個，即死人存於活人的記憶裏。

　　這可憐的情況是近代科學知識大舉入侵的結果，以前並不是這樣。晉阮瞻作《無鬼論》，據說鬼就真正來了，可證流傳這故事的人還是相信有鬼的。鬼由靈魂不滅來。靈魂不滅，形亡神存，比只是存於其他人的記憶裏會好得多吧？因為這雖然不是長生，卻是長存，並沒有人死如燈滅。可惜的是，這種美妙的幻想有無法彌補的缺漏。神與形合，成為某人，死則離，離後的神是甚麼樣子？與形同（世俗的迷信這樣看），說不通，因為神是獨立於形外的；與形不同，難於想像。其次，靈魂也離不開處境。一種可能，暫借世間的形，在世間以外的甚麼處所長存，如楊玉環，在海上仙山，如《聊齋志異》的連瑣，在墳墓（代表陰間）裏，這樣的長存，當事人會安之若素嗎？至少是活人以為，不會安之若素，所以還要再找個形，復返人間（託生）。可是，這樣一來，前生是王二，此生是張三，來生是李四，三人形貌不同，互不相知，還能算作長生嗎？何況還有佛家的六道輪迴說，此生是張三，來生也許不是李四，而是一頭驢，這離長生的設想就更遠了，幸而我們現在已經不信這些，可以不談長生、長存，只談不朽，即所謂“人過留名”。

　　先由反面說起，也有對留名不感興趣的。通常是把世事看破了，反正是那麼回事，混過去算了。“服食求神仙，多為藥所誤。不如飲美酒，被服紈與素。”（《古詩十九首》）是常人群裏有這種看法。也可以出自非常人，如漢高祖的呂后就不止一次地勸人：“人生世間，如白駒過隙，何至自苦如此乎！”還有帶著牢騷的，如說：“生則堯舜，死則腐骨，生則桀紂，死則腐骨，腐骨一矣，孰知其異？”（《列子·楊朱篇》）反正同樣是消滅，名不名無所謂。更進一步是逃名，遠的有巢父、許由等，後來有寒山、拾得等，只是因為世間不乏好事者如皇甫謐、豐干之流，他們才事與願違，竟把名留下來。

對留名無興趣有多種原因，可以不深究。但有一點卻絕頂重要，就是貨真價實的非常之少。大人物，連反對個人迷信的在內，都多多少少會戀戀於個人迷信。一般人，幸而能達，男的就爭取登上凌煙閣，女的就爭取建個貞節坊；辦不到，退讓，總還希望蓋棺之後，墓前立一塊刻有姓名的石碑。平時也是這樣。求立德，立到能夠出大名，難。立功，如管仲、張騫，自然也不易。立言像是比較容易，但寫點甚麼，有人肯印，有人肯買了看，尤其改朝換代之後還有人肯買了看，也不是輕而易舉的。不得已，只好損之又損。有些人連衣食都顧不上，當然要把精力和注意力全部放在柴米油鹽上，稍有餘裕就難免舊病復發，比如有機會到甚麼地方旅遊，就帶上一把小刀，以便找個適當處所，刻上某年月日某某到此一遊。總之，人，有了生，就無理由地捨不得，但有生就有死的規律又不可抗，怎麼辦？留名是無辦法中的一個辦法，於是求不朽就成為人生中的一件大事。

上面說，不朽，不管表現方式如何，實質只能是存於來者的記憶裏。這不是空幻嗎？如果深追，會成為空幻。以蘇東坡為例，直到現在，還有很多很多的人知道他，從知道他這方面衡量，他確是不朽了。可是，他能知道嗎？他早已人死如燈滅，自然不能知道。就自己說，自己不能覺知的事物究竟有甚麼價值呢？還可以看得更遠些，文字的記載，甚至人，以及我們住的世界，都會變化以至消亡，一旦真成為萬法皆空，所謂不朽還有甚麼意義嗎？這樣考慮，我們似乎就不能不懷疑，所謂不朽，也許只是樂生而不能長有。聊以自慰，甚至自欺的一種迷信吧。

　　但我們也可以從另一面看，那就答覆即使是肯定的也不要緊，因為人生就是這麼一回事，究極價值，我們不知道，那麼，為了率性而行，在有些事情上，我們就無妨滿足於自慰，甚至安於自欺。秦始皇自稱為"始"，在沙丘道中，長生的幻想破滅了，卻相信子孫統轄天下可以萬世不絕，這由後代讀史的人看是自欺。但他得到的卻是安慰，貨真價實，不折不扣。不朽就是此類，生時自慰，心安理得，甚至因想到不虛此生而歡樂，而不畏死，功用確是很大的。

　　還有己身之外的功用。不朽，就理論說有兩類，流芳千古和遺臭萬年，而人的所求總是前者。這樣，存於來者記憶裏的所謂不朽就有了導引的道德力量，因為來者和古人一樣，也不能忘情於不朽。

　　不過無論如何，不朽總是貌似實實在在而實際卻恍兮惚兮的事物。生前，它不是現實，只能存於想像中。死後，它至多只是活人給予死者的一種酬報，而可惜，死者早已無覺知，不能接受了。

第二分

社　會

一三

群體

　　我是自己，自己之外還有別人。這由常人看是自明的理，用不著學笛卡爾，繞很大彎子證明。

　　這種情況有來由，是，自己是一個，在種族綿延的長鎖鏈中佔一環的地位。姑且視這一環為現在，往過去看，有的情況可知，有的情況不可知。如不過於遠的祖先，因為天造地設，生育要陰陽和合，我們可以推知，任何人，上推一代的祖先是2，兩代是4，三代是8，四代是16，五代是32，六代是64，已經相當於《易經》的卦數，這上推一代要乘2的算法是可知的。還有不可知的：一，可以推到多少代，那個陰陽還可以稱為人；二，打破稱為人的限制，推到甚麼情況就算到了起點。再說往將來看，會出現三種不定：一，能否起一環的作用不定，因為也可能不生育，原因或客觀或主觀；二，自己為陰，與陽結合，自己為陽，與陰結合，向下延續的環多少不定，因為，就各時代各地域說，生育多少不定；三，就整個鎖鏈說，終點在哪裏不定，至少是不能知道。這裏絕頂重要的是，人有生，單就由無成為有說，也不能離開別人。任何人都是群體的一分子。

　　以上是由根本方面說。還有枝葉的，表現的方面多，由自己的感受方面看，也就更重要。只說三個方面，或者算作舉例。一個方面是自己不能自理的時候，必須依靠別人。這主要包括三種情況。一種是幼小，所謂三年不免於父母之懷。現在還要擴大、延長，把託兒所和幼兒園，甚至小學也算在內。另一種是疾病，包括殘疾，也不能不依靠別人，尤其醫生，扶助。還有一種是衰老，心比天高，力比牛大，總不能免於老了就不中用，也就不能不靠年輕力壯的來照料。三種情況之外，不加說死，因為由死而來的恐懼、悲哀、困難等問題都屬生者，死者是一了百了。另一個方面是互助或互賴或分工。這只要閉眼想想就可以知道。以切身的感受為例，不避掛一漏萬，只說我每週一度的由郊區住處到城內單位。六時起床，知是六時，由於聽鐘，那是德國人造的，或由於看錶，那是日本人造的。下床，穿衣，不只一件，不知是多少人造的。早點有雞蛋、牛奶，也不知是多少人造的。出門，路乾淨，知道有人掃過。登車，車開動，可以看見的是司機，看不見的是造車的無數人。直到下車，進辦公室，桌上有信，是郵遞員送來的；如果不憚煩，還可以加說那紙墨是另外的人造的。總之，就這樣，可證，人，離開別人，輕些說是不方便，重些說是活不了。互助互賴有範圍的不同。就時間說是越靠後範圍越大。老子時代，至少是設想的，可以“老死不相往來”。中古時代，可以基本上閉關自守。現代就不成了，才子要用美國金筆，佳人要抹法國香粉。就地域說是越開化範圍越大。只舉國內為例，大城市與山村比，大城市人，尤其享用偏高的，生活花樣多，依靠別人的地方自然也要多。還有一個方面是學習生活之道和術，更離不開別人。這方面包羅萬象，説不勝説。只舉普及的和提高的各兩種為例。普及，是人人都要的。一種是語言，任何人都知道有大用，這學，要聽別人説，用，要説給別人聽。還可以放大或兼提高，如有的人不只會一種，有的人好古敏求，還鑽古漢語或希臘語、拉丁語，這學，更要靠別人。普及的另一種是職業，想有吃有穿，能活，離不開這個。職業有多種，不同的門類可能有難易之別，難也罷，易也罷，想會就不能不學，學要投師，也就不能不靠別人。再説提高，稱為高，意義之一是比較難，之二是不要求人人都學會。這還可以分為普通和特殊兩種，普通是指哲學、科學、藝術等方面的鑽研和造詣。顯然，舉最突出的，像康德的《純粹理性批判》，愛因斯坦的相對論，曹雪芹的《紅樓夢》，齊白石的畫，不學是作不出來或畫不成的，學要向別人學。特殊是指冥想孔子所謂"朝聞道，夕死可矣"的"道"，這雖玄遠而更切身，一般要觀心，難於抓住，想往裏鑽就更要投師（包括讀書），程門立雪。早的如孔門，學生有"仰之彌高，鑽之彌堅"之嘆，晚的如禪宗，有不能參透"庭前柏樹子"的迷惘，都表示不只在向別人學，而且在廢寢忘食地學。所有以上種種情況都表示，無論是為了個人的能活，能活得舒適、豐富、向上，還是為了社會的越前行越文明，人都不能離開別人。我們有生，"是"生在群體中，而且"應該"生在群體中。

　　我們通常説人己，己和人有互依互賴的關係。這種關係有遠近；遠近由甚麼決定，很難説。司馬遷，就時間説離我們很遠，如果我們喜歡讀《史記》，關係就近了。相反的情況，鄰居的頑童常來窗外吵鬧，如果我們閉門不出，並且聾到耳不聞雷聲，關係也就遠了。同理，地域擴大，化妝品必巴黎的佳人，專就化妝品説，與法國工人的關係近，與中國工人的關係反而遠了。這裏專説一種性質特殊的近關係，是男女的結為伴侶。這是充當種族延續鎖鏈中的一環時的互依互賴，關係近到無以復加。這裏説這些，目的只是進一步證明，人生於世，離開別人是不成的。也許有人説，獨身也未嘗不可以活下去，如成群的"真"出家的就是這樣。我的想法，是個別不能推翻一般，即以出家而論，佛門四眾（比丘，比丘尼，優婆塞，優婆夷），後兩眾還是容許過夫妻生活，並不違大道理，曰不斷佛種子。

　　以上都是説事，還沒有涉及情。由情方面著眼，己與人的互依互賴也力大而明顯。近親（包括夫妻）關係不用説了，除了出家過閉關生活的以外，積極的，尤其年歲大的，得間，忍不住要找人談閒話；消極的，以秀才之流為例，多日無信件，門庭岑寂，也會輕則悵惘，重則悲哀。人，如外之所見，內之所感，孤獨是很難忍受的。可見單單由情方面考慮，想活得樂多苦少，離開別人也是不成的。

　　但同樣是事實，人己之間也不少衝突。衝突，性質有多種，可以大，如儒和道是思想衝突；可以小，如擠車搶座是利害衝突。範圍還可大可小，如國與國交戰是大範圍的，兩個人為一文錢爭得臉紅脖子粗，是小範圍的。説人己互依互賴必要，怎麼看衝突？可以這樣看：互依互賴是本，是正，衝突是末，是變，因為衝突可以避免，應該避免，而互依互賴是無所逃於天地之間的。

所以，總起來説，我們談人生就不能不著眼於社會，因為我們命定具有雙重身分，一方面是己身，一方面是群體的一分子。由此推論，我們要安於共處，並盡力求共處得合情合理。

一四

組織

　　人過群體生活，人與人間不能不有各種關係，組織是人與
人的各種關係的凝聚形式。關係有不是凝聚形式的，如居家，
一腳邁到家門之外，會遇見對面走來的人，這構成路遇關係；
擠上公共電汽車，人多，胸前可能是個佳人，背後可能是個壯
漢，這構成同車關係；日落西山，投宿旅館，同室可能不只一
個人，這構成同住關係；等等。但這類關係都是乍生乍滅，即
沒有凝聚，所以算不了組織。家門之內就不同，其中的人或有
婚姻關係，或有血緣關係，而且不乍生乍滅，也就是凝聚了，
所以是組織；凡組織都有個名堂，這樣的名為家。放大或外
推，一個工廠，一個商店，一個學校，直到一個國，都是一種
凝聚形式，即一種組織。

　　為甚麼要有組織？是因為人生於世間，都需要有個（或多
個）著落；著落是由組織規定的。比如你是某工廠的工人，你
就可以進去工作，定期領工資，也就才能活。其他各種組織可
以類推。

　　深入一步看，組織還是人與人間各種關係的重要表現形
式。這各種關係，可以是習俗限定的，也可以是條款規定的。

早期，尤其常語所謂小事，來於限定的多；晚期，尤其常語所謂大事，來於規定的多，關係，如舊所謂五倫，君臣，父子，兄弟，夫婦，朋友，是由靜態方面看。由動態方面看，組織還是人的各種活動的重要表現形式。如舊所謂士農工商兵，士要讀書，農要耕田，工要製器，商要買賣，兵要衛國。總之，人既然不只一個，要活，就不能不組織起來。世間是複雜的，生活是複雜的，由於適應不同的需要，來於不同的渠道，組織有各種性質的，各種形式的（時間久暫也不一致），如果把不同時地的也算在內，那就大大小小，幾乎多到無限。無限之中，可以分為必有和可有兩類。如國、家之類，莊子所謂“無所逃於天地之間”，人人必須參與，是必有的。如某黨派、某詩社之類，不是人人必須參與，是可有的。當然，由重要性方面看，必有的總要放在前面。以下談組織，著重說必有的。

不管是習俗限定的，還是條款規定的，組織，對於其中的人，都有拘束的力量。拘束，是不許任意做甚麼，說具體些，是不逾矩的可以從心所欲，逾矩的不可以從心所欲。由矩方面看，組織有優點，是其中的人，生活有軌道可循，消極可以避免亂來，積極可以保證安定。由不許從心所欲方面看也有缺點，是給自由活動加了限制。有的人，如古的一些隱士，今的所謂無政府主義者，就對組織，主要是政治性的，沒有好感。這是從感情出發。從理智出發，認識就不會是這樣。組織，不論甚麼形式，都是有來由的，或說最初都是為滿足某種需要，解決某些問題，才不得不如此。小的如家，夫妻子女合居，男

女分工，大的如國（或相當於國的），構成一個自足的內團結
而外禦侮的系統，有治者與被治者、各種職業的分工，都是這
樣來的。這是說，它有用，有必要。不說完全合理，因為一，
我們很難證明，某種形式必是最好的，又，一種組織形式的形
成，不能不受或多或少的傳統的影響，也就很難天衣無縫；
二，組織有惰性，常常是，新需要、新問題已經出現或早已出
現的時候，這舊的形式還在穩坐原地，不肯讓位。韓非子主張
"時移則世異，世異則備變"，理說得不錯，不過說到行，那就
很難，因為阻礙力量會來自認識、人事、慣性等等方面。

　　但也不能長久不變。總的原因是人人想活得如意，明天比
今天活得更好。這是願望，由長遠看有力，由臨近看就未必。
由另一面說是阻礙力量經常很大。這阻礙力量，一種是屈從於
習俗的愚昧。就最大的組織形式說，秦末群雄揭竿而起，起因
是受不了暴政的水深火熱，及至火燒咸陽，孺子嬰完蛋，最後
漢興楚滅，還是劉邦在長安即了位，因為想不到帝制之外還可
以有其他組織形式。阻礙力量的另一種是有些人在舊的組織形
式中佔了便宜，利害攸關，自然不肯讓步。還有第三種阻礙力
量，是熟路易走，創新，如果不能照貓畫虎，就太難了。難而
終於不能不變，理論上出路有兩條。一條，以治病為喻，萬不
得已，擠到背水的形勢，就會成為割治。這顯然會帶來破壞和
痛苦。另一條，是理論加理想，內靠教養和理智，外靠研究和
比較，也以治病為喻，是服藥加理療，星星點點，求積少成
多。為了多數人的安全和幸福，當然後一條路是較可取的。但

理想終歸是理想，至於事實，後一條路常常是較難走的。

　　不得長久不變，表示不同的組織形式有高下之分。如何分高下？比較也可以有範圍大小的不同。範圍小是在內部比，範圍大是與外部比。標準都是一個，用自產的名稱是孟子的眾樂主義（曰：“與少樂樂，與眾樂樂，孰樂？”曰：“不若與眾。”），用進口的名稱是邊沁主義（能使最大多數人獲得最大幸福的是好）。但這又是理論，至於實際，那就常常會難於測定。以家庭組織的大小為例，過去，推崇所謂五世同居，到老舍筆下降了一級，成為四世同堂，現在呢，幾乎都是成婚之後就分飛，還有未來，也許同樣會學先進國家，連家也富於靈活性（乍聚乍散）吧？三個時代，哪一種好？恐怕不同的人會有不同的想法。自然，想法不能代替是非；不過說到是非，那是由幸福和痛苦的量來，而幸福和痛苦，是不能放在天平上衡量的。所以，在這種地方就又用上“大德不逾閑、小德出入可也”（《論語·子張》）的原則，大德是難忍的，小德是可忍的。一種組織形式，多數人沒有感到需要忍，我們可以說那是上的；反之，尤其感到難忍，我們可以說那是下的。

　　人，由呱呱墜地起就屬於各種組織。這隸屬於各種組織的情況，有的是自己完全被動的，如國與家就是，你生在某家就是某家人，生在某國就是某國人，不能選擇，更不能否認。有的是半被動的，如上學與就業，你可以選擇，卻不能一個都不要。有的是可以完全自主的，如在家參加某社團，出家遷入某寺院就是。國是自己隸屬的最大最有力的組織，所以與人人的苦樂關係最密切，也因而想到組織，談到組織，經常是指這一個。本書從眾，也著重談這一個。

　　與國有關的問題很多，留到後面慢慢談。這裏把它當作一種組織形式，先總的說說。國，作為一種組織形式，絕大多數是由祖先手裏接過來的遺產。這份遺產未必合用，但是一，有總比沒有好，或者說，一個不合理的秩序總比沒秩序較容易忍受；二，因為是遺，甚至千百年來已非一日，就很難認出它（或它的哪些部分）不合用，所以變是很難的。變有擴大和縮小性質的分別，如秦併六國是擴大，魏分東西是縮小。擴大好還是縮小好？一言難盡。備戰就不免多耗費，大戰就不免多破壞（包括人的死傷），幾乎都是國與國間的，由這個角度看，擴大有好處。但七雄並立擴大為秦統一，處士可以橫議就變為焚書坑儒了。不說好壞，只說事實的趨勢，是合多於分，尤其是科技發達，交往容易而頻繁的現代，也許宜於多合少分。但這包括傳統（民族、文化、貧富等種種條件）與理想的難於協調問題，過於複雜，又與近渴的關係頗遠，只好不談了。

一五

分工

　　前面說，組織是人的各種活動的重要表現形式，那表示有組織就有分工。比如你是農村某生產隊社員，你就務農而不經商，這是較大的分工；在生產隊，你被分配種田，就不管養雞，這是較小的分工；種田，一次下田，你被分配施肥，就不管播種，這是更小的分工。還可以再分。也不能不再分，因為，睜眼一看便知，所謂生活，可以理解為只要有生就不能不活動；活動，大致說，少量與謀生無關（如吟詩、吸煙之類，不幹同樣能活），多數與謀生有關，這有關的種種，有人做，事實必是幹這個就不幹那個，這就是分工。

　　所以要這樣，是因為事無限，一個人幹不了。其中還有非人力所能左右的，那是前面提到過的延續種族。人力無可奈何，屬於天；這裏單說屬於人的。總的緣由是人要活得適意，就離不開文化，而且有了文化。文化是個大雜燴，而且隨著時間的推移，越靠後越雜，或者說，內容越來越多，精細的程度越來越高。即以內容較少、精細程度較差的春秋、戰國為例，莊子也說：“庖人雖不治庖，尸祝不越樽俎而代之矣。”現在自然就更甚，一個人，自耕而食，自織而衣，只能存於幻想，何況在家還要看電視，出門還要坐汽車呢。所以活，離不開各種享用，就不能不分工。

分工來於要享用。享用可以分為兩類。一類不必用人力換，如空氣，以及蘇東坡所謂"江上之清風與山間之明月"等等就是。但這終歸是少數。絕大多數屬於另一類，要用人力換，所謂種瓜得瓜，種豆得豆。用人力換來的，有的能直接看到，如瓜、豆之類，有的不能，如制度、意識之類，總稱為文化。文化總是後來居上。上包括多和精，所以分工總是越來越細，越來越不可免，換個說法，是專業性越來越強。古代男耕女織，可以解決衣食問題；現代，以先進國家為例，從事耕織的人已經很少，因為耕織之外添了許多新花樣，小至可口可樂，大至航天，都要有人幹。分工越來越細，它的勢力就越來越大。大的一種後果是往新的領域擴張。先舉一種已見於事實的，是著述，早些年都是自思自寫；現在，有的人是專管思，把寫交給打字員了。再舉一種尚未見於事實的，是有人設想，延續種族將來也分工，即選出若干適於優生的男女，專司生育，其他落選的就甘心伯道無兒了。這好不好？問題很大，很複雜，只好留給將來的人去考慮。這裏只說，隨著文化的發展，分工必是越來越細。

當然，細也要有個限度，不能一往無前。有兩種情況，或不可分，或不宜於分。一種，如通常所謂創作，著文、作畫、雕塑之類，即使篇、件很大，也總以一個人有始有終才好。另一種，日常生活，一個人多才多藝，比如衣服破了會縫，髒了會洗，電燈壞了會修，以至於能做組合家具等等，總比任何事都必須找專業工人做為好。

分工是事實；語云，事出有因。理想的因是量材為用。這會碰到兩種困難。一是材難量，尤其年輕，或混跡於人群，未顯露頭角的時候難於量得準。二是量要人量，誰來量？理想是既有知人之明，又有內舉不避親、外舉不避仇之德的，哪裏去找這樣的人？或說得更實際些，這樣的人怎麼就能爬到有分配之權的高位？所以分工的怎樣分，古今也照樣，還是大多要走傳統的老路。這老路包括多種情況。弓人之子常為弓是一種情況，所謂近水樓台，學著方便，將門出虎子。這可以上，直到世襲，如秦二世胡亥，雖然混蛋，仍舊可以作皇帝。其他如二王（王羲之、王獻之），大小李將軍（李思訓、李昭道），二晏（晏殊、晏幾道），大小米（米芾、米友仁），等等，都是子承父業。還可以下，父農子農，父工子工，直到標榜祖傳秘方，賣狗皮膏藥，都是。另一種情況，數量也相當大，是靠機遇。本來處陋巷，無名無位，而碰巧一個親友飛黃騰達了，於是就借這股風也上了天。其普通者，如本來想借友人張三之光入商界，可是碰了壁，轉而求李四，成了，進了工廠。還有一種情況，也許只是少數，或靠有才兼用功，或只是靠用功，而就真有了世人多看到的成就，於是就走上自己想走的路。不管由哪條路走到某一地，用總括的眼看全體，分工的結果必難免出現以下幾種不平衡的情況。一是地位高低不能平衡。以舊時代為例，最突出的是皇帝與小民，高的太高，低的太低。其下，即以工頭和普通工人而論，也是高低有顯著的差別。二是勞逸不能平衡。通常是地位低的勞，地位高的逸。還有地位同而勞逸不同的，如同是售貨員，在繁華街道勞，在偏僻街道逸；賣食品勞，賣古董逸。三是獲得不能平衡。古今一樣，用力多少不異的，所得未必相同。反而常常是，費力多的所得很少，費力少的所得很多。以上三種情況，這裏說是不平衡，不說是不合理，因為其中有些現象，可能是不可免的；更不說是不平等，因為平等不只牽涉到社會問題，還牽涉到哲學問題（後面還要專題談）。但是，未必不合理是一回事，樂於接受與不樂於接受是另一回事，這就會引來一些值得慎重考慮卻未必容易解決的問題。

談問題之前，想先說一下，是分工不只不可免，而且有不容忽視的優點。其一，很明顯，是學就因單一而比較容易。比如就知識分子（古曰士）說，秦以前要兼通禮樂射御書數，現在就用不著，能通學科的一門就可以當大學教授。其二是因此而學術、技藝等就提高得快。其三是也因此而生活就可以減少不少煩瑣。其四是分工之後，打總生產，效率會高得多；有不少甚至是變不可能為可能，如煉鋼、鋪鐵道、製造飛機之類。其五是，如果沒有較大的不合適，至少是表面上，就像是人人能夠各得其所。

說像是，是因為很難做到真各得其所。問題，總的說是很難分得合適。原因上面說過，是不得不多靠家傳和機遇。其結果就不免出現兩種不合適。一種是由總體方面看，不能人盡其才，比如本來有數學天才，甚至數學造詣，卻被分配去掃街道。另一種是由個體方面看，職業與興趣常常不能協調，比如本來是喜歡歌舞的，卻被分配去演話劇。此外，即使沒有這類的不合適，分工過細，一個人走上某崗位，如板上釘釘，長年不變，終身不變，至少有些人，就不能不感到單調。這不好辦，幸而這屬於凡事有所得必有所失的性質，當作不是問題也無妨。

分工引來的最大最麻煩的問題來自治者與被治者的分工，留到後面慢慢談。

一六　管理

　　前面説，人由呱呱墜地起就要過群體生活。出家，由里巷遷入寺院，寺院有僧伽制度，過的仍是群體生活。甚至斷了氣，不再有生活，過去，要有人蓋棺，有人執紼，現在，要有人送往火葬場，有人按電鈕點火，還是離不開群體。群體要有某種秩序，以便靜時能夠安全，動時有所遵循，所以要有組織。組織起來，要做大量的事，處理大量的問題，所以不能不分工。分工，人都處於許多大大小小的組織中，人多，事多，想活動時都有所遵循，就不能不有人管理。管理有泛義。如某人是士農工商兵的士，不能不有些書，書不用時也要有個安身之地，於是為了容易找，用著方便，就把書分為若干類，某類放在某處，這也是管理。又如某公，年高告退，有了閒，不會作《閒情賦》，閒也難忍，只好養鳥，於是要餵，要遛，以及打掃衛生等等，這也是管理。不過通常所謂管理，對象要有人。如家長制的家長，所管是全家的人和事；商店經理，所管是全店的人和事；直到最大的國，或總統或總理，所管是全國的人和事。

　　組織的規模有大小，因而管理的範圍也有大小。小兩口，女尊男卑，衣食住行，一切安排，一切開銷，都由女方做主，這管理可能是範圍最小的。由此放大，這位女士，上班屬某工廠，下班屬某街道，工廠是個組織，街道是個組織，也要有人管理。再放大，一直大到國，還是個組織，還要有人管理。範圍大，管理就不能不有分有合。有的分為若干層次。軍隊是個最明顯的例，由低層說起是，由班而排，而連，而營，而師，而軍，直到總管治安、國防的部門，都是大管小，小管更小。層次是有上下之分的管理方面的分工。這樣的分工還可以沒有上下之分，如一個單位，因業務不同而分為若干個部，或若干個組，就是。這樣，一個大的組織的管理，層次乘分組，數目（或說花樣），就會多到使人眼花繚亂。

多好還是少好？原則好說，是也適用哲學上所謂奧康剃刀的原則，凡是可以不要的都割去。具體就頗難說。如一種情況是，有用沒用難定，割或留就難於決定。還有一種情況是，常言所謂因人設事，你說可以割去，設的人和所設的人都不會同意。辯論嗎？公說公有理，婆說婆有理，結果必是相持不下，不了了之。但這會使我們領悟出一個比奧康剃刀更急進的原則，雖然實用時困難不會少，那是去留還拿不準的時候，寧可割去試試，也不要再拖延些時日看看。

因為組織有性質的分別，管理也就有性質的分別。性質決定於管甚麼人，管甚麼事，以及怎樣管。這分別，具體說顯然就會多到無限。但由影響方面看，就可以僅僅分為兩類。一類可以名為普通的，雖然多到無限，混而同之卻無關宏旨。比如張三是個賣百貨的商店經理，李四是個農業社的生產隊長，管的人和事都不同，碰到一起，卻可以平起平坐。何以故？是這樣的分別沒有包括權力的不同。包括權力不同的分別才是關係重大的，這分別，具體說是，有的管理是政治性的，有的管理不是政治性的。比如省、縣等政府的管理是政治性的，剛才說到的張三、李四的管理不是政治性的。兩者的不同，表現為強制權力的大小有別。或者乾脆說是性質有別，就是：對於嚴重不聽管理的，政治性的有使用武力的權力，如果法治不健全，還有使用監獄直到處死的權力；非政治性的沒有。也就因此，我們著眼社會，談管理，最關心的是政治性的管理。比喻它是個立柱，立在場中央，生活在一個群體內的人散在周圍，其生活的各個方面，其苦樂，甚至其生存，都有繩索連在這個立柱上，所以情況就成為，想視而不見，聽而不聞，圖個省心，卻無所逃於天地之間。

還是泛泛談管理。管理表現為有人佈置，有人聽從。聽從人數的多少，沒有佈置人數的多少關係重大，因為對錯或得失，絕大部分是決定於佈置，即如何管理。管理人數多少，顯而易見，要受組織規模大小的制約。小家庭、個體小商店之類，至多十個八個人，發號施令的通常是一個人，也就夠了。這樣的一個人說了算，也可能不妥當，甚至錯誤，但那影響的面小，改也比較容易，可以說是關係不大。組織規模加大，管理人數不能不增多，於是常常是，管理機構也就成為組織，這就會產生新的問題，由誰決定的問題。這個問題解決得好，會有所得，不好必有所失。還有，這個問題總是隨著組織規模的加大，以及權力的加大，而變得越來越嚴重。所以嚴重，原因有二。一是這樣的管理機構，行使職權。比喻為自由行動的馬，在曠野跑，恰好跑得穩，跑得順，很不容易。二是萬一跑得不穩，跑得不順，必致產生惡果，這果當然不是有繩索連在立柱上的人們願意吃的，可是非吃不可。

問題如何解決？由理論方面看，很簡單，是想出辦法，保證那匹馬必走得穩，走得順。正面説人事，是管理的人心中有理，手中有術。但這是理論，要通過實行才能貫徹於實際。而談到實際，問題就來了。一是這樣的人未必多，甚至未必有。二是，即使有，有甚麼辦法能夠保證這樣的人必能成為管理的人？放眼社會，尤其放眼歷史，小組織，管理的人常常是來於人倫關係，如世襲，門第，裙帶，諂媚，賄賂，等等都是。最大的組織也一樣，還要加上"馬上得之"，就是説，拿到管理權，經常不是因為合理，而是因為有力。

怎麼樣才能夠合理？問題太大，太複雜，要留到後面慢慢談。這裏再説一個問題，是管理的人不只一個，決定權屬於誰的問題。一般組織，只要規模不很小，也會有這樣的問題，但是因為影響面不大，程度不深，可以不管。關係大的是政治性的組織，尤其最高級的。這方面的研究稱為主權論，連中國也曾印過專著。其中著重談的是兩個問題。一是主權"真"在誰手，因為名義和實際有時會有分歧，以我國的歷史為例，東漢末年，主權名義上屬於漢獻帝，實際卻在曹操之手。清朝嘉慶初年也如此，主權名義上屬於嘉慶皇帝，實際卻在太上皇乾隆之手。另一個問題更重要，是由誰發號施令才好，或最好。在君王專制時代，這不成問題，因為理論上也不得不承認君主明聖。幸而現在，這樣的制度，在我們這個小星球上已經不多了。帝制的對面是各種形式、各種名號的“民主”。民，如果未成丁的也算在內，多到數不清，理論上可以都去主，實際則不能都去主。就是說，事實上不能不分為管理與被管理，或治者與被治者。治者，要求有理有術，於是就又碰到怎樣才能做到的問題。理論上，這問題會分散到各個方面。實際上，甚至也是理論上，必致集中為這樣一些問題：一是由一個人決定還是由不只一個人決定；二是由一個人決定，主意是來自心中的雜想還是來自多數人的研究考慮；三是由不只一個人決定，如何能做到主意必是、至少是大致是有理有術的；四是凡事都可能錯，管理也可能錯，有沒有辦法防止和補救。顯然，這都是既重大又複雜的，只好留到後面分題談。

　　有關管理的，還有個寬嚴孰是或孰為較好的問題。我的想法，這在理論上也難於解決，只能就事論事。論，有標準，是管理的所求。如果寬也能得，那就不必嚴，原因是，約法三章總比法令如牛毛好。如果不能得，就只能不手下留情了。

一七　王道

　　上一個題目泛論管理，其中説到關係最大的管理是政治性的，即國事的管理。直到現在，以人為分子的組織，範圍最大、力最大、形式最明確的單位是政治性的，通名是"國"。近年來有聯合國，那是以國為單位的協商機構，沒有大於國的權和力，所以談組織，最重要的還是國。因而與人人的休戚最相關，是國事的管理。

　　管理，要有權。權的作用方面的表現是，對於組織之內的人，可以表示：要這樣，不要那樣。某種表示，有對不對的問題，行得通行不通的問題，後面還會談到。這裏只説，管理權之來，由"理"方面看是"應"有的，因為沒有就不能管理；由"史"方面看是"必"有的，因為管理的活動是決定，是支配，隨著時間的推移，會孕育命令和服從的習慣，或進一步，法定的約束，甚至信條的約束。

　　組織起來，有少數人（可以少到一個）命，多數人受命，由史方面看是源遠流長，歷來如此。由理方面看就會碰到好壞問題。或者由正面説，命和受命，有目的，與目的合是好，違是壞；能取得好的做法是對的，反之是錯的。目的是甚麼？

説法可以不同，總而言之，都是常人的常識需求：組織範圍之內的人都活得如意，至少是可忍。怎麼樣就如意，就可忍？具體難説，無妨從比較方面領會，如飲食，有飯吃比沒飯吃好，吃順口的比吃不順口的好；男女，合比離好；有了身家，安全比不安全好；想到未來，有盼頭比沒盼頭好；等等都是。這顯然，或者説讀史、歷事之後會發現，並不容易。不容易，表現於實際是措施與目的不能協調。這背離現象可以輕微，可以嚴重。輕微，可忍，嚴重，難忍，總起來就成為大大小小的政治性問題。古今中外講治國，想解決的就是這類問題。

問題有總的，有零散的。如怎麼樣就能保證政治措施必合理，必有好的效果，是總的。如怎麼樣就能保證農田不怕水旱，商業供應通暢，中等教育普及，等等，是零散的。零散的是目，總的是綱。綱舉目張，所以談治國大計都是著重談總的，而且常是一言以蔽之，古名為甚麼學説，今名為甚麼主義。

一種重要的學説，用儒家的名稱，是“王道”。辦法是君王行仁政，或説以仁義治天下；所求是養生喪死無憾。無憾就是活得如意。這主意是在實況制約之下想出來的。實況是政權在君王手裏，形勢是君王可以英雄造時勢，所以設想，“如果”君王樂於行王道，小民就可以福從天上來，一切問題就迎刃而解。

這想法，如果把時代的色彩化淡一些，就可以稱為“賢人政治”。因為掌政者是賢人，所以一，就會接受孟子的關於王道的深一層的理："民為貴，社稷次之，君為輕。"二，就會有"仁者愛人"的善心，願意行仁政。三，就必是聰明睿智，知道怎樣做就可以使人民養生喪死無憾。總之，賢人在上，小民就可以"虛其心，實其腹"，擊壤唱"日出而作，日入而息"的樂生歌了。

問題來自賢人之前有個"如果"。如果非必然，也就是有非賢人的可能性，怎麼辦？孔孟的辦法是規勸加利誘。"先之，勞之"，"無倦"（《論語‧子路》），"王何必曰利，亦有仁義而已矣"（《孟子‧梁惠王上》），是規勸；"為政以德，譬如北辰，居其所而眾星共（拱）之"（《論語‧為政》），"當今之時，萬乘之國，行仁政，民之悅之，猶解倒懸也，故事半古之人，功必倍之"（《孟子‧公孫丑上》），是利誘。這辦法有兩面性：由理想方面說是貴德主義，正大；由實行方面說是磕頭主義，無力。無力即沒有保障，苦口婆心由你，採納不採納由他。事實是採納的時候很少，最後只好慨嘆"道之不行，已知之矣"（《論語‧微子》），然後是"歸與"（《論語‧公冶長》）。這就是孔孟的磕頭主義的下場，也表現了賢人政治的理想的脆弱。

與孔孟的理想主義者相比，九流的有些學派務實，不是士志於道，而是士志於利。如縱橫家（其實只是策士之徒，不配稱為家），蘇秦、張儀之流，是靠巧言令色換相印，所求是君王得大利，自己分些小利，不再問仁不仁，義不義。兵家，孫武、吳起之流自然更是這樣，為君主賣氣力，所求是攻城略地。法家，韓非、李斯之流，本領加大而品德下降，因為滲入更深，手法更辣，而且有成大套的理論。戰國時期，法家的馳騁地在西方的虎狼之秦，其結果（自然還有其他條件）就成為東方六國的覆滅，秦的統一。君王高升為皇帝，稱為至尊或聖上，名義是賢人政治的勝利，因為拿到政權的都是聖賢；實際卻是賢人政治的更沒有保障，因為政權誰屬，不是取決於賢不賢，而是取決於能不能"馬上得之"，或是不是后妃所生，而且不再有孔孟那樣的理想主義者想到應該規勸和利誘。

　　當然，常人的常識需求，活得如意或可忍，不會因君權的膨脹而有所改變。希望與實際的距離加大了，怎樣彌補？一種辦法是拾遺。朝中設有諫官，是專職；理論上或理想中，非專職的官，甚至小民，也可以進言。但這都是理想，實際如何呢？可以想到的有三種情況。一種是進言不進言由你，採納不採納由他。其結果，這味藥的功效就成為，依邏輯是百分之五十，依常情也許就降到不足百分之十了，因為權與個人迷信總是相伴消長的，聽到不同意見，三思之後才拒絕接受，舊史新史中都是罕見的。第二種情況就更糟，是大量的史實證明，進言，措辭的通行格調是，如此則不利於國，如彼則利於國。我們都知道，所謂國，與君總是難解難分的，無論話說得如何冠冕，骨子裏則仍是法家那一套，一切為了君王的利益。於是就產生第三種情況，絕大多數人也不忘自己的利益，為了青雲直上，避禍，就少說話，多磕頭。總之，為小民著想，靠拾遺這張畫餅，充飢的希望是微乎其微的。拾遺是溫和的路，走不通，也可能擠上另一條路，或說第二種彌補的辦法，鋌而走險，通俗的說法是造反。這辦法也有兩面性，可意的一面是，不管成功與否，都可以解心頭之恨。不如意的一面是，除了一時混亂，天塌砸眾人之外，幸而成功，寶座上易主，不很久就會恢復原狀，因為人生而有欲，總不免易地則皆然。那麼，歷史上總是造反時少，相安時多，是怎麼回事呢？因為還有第三種彌補的辦法，是命者與受命者都要活。命者要的是最高級的活，鐘鳴鼎食，後宮三千，等等，都要從小民的血汗那裏來，如果小民不能活，來源也就無著落，所以，為了維持最高級的活，就不能不給小民留點活路。受命者呢，也未嘗不想高，但高不成，只好低就，安於只要還能活，就知足常樂，至少是忍為高。就這樣，我們的歷史，與王道或賢人政治的理想並行，就可以前四史、十七史、廿一史、廿四史、廿五史，以至更多地寫下去。

　　自然，時移，世不能不異，賢人政治也不能不變。變的情況是，由孟子口說的"民為貴，社稷次之，君為輕"，逐漸卻並不慢地變為實際的"君為貴，社稷次之，民為輕"。這原因是，王道的理想與君權無限的實際戰，沒有兩三個回合，理想就幾乎全軍覆沒。勝利一方的所得是，權的無限膨脹，位的無限提高。還可以由淺而深，加細說之。淺是插手到人和物，即常說的生殺予奪。這類活動，至晚由秦始皇開始，可謂五花八門。要甚麼有甚麼，想殺誰就殺誰且不說，活著可以焚書坑儒，死後還浪費民脂民膏，大造其兵馬俑。其後兩千多年，形形色色，無數的準秦始皇幹了無盡的壞事，直到清朝末年那位糊塗陰險的那拉氏老太太，還可以一點頭就殺了六君子，利用義和團，喪錢辱國，死後還安葬東陵，帶走很多珍寶。中等的是插手到法。各朝代都有法，是約束小民的，君可以不守；更進一步，他的金口玉言就是法，並可以改變法。深的是插手到德，這就是舊時代視為天經地義的君為臣綱。臣，說全了是臣民，所以君為臣綱的含義是，君可以為所欲為，小民則"應該"俯首聽命。"應該"不同於"只能"，以受君的迫害為例，無力抗，只能受，是身受而心未死；認為應該受，不想抗，是身受而心已死。語云，哀莫大於心死，如君辱臣死，君賜死而跪拜謝恩，混蛋壞蛋而仍須奉為聖明，備受迫害而仍須歌頌，等等信條，都是哀莫大於心死。可是都自以為心明眼亮，因為尊君已經成為德，道德律是康德感到越想越敬畏的，誰抗得了呢？權無限的後果就是如此可怕。

這可怕的後果，也許非王道論者的始料所及，因為不能後知五百年。如果能夠後生幾個五百年，人人都會看到兼悟到，不在君權無限方面多考慮，而只想用磕頭的辦法解決問題，結果必是，命者為所欲為，受命者高呼萬歲而已。

一
八
常
情

　　如上面所説，孔孟推崇王道，即賢人政治，是不得已，因為他們想不到，不用王、諸侯、大夫、士庶的形式，還可以組成社會，人們也能活。人，在閉關自守的時代，跳到時風和傳統之外，以某種理為根據，另想出一套生活方式，是很難的。儒家有社會方面的理想，理想的背後當然也有理，但這理是在承認實際情況的前提之下樹立起來的，它的道路就必致窄得可憐。這是因為理想扭不過實際。實際是：一，近看，君王行仁政就可以垂衣裳而天下治只是幻想，實際並沒有這麼回事；二，遠看，君王登上寶座，就會有各種形色的人，用各種方式，説，喊，寫，印，歌頌他是聖賢，而這聖賢，在一片歌頌聲的掩護之下，就更可以為所欲為。這樣，賢人政治的理想，進一步就反而幫了專制君王的忙，因為它不反對，並積極主張"天下有道，則禮樂征伐自天子出"（《論語・季氏》）。

　　難道就沒有賢人或聖賢嗎？這個問題很複雜。聖，理想成分更多，且放過不管。只説賢，主要是就人品説的。本質加修養構成人品，要好到甚麼程度就可以稱為賢，其下就是不賢呢？人，絕大多數是中間的，有理想，也有七情六欲，因而晨起聞雞即使起舞，入夜燈紅也可能興致勃勃地走進賭場。或者用道德學家的標準，說生活之道，多利他的是賢，多利己的是不賢，這樣，賢的一群裏邊就為數不多了吧？如果竟是這樣，一個無法克服的困難就來了，那是，有甚麼辦法能夠讓賢人登上寶座。孔孟沒有辦法，也沒有覺得這裏面還有問題，所以向來不講登上寶座之前的事，而是接受既成事實，然後想辦法。自然，辦法就只能是希望加磕頭。這又是可憐，因為希望不希望、磕頭不磕頭雖然由你，接受不接受卻完全由他。接受，要有條件，是他賢，所以最好是能夠想出辦法，保證只有賢人才能登上寶座。問題是不能取得這樣的保證，因為：一，比如可以用抽籤法，就還有概率論管著，賢人登上寶座的機會必是不多；二，何況事實是，創業者都是馬上得之，賢人是不大能上馬的，其後是父終子及，這個子，在錦繡堆中長大，賢的可能究竟有多少呢？

其實，賢人政治的此路不通，還有更深遠的理由，那是，政治是街頭巷尾的大眾的事，大眾是常人，講管理就不能不面對常人。常人有常情。這常情究竟是甚麼樣子，也是仁者見仁，智者見智。孟子說，惻隱之心，人皆有之，惻隱之心，仁也，禪宗和尚設想，自性清淨，見性成佛，都是理想主義者的看法，當作高山仰止的目標，也許不只應求，而且可敬。不過管理眾人的事，就不能不多面向實際。實際是甚麼？那是荀子說的：

　　人生而有欲，欲而不得則不能無求，求而無度量分界則不能不爭，爭則亂，亂則窮。先王惡其亂也，故制禮義以分之，以養人之欲，給人之求，使欲必不窮乎物，物必不屈於欲，兩者相持而長，是禮之所起也。

　　　　　　　　　　　　　　　　　　　　（《荀子·禮論》）

　　這段話講禮的起源，是用務實和空想兩隻眼睛看的，因而看到的容貌前後不同。前一半看到的是常情，人都出淤泥而染，或乾脆說沒出息。後一半忽然來個有出息的先王，制禮，以求變沒出息為不亂。這思路混亂來於儒家的一貫迷信有所謂聖王，於是在孔孟的眼裏，人就可以分為有距離的兩類，好的和差些的，因為性相近也，習相遠也。這距離到荀子就加大，成為背反，常人是有欲而爭，聖王，大概既無欲又不爭吧，所以能制禮以救世。這裏的問題是，聖王是不是“人生而有欲”的人。不能起荀子而問之；為了各取所需，這裏決定捨其後半而取其前半，“人生而有欲”，之後是有求有爭。求甚麼？古人看得簡單，是“飲食男女，人之大欲存焉”（《禮記·禮運》）。這由出發點說不錯，甚至可以說抓住要害。飲食的所求是延續生命，男女的所求仍是延續生命，所以說天地之大德曰生。但是求，有得有不得，必伴有感情的快樂和痛苦，於是欲的力量加大。這一大，就很容易越過出發點，膨脹到飲食男女以外，如張獻忠，想殺人，希特勒，想征服世界。這是一發而不可遏。新奇嗎？一點也不，因為是常人的常情。

到近代，西方出了個弗洛伊德學派，也稱精神分析學派，深入研究這常人的常情，著作不少，影響不小。與中土的為進德修業而講人講人性相比，他們是少用想像，多用解剖刀。雖然解剖的結果，不同的人所見未必盡同，並且，派外的心理學家未必都同意，一些小異而大同的論點卻很值得生而為人的人三思。這論點是，人與其他動物一樣，受有大力的欲望支配，如果欲望不能滿足，就會用各種辦法（包括寫詩、做夢甚至發狂）以求滿足。這看法是不可意的，因為從其中我們會理出這些內容：其一，這樣的常人常情，離聖賢遠了，離禽獸近了，比如說，清夜深思，自己也是充滿欲望的動物，受得了嗎？其二，欲不可抗，不任之會帶來痛苦，任之會造成禍害（對人，或兼對己），可怕。其三，應該接受儒家的教訓，節制，可是欲望的力量太大，收效並不容易。其四，處世和治世就成為更難。

難不難，可意不可意，是一回事；既然有生，就不能不求活得如意，至少是可忍，是另一回事。這意思是，我們要知其不可而為。事實是，也許由可以稱為“人”的時代起，我們就這樣做了。飲食的大欲沒有變，可是信，至少是說，應該不輕視菜根。男女的大欲也沒有變，可是要求發乎情，止乎禮義。在這種有理想兼肯努力的情況下，我們創造了文化中的重要部分，或說文明的重要部分，或乾脆說道德的觀念和行為。總而言之，雖然常情是“人之所以異於禽獸者幾希”，卻並不是病入膏肓，不可救藥。

可救是樂觀的一面。但也不要忘記，常情終歸是常情，救，並不容易。具體說，道家推重的節欲，儒家推重的節制，都是高標準，要求時時處處合，就個人說是非常難，就全社會說是不可能。所以講修齊治平，時時要記住，我們面對的是常人，常人有常情。這樣看，無論立身處世還是治世，理論和辦法，就應該與相信「人皆可以為堯舜」大不同。

先說立身。記得有一句似雅而實刻的罵人的話，是「找個鏡子照照」。其實就是應該找個鏡子照照。最好是用弗洛伊德學派的，一照就照見，自己原來是常人，有常情，因而就很容易順流而下。怎麼辦？破罐子破摔當然不對。應該：一，謙遜，因為受欲望的指使，求這求那，求而不得就煩惱，自己正是跟別人一樣，甚至更差；二，警惕，因為不是性本善，而是性本病，就應該時時謹慎，以求不犯病；三，要知其不可而為，對於寡欲和節制，不只心嚮往之，還力求接近；四，最好是再積極些，「己欲立而立人，己欲達而達人。」

再說處世。這包括對己身之外的人和事，過於複雜，只好說個原則。原則的基礎也是那面鏡子，照見的人都是常人，有常情。因而對這樣的人，就：一，不要抱過高過多的希望，因為人非聖賢，孰能無過；二，對於小德出入可也的過，可以多諒解，因為他也是生而有欲，照叔本華的看法，也是苦朋友，值得同情。

最後說治世。這是眾人的事，眾人也可以用那面鏡子照，也應該用那面鏡子照。自然，一照就照見常人，照見常情。這會有甚麼影響嗎？不只有，而且相當大。總的説，賢人政治要換為常人政治：管理者是常人，受管理者也是常人。就管理者説，因為是常人，未必（也不當要求）是賢人，所以：一，他的想法和行事，就既可能對，又可能錯；二，歷史上無限的事實可證，權力有限（如學官），做壞事的可能性小，權力無限（如皇帝），做壞事的可能性大；三，防止做壞事，專靠有常情的常人不成，要有不容許做壞事的機制或制度；四，不容許的實質或辦法是限權，這意味著管理者是分工來管事，不是統率眾人的救世主。就受管理者説，因為是常人，有常情，就不只可能爭，而且可能亂。對付爭和亂，法重要。尤其重要的是德，德是節制自己、兼顧他人的力量，其結果是少爭，也就少亂。所以治世，應該把提高人民文化教養當作頭等重要的事。

　　總括以上，這有常情的常人就具有兩面性：一面，就"天命之謂性"説是"常"，不稀奇，也不高貴；另一面，就"修道之謂教"説是"人"，因而就可以奉行人文主義，不同於禽獸（用世俗義）。

一九　平等

　　有些詞語，我們常用，可是追問是怎麼回事，又會感到茫然，"平等"就是這樣的一個。現在我們常說，法律面前人人平等，且不說我們不很遠的祖先聽到會感到奇怪，因為彼時是刑不上大夫，就是用作口頭禪的我們自己，如果有人問，所謂平等究竟何所指，理論呢還是實際，如果是理論，憑甚麼，如果是實際，哪些現象可以作證，我們也會大為其難。但是法律面前人人平等的信念卻還是不能放棄，為甚麼？這是一份難答的考卷，以下試著解答一下。

　　如上面所說，平等的信念是進口貨。我們本土，有些玄想含有這樣或近於這樣的意思，如《莊子》的"天地與我並生，而萬物與我為一"，宋代理學家的"民吾同胞，物吾與也"就是。不過離開玄想就不是這樣，而是"天佑下民，作之君，作之師"（《尚書·泰誓》），"勞心者治人，勞力者治於人"（《孟子·滕文公上》）。這還是口所說；身所行就更加明目張膽，用活人殉死人是個突出的例，古代大批的，後代小批的。為甚麼可以這樣？因為地位高的，就是死了還是地位高，所以地位低的活人要隨著到地下去伺候，總之是不平等。清朝晚期，歐風大量東漸,平等信念隨著進來。不過傳統的力量很大,突變是很難的。漸變就有如"一尺之棰,日取其半,萬世不竭",就是日久天長,也難免留些尾巴。即如易跪拜為鞠躬,有的遺老就堅決反對,理由是,如果廢除跪拜,天生膝蓋何用?這樣的遺老,自然現在想找也找不到了,可是非遺之老,比如結髮的一對先走了一個,走的是女,男的有築新巢之意,阻礙力小;走的是男,女的有築新巢之意,阻礙力大。可見,就是信念已經接受,貫徹始終還是大不易的。這大不易來於信念的不完整,不堅定,縱使是無意的。完整接受信念,不能在實行中體現,情況就更複雜,更顯著,比如權位間,待遇間,貧富間,榮辱間,種種差別,甚至大差別,就是這樣。不過無論如何,這平等信念,雖然是進口貨,正如其他種種進口貨一樣,卻沒有受到甚麼大阻攔就走進炎黃子孫的頭腦。就連三尺童子也是這樣,上學,同班的同學有的汽車接送,有的步行,有的穿好的,有的穿次的,情況表示生活條件有別,卻相信是在同一條路上走,是平等的,至少是應該平等。

我們應該接受這個"應該"。然後是應該問問為甚麼。從感知中像是難於找到理由。先說屬於天然的。語云,天之生材不齊,事實正是這樣。可以從形和神兩個方面看。形,內容幾乎多到無限,高矮,胖瘦,強弱,完缺等等,都會成為分高下的條件,如身高,某尺寸以下不能充當時裝模特,某尺寸以下不能充當豪華飯店的服務員,即其明證。比這更嚴重的是美醜之分,昔日,西施可以入館娃宮,無鹽必不成;今日,有些人可以上掛曆，有些人不成，天之生材不齊就影響更大。再說神，指資質。有的人反對天才的說法，可是容許形容他自己，可見這方面也確是天之生材不齊。這方面的不齊，可以分作才和德兩個方面。才有上智與下愚之別，德有賢與不肖之別，也是三六九等，雖然差別有大小，卻人人不同。這樣說，是人生來並不平等。加上社會成分還會有新的不平等的花樣。且不說受傳統的影響，不同的人的面前會有不同的路，只說必不可少的分工，衣，有的人只穿不做，食，有的人只吃不種，住，有的人只住不建，行，有的人只坐車不開車。再舉個突出的，人人要活，就不能不有人清除垃圾；人人不免一死，就不能不有人處理遺體。這是分工，理論上，或門面話中，沒有高下之分，可是有的人可以在報頭，在電視熒屏之上，出頭露面，有的人不成；而無數的人則費苦心大力，想升遷，這山看著那山高。這就表示，人生的非天然一半也不是平等的。天然，非天然，都不平等，為甚麼卻"應該"平等？或者說，平等信念的根據是甚麼？

我的想法，淺的一層，是由"德"來。德的精髓是推己及人，或說愛人利人的思想感情。這可以表現為多種說法或想法。孟子說，"人皆有不忍人之心""惻隱之心，仁也"，相信仁是至善，也就不再問為甚麼應該仁。宋儒所謂"民吾同胞"也是這種思想感情，是我覺得這樣，所以就應該這樣。其實，這種思想感情是常人的，只是出於書呆子之口，理的氣味就重一些。出於哲學家之口，理的氣味還會更重，如康德說"我們應該把人看成人，因為他是人"，就是這樣。這種思想感情還可以擴大到人以外，如佛家，他們誓願度的不只是人，而是眾生。於是殺生成為第一大戒，對蝦之類不能吃了，連蝨子也不能不放走，讓它去啃石榴皮。放走，是承認它同樣有生存權利，或説同樣有佛性。同樣有，人己不異，是平等。單説範圍不擴大的人人平等，這信念的來源是德，即信，行，認為都理當如此。換句話説，根據不是自然現象，而是道德規律。

　　道德規律也不會憑空來。這看法，重理的各種家都會同意，分歧在於來的處所。以宋儒為例，與人欲對立的天理雖然可以在人心，總不能生於人心。康德舉可敬畏的對象，是星空與道德規律並列，可見這律也不能生於人。人以外，是甚麼呢？可以稱為天，稱為理，稱為上帝，稱為絕對，等等，總之是人之上的神秘。講與人生有關的種種，我是人本主義者，樂得把天上的神秘拉到身邊，成為毛髮之微。以牌號最堂皇的善和美為例，善是評論（人的）行為，美是評論感知的形象或意象，救人善，整人不善，二八女郎美，龍鍾老太太不美，追根問柢，不過是在"利生"方面有差別而已。所以平等信念還有深一層的根據，是這樣與不這樣比，這樣利較多，害較少，反之就害較多，利較少。這是打算盤。情況自然與具體地撥算盤珠有別。大別有這樣幾項：一，這要在生活習慣中慢慢養成，即前面説過的，離開別人，自己會覺得（縱使是無意的）不能活；為了能活，就不能不尊重別人。二，這就會產生"能近取譬""不忍人之心"一類感情，用康德的話説，是把人看成人。

三，這慢慢養成，表現為愛惡、是非、取捨，都是無意的。

四，人心之不同各如其面，必不免有例外，就是，少數也可能利己而不惜損人，甚至自信為天之選民，高人一等。封建重等級的時代，這樣的人物就不只是少數，因為就是被動居下層的，也有不少，同樣相信，正史寫入本紀的人物是天之子，生時紅光滿室這類鬼話。

現在，至少是名義上，人死論定，不分別放入本紀、列傳兩堆了。這也是平等信念顯神通的一個方面。會不會如時裝一樣，也有所謂過時呢？我不這樣看。原因之一是，這信念，無論就信說還是就行說，都還沒有及時，自然就談不到過時。原因之二，意義更深遠，是，無論從個人生活方面看，還是從集體（包括大小各種）生活方面看，平等都是有理有利的必要條件，這樣，如果生活無所謂過時，它也就不會過時。以下想就平等則可以有理有利，再說說可以想到的一些理由。

其一是由"機遇"方面考慮，為個人設想，平等可以得到保障，利大；不平等有倒霉的危險，利小。自然，談機遇就不能排除僥倖，比如清朝晚年，就有可能生而為太后老佛爺；但這樣的機會究竟太少了，而最大的可能是生為小民，則近的上有父母官，遠的上有皇室，命運就可想而知，就是有幸讀書明理，脫穎而出，如譚嗣同，最終不過是被拉到菜市口，斷頭而已。所以，為了多有保障，還是人人平等，不走僥倖一條路好。其二是為社會的蒸蒸日上著想，平等則人人有發展的機會，速度就快；反之就必致遲緩。其三，為社會的安定著想，平等則絕大多數人心平氣和，動亂的可能性小；反之就會有很多人不服，動亂的可能性就大了。其四，只就人與人間的關係說，在平等信念的籠罩之下，面對，態度是和藹的，心情是靜穆的，總比一些人耀武揚威，另一些人低聲下氣好得多吧？就這樣，人類社會，或者說，不同的國度都先先後後，扔掉九品中正的思想和制度，承認，或暫在口頭上，平等為理所當然了。

二〇 民本

民本思想是平等思想的進一步。在一個以國為名號的人的集體之內，信念上（不是實際上，因為不能不有分工、犯罪處罰等措施），所有的人價值"均等"，是平等，價值"最高"，是民本。這個信念很重要，因為它會，也必致成為一切社會方面的建樹、措施等的出發點和評價標準。它的重要還表現為，它處理生活有自己的一套。舉例說，與傳統的"君君、臣臣"思想相比，它有強硬的一面，即認為歷史上那樣多的坐在寶座上橫行霸道的專制魔王，都應該趕下去，換為自己做主。可是另一方面，它又表現為柔弱，這是與佛家的泛愛眾生思想相比，它有自知之明，承認至多只能做到"君子遠庖廚"，因為民為本，民看見熏雞、烤鴨等想吃，只好吃。膽敢自己做主，願意吃甚麼就吃，近於狂放不羈，這種思想也有根源，即前面講到的常情，既然有了生，總不能不希望活得好一些，人人這樣希望，化零為整，除了"民本"之外就不再有別的路。

事實上是有別的路，那不是民本，是民末，即民俯首聽命。這別的路不是由"理"來，是由"力"來。假定傳說的歷史是真的，黃帝與蚩尤戰於涿鹿之野，黃帝勝了，蚩尤敗了，寶座只好由黃帝坐。坐，未必是因為佔理，而是因為有力。有力就可以生殺予奪，所以就可以說了算。其後是有力者說了算慣了，幾乎所有的人，就以為"事實上"只能如此；其中一部分人還火上澆油，認為"道理上"必須如此。這類信念力量很大，有時甚至大得可怕，如方孝孺，兩個姓朱的爭寶座，他認為已經坐上寶座的那一位，穩坐不動是天經地義，就是誅十族也不改口。那是幾百年前的事。幾百年後怎麼樣呢？《大保國》《二進宮》等為維護皇位而痛哭流涕的戲不是還在演嗎？可見所謂民本，不要說行，就是知也並不容易。不易還有個原因，或說情況，是行民末之實而戴上民本的帽子。人，總難免以貌取人，所以也就容易上當。這裏只好撇開貌，單說理，假定已經接受民本的信念，之後是實施，應該注意些甚麼呢？想由個體和整體兩個方面說說。

個體指整體中的一個一個的人，民本，他或她是民的一分子，所以就成為本。對於這樣的本，求名實相副，單單供在龕裏不成，要在實際中體現。實際千頭萬緒，說不勝說；只好說原則，或用事例來顯示原則。原則也不少，只說重大的，可以總括為三個。一是"安全"。語云，好死不如賴活著，人，有了生，不願意死，所以民本，就應該（或首先應該）求民能活。求之道，也可以分作兩個方面：一方面，活的，只要不是有違約法三章之一章的，就不當迫之死；另一方面，也是活而不違法，不幸而有死的危險的，要盡全力救。先說迫之死，昔日不罕見，隨便舉一些例。是宋朝的事，見於某筆記，有那麼個無知農民，一天發神經，拿水桶當高帽子，戴在頭上，大聲說「我要做皇上」。彼時也不少識時務的人物，立即舉發。一直報到真皇上那裏，據說聖上愛民如子，以寬大為懷，未夷三族，只殺他一個人了事。用民本或平等的眼看，他為甚麼不可以做皇上？可是，只是一說就死了。這是迫之死。又如現在一再演的《楊乃武與小白菜》，楊乃武認罪是因為受不了酷刑。可以任意用酷刑，使民求生不得，也是迫之死。此外，不直接殺，不用酷刑，也未嘗不可以創造其他種種花樣，使民戰慄，求死而得，那也是迫之死。迫之死，視民的安全為無所謂，所以不是民本。再說另一方面，是安全受到威脅的，要救。這威脅，可以來自天災，如水旱、地震，以至房倒、車禍、重病等等；也可以來自人禍，如搶劫、暗殺之類。因為相信民本，民都想活，所以人命第一，要不惜一切代價，只要還有一線生機就不放手。

二是「幸福」。甚麼是幸福？問題也不少。比如與快樂的關係，初看，像是可以重合，細想又未必盡然，因為如一般所謂嗜好，賭博、酗酒之類，可以換來快樂，卻未必可以稱為幸福。或者加個限制，說不會產生不如意後果的快樂是幸福。就是這樣，也太多了，說不勝說。只好還是舉其大者，以期舉一反三。先說其性質，是欲望的合理的滿足。欲望，古人總括為兩類，曰「飲食男女，人之大欲存焉」，無妨即以此為例。那麼，所謂幸福，就要一方面，有口福，不只能飽，而且吃的喝的都不壞；另一方面，能夠如孟子所說，「內無怨女，外無曠夫"。這顯然很不容易，因為要具備富庶、教養、均等之類多種條件。幸而這裏不是談具體措施，可以不管。只是要記住，既然相信民本，就應該把個個人的幸福放在第一位。

三是"向上"。這是指往高處發展。何謂高低？以人類歷史的發展為喻，古，野蠻成分多，是低；今，文明成分多，是高。一個個人也是如此，剛出生，不識不知，是低，應該往高處發展，即增加文明程度。這增加，內容很複雜，如智能方面，由不識字變為知識豐富，由無技能變為通曉某種或多種技藝，成家；體質方面，由未必健壯變為健壯；道德方面，由鄙野變為品德高尚；等等，都是。這多種變，有如農作物的生長，要有合適的土壤。所以求人人能夠向上，就應該使人人有發展的機會。比如專求知說，就應該有學校供給教師，有圖書館、出版機構等供給讀物。

再說整體方面。關心整體，也是為個體，因為真能感知的只有個體。但著眼點不同，措施也就會有別，至少是重點會有別。這著眼點，可以從兩個方面說：一個方面，可以說是空間的，由看個人變為兼看全體；另一個方面，可以說是時間的，由看現在變為兼看將來。兼看的結果是兼顧；因為要兼顧，對於個個人，有時就不能不要求節制。舉個最明顯的例，有些公共場所禁止吸煙，就是照顧不吸煙並討厭煙氣的人，要求吸煙的人節制，這樣做，顯然就是來於著眼全體。又如計劃生育，要求一對夫妻只生一個，於是三多 ❶ 九如 ❷ 的信徒就不能不節制，這樣做，是來於著眼將來。要求有些人節制，有目的，仍是個個人的安全、幸福和向上，所以出發點或理據仍然是民本。

以上説組成社會，信和行，都應該以民為本。現在常説是民主，與民本是不是一回事？也是也不是。説是，因為民主由民本來，民本偏於指目的，民主偏於指手段。説不是，因為同一目的，可以採用不同的手段。如孟子，説"民為貴"，是信民本，可是不反對君主專制，是沒有採用民主的手段。未採用，是因為他想不到民還可以主。他失敗了，理想或幻想破滅。這也有好處，是伴同歷史的無限事實，足以證明，想實現民本，就只有走民主一條路。走是行方面的事，内容複雜，問題不少，留到後面慢慢談。

---

❶　三多：多福多壽多男子。説本《莊子・天地》華封三祝。

❷　九如：如山如阜，如岡如陵，如川之方至，如月之恆，如日之昇，如南山之壽，如松柏之茂。出於《詩經・天保》。

二一

教養

　　前面由民本說到民主。民主，現時是個大走紅運的名號，至少是口頭上或紙面上，幾乎沒有一個人反對。其實是，無論理論方面還是實行方面，問題都不少。譬如說，如果孔子和康有為還健在，你想說服他們，說為了如何如何，"君君，臣臣"和"保皇"那條路行不通，必須換為民主，你就要舉出理由來，這理由就是理論。本書前面也談到這方面的理論，要點是，人都是常人，生而有欲，權力過大就必致為所欲為，所以為了不冒受迫害的危險，最好是把權力攬在自己手裏，不無條件地交給別人。這也是理論，付諸施行，還會遇到種種問題。種種，很多，也許還都很大，難於處理，所以要慢慢說。本篇先說個最基本的，是教養。

　　我一直認為，民主，戴近視鏡看是方法方面的事，問題不小；戴遠視鏡看是能力方面的事，問題更大。方法，分歧在於採用或不採用，雖然由不採用走向採用，路上會有不少坎坷，但總是問題擺在明面，想解決就不難下手。能力就不然，民主，顧名思義，主要有所作為，就不得不有主的能力，這能力，應該包括哪些內容，是否短時期所能培養，都是既迫切又不容易解決的問題。近年的歷史可以為證，"五四"，已經是易君主專制為共和政體之後，由西方請來德先生〔英語 democracy（民主）的音譯簡稱〕和賽先生〔英語 science（科學）的音譯簡稱〕，尊為師表，不少好心人認為，至少是希望，這樣一輸入，民主精神和科學頭腦就可以逐漸佔上風，終於主宰一切，於是而所有問題都可以迎刃而解，漆黑一團就變為清風朗月。不幸是事實常常不像希望的那樣如意，半個多世紀過去了，應該主的民竟又經歷了十年浩劫，不少無辜的民死在紅衛英雄等的掌下。這是德先生並沒有起作用。賽先生呢，電視機，甚至電腦等，走入家門，這是一面；但是還有另一面，是為了趨福避禍，求心之所大欲，或預知未來，有為數不少的人，奔赴寺廟跪拜，或用《易經》等算卦。就這種現象說，我們比周平王時代，梁武帝時代，究竟前進了多少呢？單說民主，民各式各樣，有主張"天下有道，則禮樂征伐自天子出"的，如孔子；有著《尊王篇》的，如辜鴻銘；有以跪拜山呼萬歲為得意的，如很多遺老和新進；有以迫害人為正義的，如紅衛英雄之類；有以損人利己為業的，由尖端的偷盜到委婉的造假藥假酒等等都是；有不能容忍異己的，例很多，從略。顯而易見，像這樣的民，其所信或所行，納入民主的水流就難了。

所以，一個社會，想民主，先要有能主的民。民，能主不能主，關鍵在於有沒有教養，或者說，絕大多數有沒有能主的教養。何以不說全體？因為要減去三群：一群是未成年的，另一群是神志不健全的，還有一群是教而不受，甘心作害群之馬的。三群的情況不一樣。第一群，佔全體人數的百分之多少，大致是有規律的，這部分人正在走向成熟，雖然也有教養問題，卻應該等待，不必急。第二群，數目多少，決定於全體人民的素質，當然越少越好，但多變為少，要多方面盡大力，這多方面裏也有教養。第三群，數目多少，主要決定於教養，但我們也要承認，無論在教養方面如何用力，總不可輕視天命之謂性的力量，也就總會有少數人不願意守常規，當然，這部分人以減少到最低限度為好，這就不能不在多方面盡力，其中重要的有風氣、法律等，恐怕最重要的還是教養。

以下談教養的所指。這可以指泛泛的，可以指特殊的。如識本國的文字，用口說手寫都能表情達意，這樣的教養是泛泛的，至於用口能唱京劇，用手能寫拉丁文，就不能算是泛泛的。民主的民，要求具有的教養是泛泛的。這加細說，還可以分作兩個方面：一個方面是知，另一個方面是德。知有程度問題，一端是豐富，一端是貧乏，當然以豐富為好。但好是願望，至於行，就不能不多考慮，至少是兼考慮可能。這裏著重談的仍是理論，只好假定為並非不可能。這樣，能主的民要具有甚麼樣的知呢？難於具體說。大致是，一方面，要具有關於現代文化的各方面的常識性的知識，另一方面，要能夠以這樣的知識為根據，判斷非專業事物的是非、好壞，縱使這判斷未必能十拿九穩。話說得過於模棱，想舉一點點例來補救一下。生而為人，應該大致了解自己的周圍。這有時間方面的，是從哪裏來，到哪裏去。單說從哪裏來，就要略知本國歷史，如果連朝代的遞嬗也毫無所知，就得算知的方面不夠格。空間方面也是這樣，如果還以為天圓地方，而不知太陽系、銀河系以及河外星系、光年之類，就也得算知的方面不夠格。判斷是非，問題更複雜，只舉廣告吹噓的藥效為例，如果以廣告上總是這樣說為理由，就推論藥必有效，也得算是沒有判斷是非的能力。再說另一方面的德。德指品格修養，似難說而並不難說。它最突出地表現在人己利害不協調的關鍵時候，不肯損人因而放棄利己的是有德，利己而不惜損人的是無德。有教養是有德，所謂泛泛的，是不要求希聖希賢，只求為自己打算的時候也想到別人，需要節制的時候能節制，至少是知道應該節制。

還是回過頭來談民主，為甚麼絕大多數人要有這樣的教養？先說知。民主的主，表現為行，是選擇，即要這個，不要那個，要這樣，不要那樣。選擇之前要有所見，這見由知來，所以無知就談不到選擇，還會更壞。這有多種情況，只舉一點點例。一種來於傳統，明哲保身，莫談國事，大事任憑大人物管，好壞認命，也就無所謂選擇。另一種是過於傳統，如我的一位老長輩，就一直認為還是大清國好，因為他是生於大清國並在大清國長大成人的，所以，如果選擇，他就一定選擇君主制度，而且是大清國的君主制度。還有一種，是隨波逐流，你說要這個，好，他說要那樣，也好，因為自己沒有主見，就只能名為管而實際是不管。民主，要求都要管，都管，意見會不同，之後是有爭論，有比較，最後還是要選擇。選擇是否得當，顯然，就只能靠知來決定。再說德。民主是一種生活方式，反"民可使由之"的一種生活方式。也是一種生活態度，即尊重自己也尊重別人的一種生活態度。在不同意見的爭論和比較的過程中，這種生活態度表現為既堅持又容忍：信自己之所信是堅持，尊重別人之所信是容忍。堅持來於認真，只有人人認真，整體才有較多的走上正路的可能性。容忍來於克己，只有人人克己，意見不同，甚至利害衝突，才有可能文而不武也可以解決問題。總而言之，民主作為一種集體的生活方式，走向它也好，在其中也好，為主的民，至少是大多數，要有教養，否則必是此路難通的。

可是談到教養，問題又是一大堆。時間短了不成，可以耐心等，也只能耐心等。等，來不來，決定於許多相互牽制的條件。比如說，教育，人人承認絕頂重要，可是在民可使由之、八股取士的時代，其作用究竟如何就成為可疑。還有時風也（或尤其）不容忽視，比如，不幸而金錢與物質享受成為多數人信奉的最高價值，培養民主之基礎的德就太難了。不過難是事實的一面，還有另一面是非此不可。怎麼辦？也只能說個原則，是知難而不退。

一二一

授權

到現在為止，任何社會都有治人者和治於人者的分工。治人者有權，治於人者無權。這權，舊說是牧民之權，新說是辦理眾人之事之權。至少用世俗的眼看，有權比無權好，權大比權小好，因為權的一種作用是有求必應，至少是有求多應。黃金屋，顏如玉，一種說法是可以由書中來，即使這說法有時竟成為事實，那也是說的人圖簡便，略去中間站，這中間站是權。權有這樣的大用，就難怪有史以來，普天之下，用各種方法，直到最尖端的，刀鋒見血，爭了。這情況，讀史，或不讀而只是睜眼，都顯而易見，可按下不表。這裏想探索的是這治人之權由哪裏來。古今看法不同。古是“天佑下民，作之君”，所以君王稱為天子，直到清朝退位之前，還要定期郊天，因為天對治人者有恩，給了他治人之權。頭腦維新的人說這是封建意識。新或今的說法當然是反封建的，於是變為民本或民主，說權是全體人民所授。由天一下子降到民身上，此之謂現代化。就不會有拖泥帶水的情況嗎？也可能有一種情況，是治人者處在“以先知覺後知，以先覺覺後覺”（《孟子・萬章上》）的地位，於是先就須帶路，而也就有了治人之權。在從蒙昧走向開明的時代，這也許是不可免的，甚至需要的，不過就其性質說，還是賢人政治一路，也就不免有賢人政治的致命傷，那是可能不幸而不賢或變為不賢，就除了孔孟的老辦法（磕頭和忍受）以外，不會有另外的辦法補救。還有深一層的困難，是如何證明所謂先知的所知是好的（對絕大多數人民有長遠利益）。理論上有兩種辦法。一種是，小則議會式，公開爭論，佔理者勝；大則如戰國時期，處士橫議，百家爭鳴。這辦法像是有優點，用俗話說是講理；缺點是公說公有理，婆說婆有理，最終必是各不相下。另一種辦法是實驗，對比，由實效方面見高低。可惜是人類社會不同於化學實驗室，可以在試管裏來一下。所以不管理論上有多少路徑可行，實際則是，先知的證實力量只能由干戈來，就是說，比如黃帝與蚩尤戰，黃帝勝了，其所見所行就成為對的，好的，其治下的人民也只好隨著說對，說好，因為沒有不聽命的自由。這樣說，先知覺後知的最大危險是路徑可能錯，錯了就不能改。為了不冒險，要能改，又為了能改，權的來源就必須變：由天變為民，或由先知變為民。其情況是：民是授者，其意若曰，我們信任你，委託你按照我們的意旨，為我們辦事；當政者是受者，其意若曰，我接受委託，一定按照你們的意旨，為你們辦事。

　　承認民本，權由民來之後，圍繞著權如何授，還會有不少問題。首先碰到的一個，是民意的質量問題。這也許應該算作理論方面的，而理論卻是由實際來。民憑己意授權，顯然，求授得完美，先要這“意”是完美的。意完美，來於質和量兩個方面。質方面的要求是，意要對，不要錯。何謂對錯，要有標準，這問題太複雜，只好躲開，假定人人都有以常識為依據的判斷力。這樣，比如有一筆錢，是建個賭場好還是建個學校好，我們說選定後者的意可取，反之不可取；對人也是這樣，真就委託了，有德者與無德者，我們說選定前者的意可取，反之不可取。道理清楚，像是任何人不會懷疑。但這是舉例。實際就不會這樣簡明易斷。也舉一點點例。比如學校設課，如果擬定時容許百花齊放，一定有推薦《易經》甚至《奇門遁甲》的吧？同理，對於人，委託，也可能有人偏偏選定無德者，因為那位與他有特殊關係。所以上文曾說到"教養"的重要。但我們又不能俟河之清，怎麼辦？很可憐，也只能期望理性加多數，對的可能性較大而已。說到多數，就過渡到量方面的問題。政治是處理眾人之事。天之生材不齊，後天的條件更是千差萬別，減去未成年和神志不健全的，求對的意能夠全體贊成，至少是多數贊成，也並不容易。不容易，要想辦法。辦法需要很多，似乎沒有短期並有特效的。此人之所以為人，就是說，不像桌椅車船那樣容易對付。但仍是不能俟河之清。所以重複一遍，也只能期望理性加多數，對的可能性較大而已。而萬一對的可能性未大，還有個力量可以依靠，那是經一事長一智，因為人要活，而且要活得如意至少是可忍受，時間總會保證後來居上的。這或者可以稱為樂觀主義。以下即以此樂觀主義為基礎，進一步談與授的方式有關的一些問題。

授方面的難題幾乎都是由人數過多來。小兩口之家，女讓男上街買菜，準備招待娘家人，女說，是授權，男接受前往，就有了或買雞或買魚之權。一夥人旅遊，要由此地到彼地，公推某人去辦理車票事宜，一個人說讓誰去，都同意，是授權，去的人接受委託，就有了或買火車票或買汽車票之權。這類授權方式，一般是口說就可以妥善辦理。何以這樣容易？淺說是人少；深說，人少，一般說就相互了解，而所處理的事，很少是關係重大的。政治性的就大不同，尤其是全國範圍的。人數，少則若干萬，多則若干億，口說，聽不見（有權廣播是受權之後的事，不能算）；相互了解，幾乎是辦不到。不得已，變口說為寫選票。由選票引起的問題至少有小大兩個：小是難得一致，大是難得合適。先說難得一致。姑且假定不會有營私（選表叔、表妹之類）、欺騙（製造假象，把壞蛋說成好人）一類事，人人選自己認為好的，結果也必是都選自己交往多而相知的，於是選票分散，成為人人有份，少數知名的也很難獲得選舉法規定的多數，從而選舉就不能有成效。再說難得合適。這困難由兩種情況來：一是人的才能和品德，不能放在秤上稱，然後宣佈，某人是一斤，某人是八両；二是才能和品德即使有定，四海之內，人數千千萬萬，如上面所說，不能相互了解，也就難得知道。不知，合適就無法實現。

　　但既然都要活，群體的事總不能不辦，所以雖然難也不得不勉為其難。勉為其難，想求的當然還是最好，而實際就不能不安於湊合。人間事也不只選舉為然。比如飲食男女，古人抬舉為人之大欲的，依遐想，飲食，都希望不厭精，不厭細，男女，男希望環肥燕瘦，女希望寶玉潘安，而實際呢，粗茶淡飯，貌僅中人甚至以下，也只好同樣安然地過下去。選舉也是此理，為了克服種種困難，補救種種缺陷，許多國家想了許多方法，如組織政黨，宣傳，抬出一人，競選，分層次，分地區等等，都是為了"民意"的"集合"。用冷靜而深思的眼看，不管花樣如何多，都是飢不擇食，或者說，因為沒有其他路可走，只好背水一戰。所以這樣說，是因為，都只求行有結果（投了票，選出人），而不能問結果的價值。這價值的衡量是：民意是否完美，集合得是否合適。事實乃是，所謂完美，所謂合適，都有如極限，是只能趨近而不能達到的。不能達到，所以只得容忍；有可能趨近，所以又不得不盡人力求改善。這就是到現在為止，人們已經費了大力，僅能取得的勝利果實。

這果實個兒不大，也許連味道也不佳。但它終歸是勝利之後所得，所以還有值得珍視的一面。這一面是，權之得由干戈變為選票，或換句話說，至少是都承認，權不再由佔有來，而由民授來。自然，這權，也許因民之受騙而授，這也關係不大，比如在僻巷買了假人參，是受了騙，但掏錢而付之權終歸是自己的。所以手中拿著選票，隨己意寫，以得票數多者為勝，總當算作民授權的一種重要方式，雖然未必是最理想的方式。說重要，理由不只一種，但可以舉出一種，也可稱為重要，是得權之人不會忘記權之源，也就不至膽敢為所欲為。為了防止為所欲為，選票之外還要有些輔助措施，下面另題談。

二三

限權

可用小事明大理。春日放風箏，很好玩。它一吹上了天，搖搖擺擺，放者願意它這樣；可是手裏要握緊線，以便一旦放膩了就可以收回來。再舉個新玩意兒，汽車。靠汽油，馬力不小，從而可以載人，運貨，直到在田野間兜風。做這些事，要有力量；但為了力量不亂闖，司機要有指揮，尤其要有使之停住的力量。任何為人幹點甚麼的力量，都要一方面，有力，另一方面，人有限制它、使之不亂來的力。幹點甚麼是事。事有大小，一般說，小事需要的力量小，限制的力量也可以小；大事就不然，需要的力量不能不大，限制的力量也就不能不大。大之中還包含複雜，比如風箏，力量不大，限制的力量，一條線就夠了；汽車就不成，因為力量加大了，機件就要比較複雜。人事，最大的是國家大事，掌管者力不大，比如抵禦外患，就大難；但這大力也可能用非其地，那有時後果就不堪設想。怎麼樣能夠取得協調，或說獲得保障？問題顯然很複雜。但由要求方面說就簡單明了，是：要想方設法，使受民之權者只有做好事的自由，沒有做壞事的自由。

分辨好壞，在常識範圍內像是並不難；但有時，尤其對付的事物比較複雜的時候，就會意見紛歧。紛歧，不能都對，不得已，就須進一步分辨對錯。進一步，是找更深的理據，這樣一來，願意也罷，不願意也罷，最終必致陷入哲理的泥塘。政治不能超出家常事，當然不能等程朱陸王都點頭以後再做。比較穩妥之法是儘量躲開會陷入哲理思辨的新且大的問題。舉例說，對付人口增長問題，提倡或限定一對夫婦至多生一個，問題不大，理易說，事易行；如果信任幻想或迷信理想，說為了人多力量大，無妨任其自然，或為了優生，應該使生孩子成為一部分身心優秀者的專業，問題就成為新且大，由理方面說會引起大爭論，由事方面說會引來嚴重的後果。政治是大事，與全國人的幸福關係密切，不當憑遐想，開玩笑。但是，歷史上的千千萬萬件事可證，已佔有無限權力的人最慣於開玩笑，具體說是根據自己的一場夢或夢想，就殿內一呼，全民戰慄。即使範圍不這樣大，如秦始皇，一怒，書就焚了，儒就坑了；如清末糊塗狠毒的那拉氏老太太，一怒，戊戌六君子就綁赴菜市口，身首異處了。所以，為了避免這種危險，民授了權之後，還必須有一些措施，以限制權不致亂用。

這限制，總的說，或由精神方面說，是法至上。這精神很重要，它使專制和民主有了明確的界限。專制是人至上，他的口說，甚至幻想，就是法。法，所以全民必須照辦；只有他例外，因為法是他定的，他還可以任意變換。法至上就大不同，掌政權者降到第二位，於是有所做，就不得不向上看看。這上，也由精神方面說，是民。民是關心切身的養生喪死無憾的，所以，只要有辦法，就不會聽任掌權者為所欲為，以求幸福和安全有保障，至少是不致常常戰慄。

比理論更實惠的是辦法。理想的辦法可能有，其極端者，如無政府主義也許可以算，那是連授權的事也免去，怕在上者會胡來，沒有在上，豈不徹底？可惜這是空想，因為民並不是一律由孔孟的洪爐裏鍛造出來，他們也會胡鬧，所以公眾的事不能不有人管。這裏為了不跑到題外，還是說民管，到目前為止，已用的或可用的都有甚麼辦法。總的說是由民立法，限定掌權者依法辦事。這有兩種情況。一種，事是例行的，可照舊例辦。行政，事的絕大多數是這種性質的，只要認真辦，不營私舞弊，就不會有甚麼問題。另一種，事非例行，尤其是對國計民生有重大影響的，如對外宣戰，對內，化私有為公有之類，要由民批准。

民，人數多，無論是長遠之計，立法，還是臨時，批准某種新且大的舉動，都不能聚於一室或一場，用口說或舉手的形式表決。不能用這個形式，還有個理由，是有關公眾長遠的福利之事，內容都是既專門又複雜的，民，至少是其中的有些，不明底裏，尤其是短期內，必難定取捨。不得已，只好用代理的辦法，即委託一些人，代表民處理立法、批准之類的事。這樣的人要具備兩個條件：一是能代表人民，二是有代替人民決定大計的能力。人數多少，也由這兩個條件來決定。這些人來於民選，來頭大；組織起來，有決定大計之權。至於名號，可以隨意，一般稱為議會。比喻為大道上試馬，議會沒有奔跑之力，可是手裏握著韁繩，所以就地位說，成為天字第一號。第一號，會不會也為所欲為？不會，因為受兩種條件的制約：一是人數幾百，沒有一個人處在君王的地位；二是任期有限，如果想連任，就不得不向選民表示馴順。總之，議會形式雖然未必是人民行使權力的好形式，卻總當算個授權之後勉強可取的限權的形式。這樣說還可以從事實方面取得證明，是採用這種形式的，掌大權者都沒有發瘋。

議會的作用是代表人民限掌權者之權。限權主要有三種形式。立法，對治人者和治於人者都有約束力，所以這法就必須完美可行。求完美可行，立法者須有廣博的知識和遠見。專由這一點看，議會同時還可以當作民的顧問組織。限權的另一種形式是批准或批駁，這與立法相比，屬於直截了當型，所以限的形象更加明顯。還有一種形式，出於萬不得已，圖窮而匕首現，用投不信任票法，乾脆把權收回。三種限都有確定身分的意義，就是說，這因授而有大權的人只是個管政務的，不是甚麼民牧或居領頭地位的救世主。

限權，議會的形式最直接，因為它，至少就理論說，是坐在民旁邊的。坐得稍遠一些，還有可以起同樣作用的。一種是監察機構。與議會相比，監察機構對付的，經常是化整為零，或說由對事變為對人。但是，至少是有些有大權或小權的，如果官至上真變為民至上，就更怕這個，因為不好好幹，一旦鞭子打到頭上，倒霉的將是自己的身家。還有一種是司法獨立，有權，一旦借權胡鬧，犯了法，不管你有多冠冕的烏紗帽，也要對簿公堂。此外還有一種，並不是甚麼機構，而是民的自由，主要是新聞自由和言論自由。言與行無理，最怕言論自由，尤其見不得天日的，最怕新聞自由。這兩種自由與議會、監察、司法獨立有血肉聯繫，具體說是前者要以後者為後盾。其實還只是後盾，而是，如果沒有有實力的後三者，就不會有言論自由和新聞自由。這裏姑且假定有後三者為後盾，以新聞自由為例，那就會有監督的大力量，因為，為了政治生命的綿長至少是安全，就不得不如臨深淵，如履薄冰，用力做好事，避免跌跤。

不過，無論如何，權終歸與大力有不解之緣，也就難免失控。算作限權的補充條件也好，還有兩種規定很值得注意。一種是任期有限。這像是告訴受權者，如果有繼續掌權的願望，就要努力做好事，以便下次授權之時能夠多得選票。這也是專制與民主有顯著分別的一個標誌。專制時代，以清朝為例，康熙掌政六十一年，乾隆掌政六十年（實際還要加上太上皇三年），都是任期終身，嗚呼哀哉後才寶座易人，因為他們都認為這大位是天所授，或列祖所授，權無限是天經地義。往者已矣，變為民主，或只是為了表明民是主，即權之源，就不能不過個時期，拿出選票重新搖動一下，這樣，重複一次上面的意思，受權者為了再一次能夠受權，就只好俯首帖耳，不以天之驕子自居了。另一種規定也許更重要，是，除了民（其代表或依民意而立之法）之外，任何人沒有使用武力之權。說更重要，是因為，如果容許某一個人自由使用武力，民為了活命，就只能山呼萬歲，授權、限權云云就都化為輕煙了。

二四 大計

　　大計指對群體有大影響的決定和措施。有大影響，故不能不求好，不能不慎重。

　　先說大計。由理論方面說（實際方面總是難於劃清界限），可以分為兩類。一類是方向性的，即為了都活得更好，認為應該順著哪條路往哪裏走。這也是意見，總的，遠見的，會牽涉到制度，來於某種看法或信念，通常名為主義。另一類，眼所望不是將來，是少則三年五年，多則十年八年的現在，著眼點大致是兩個方面：一個方面，舊的情況或措施有了問題，要用新法治理；另一個方面，雖然不改弦更張也過得去，可是為了變齊為魯，以改用新法為合理有利。前一類，影響面大，而且深遠，稱為大計，名實相副。後一類呢，內容複雜，包羅萬象，只有少數，影響的面和度大的，如包產到戶、計劃生育之類，可以算作大計；至於從重從快處理刑事犯罪、鼓勵發明創造之類，雖然也是重要措施，因為影響的面和度有限，就可以不算。以下先談談這兩類大計。

　　第一類大計是一種看法或意見，關於如何制定整個社會形態以及其中所有人的生活方式的。顯然，這，如果見諸實行，

影響的廣度和深度就太大了。其直接（時間未必短）的結果是
社會的治亂興衰和其中男女老少生活的難易和苦樂。影響大，
問題也就不能小。先想到的一個問題可能是，這看法之來是否
出於救世之心。這問題是由理論來，就是說，理論上也"可
能"不出於救世之心；至於實際，這種可能是幾乎沒有的。不
過，意在救世與能否救世是兩回事。以太平天國為例，起兵反
清以及若干新措施，當然也是意在救世，可是，如攻下南京以
後，強制人民晨昏呼拜天父天兄，青年夫婦分住男館女館，不
知信徒怎麼樣，至於一般人，就必致受不了。所以評價這類大
計，眼睛不應該放在動機方面，而應該放在效果方面。效果方
面包含兩方面的問題：一是所設想的新形態是否真好；二是假
定真好，能不能真正實現。兩方面的問題都很難解決。先說好
不好，其評定，可以形而上，從哲理方面下手；也可以形而
下，從人的愛惡方面下手。不管由哪方面下手，結果都不會是
異口同聲。人各有見，怎麼辦？有哲理癖的人是舉理據，但這
還是會人各有見，互不相下。一般人是用武斷法，都爭喊自己
如何正確，罵異己者不通。這樣，走到十字路口，何去何從，
理論的或理想的辦法縱使可以從多數（自然，多數能否作為評
定好壞的理據，也還是問題）；而實際，最後有抉擇之權的總
是能夠"馬上得之"的。這是力，可以與理合，也可以與理不
合；但既已抉擇，也就只好試一下，無其他路可走。總之就可
見，這類大計的好不好，其分辨雖然絕頂重要，而取得分辨的
既合理又滿意的結果是幾乎不可能的。再說能不能真正實現。

顯然，這只有實驗，過個或很長或不很短的時期才能知道。還會有不利的條件，即人力很難估計的：一種，人是活的，不會百分之百地照前人估計和希望的那樣行動；另一種，客觀情況可能會有意想不到的變化。總之，依照因果規律，因不能固定不變，果之能否原樣實現就很可疑了。這樣，方向性的大計，照以上的分析，好不好，能不能實現，就都成為難定。但是人，擴大到社會，都要存活，就不能靜待有定，然後活動。所以理想終歸是有價值、值得重視的。這就又遇到兩歧，打個比喻說，是不能不吃，又怕燙嘴，如何處理？

有些人討厭溫和的中道。其實，有關人的生活形態的很多事，常常是，突變大變，難於適應；慢變小變，容易適應。慢和小是中道。舉一兩個突出的例，早晚拜觀世音菩薩，請求保佑，由滿腦子賽先生的人看來是迷信，理應破除，可是就舉起賽先生的大斧，把觀音塑像砸碎，那位信士弟子必受不了，再有，也作用不大，因為只要信仰還在，早晚還會望空遙拜的。又如自由是個崇高的信念，誰也不敢觸動它，哪怕是一點皮毛，可是談到選擇不再活下去的自由（一般是為結束難忍之痛苦），總是既沒有理由駁斥，又不敢表示贊成。像這樣的情況，我們對付的辦法，前一種是承認信教自由，後一種是裝作視而不見。承認，裝作，都是有所見而暫且不動手，這是中道。處理方向性大計的中道是理想與現實兼顧。這有如黑夜涉水，手持木棍，試探著走，到對岸是理想，試探而後舉步是現實。這樣做有很多好處，舉其大者。其一，理想只是"一種"看法,其價值不是絕對的,就是說,也可能並不好,或不十分好,試探著走,錯誤的危險會小些。其二,時時顧及現實,對理想而言,就既可以起修正(如果有不妥)的作用,又可以起保證實現的作用。其三最重要,是群體中的個個人容易適應,因而也就可以少些困難,甚至少些困苦。如果承認民本的原則,與生民的苦樂相比,一切大道理,冠冕的名號,都是微不足道的。所以,只是為了生民能夠適應,能夠忍受,在理想與現實之間,萬不得已,難得折中,還是偏袒現實一些較為穩妥。

再說大計的第二類,針對現實,採取某種涉及全民的措施,以求治病,以求改進的。與方向性的大計相比,這類性質的大計,問題不會太大,只要有權出主意並付諸實行的人不醉心於遐想。遐想即脫離現實。所以對付這類大計,也適用理想與現實兼顧的原則。與方向性大計的理想相比,這對付現實的理想是近視的,因而影響就不會過於深遠。但既然有變,其影響就不能不觸及人民(或其中的一部分)的生活,因而也就會產生苦樂。談到苦樂,問題也不簡單。專說量(質的分辨更加複雜),苦樂有現時的大小,有長遠的大小,有時為了避免長遠的大苦,就寧可忍受目前的小苦。計劃生育是個典型的例,由於某時期的無知和專斷,人口過度增加,一碗粥幾個和尚喝,困難來了。如果不限制,更大的困難就會到眼前。可是限制小兩口生一個,仍然迷信三多九如的人會感到苦惱。這是理想與現實不能協調。怎麼辦?只得偏袒理想。但這種偏袒不是不顧現實，而是兼顧未來的現實；還有一個因素最重要，是拿得準，因為不這樣，終於會有一天要落到旅鼠❸的境地，食物淨盡，不得不集體跳海。所以，處理有關大計的問題，理想與現實兼顧的原則之外，還要附加一個，或者也稱為原則，是，要拿得準。

怎麼就能夠拿得準？以行路為喻。有一次由北京出發，乘汽車，往慕田峪長城。車過了懷柔，路變為不明朗，岔路很多，有時還像是環繞。我心裏想，這不會走錯嗎？但不久竟到了。我衷心欽佩司機的認路本領，心裏說，自己不能的，確是應該信任專家。這說廣泛一些，是應該尊重學識。與乘車到某地相比，有關全民苦樂、國家興衰的大計是天大的大事，所以如本篇開頭所說，必須慎重。慎重不是不辦，是定措施之前，先聽聽專家（一般還要集體討論）的。換句話說，要由科學做主，不由某一個人做主。專家，眼望到目的地，會清楚了解應該順著哪條路走，行程中會遇到甚麼問題，怎樣解決。而且要同樣有專業知識的一些人參加討論，討論中不免有爭論，一般是明顯站不住腳的被丟棄，比如說，通過來一次浩劫的可能總不會有吧？所以慎重之道無他，不過是信任科學，不信任某一個人的幻想而已。

為了萬無一失，慎重也要不厭其繁。這是說，凡是可以稱為大計的，付諸實行之前，一定要人民點頭。前面已經談過，

❸ 生活在北美和歐亞大陸北極地區的一種鼠類，因其繁殖過快過密，不得不時常大規模遷徙尋找食物，曾被誤傳為集體跳海自殺以保存子孫。

人民，數目太大，只能由其代表機構行使批准或批駁之權。這樣的機構，比如名為議會之類，批准或批駁之前，當然也要研究討論，其結果，也許還要凝聚為法條的形式。總之，就精神說，還是科學加慎重，因為大計是大，影響深遠，甚至人命關天，就不能不這樣。

二五 財富

　　財富指生活依靠的由人力創造的物質條件。這句話條件前有三項限制。一是生活依靠的，如依靠糧食，不依靠北極的冰山，前者是財富，後者不是。但清楚劃界也難，因為有些事物，如月光，顯然沒有也能活，可是渴望"千里共嬋娟"的人也許就不這樣看。人力創造的也有類似的問題，煤礦，露天的，非人力創造，我們也當作財富。物質這個條件更加複雜，腦力，轉化為科技，是生產財富的源泉，所以也可以當作更貴重的財富。這些思辨方面的麻煩都由定義、劃界之類的書生習慣來；為了避免麻煩，不如從常識方面下手，說我們所謂財富，一般指可以或需要用錢買的。這樣，大如波音747，小如紐扣，忙如食品，閒如盆花，質實如鋼鐵，空靈如文稿（如果有出版機構肯印），就都成為財富。

　　財富種類無限之多。有些是人人需要的，如糧食和衣服；有些不是，如書和金戒指。泛泛說，或就整個社會說，由最低的存活起，到人能想到能得到的所謂最大的幸福止，都離不開財富。所以講修齊治平（儒家所謂修身、齊家、治國、平天下），一項最重要的任務是創造足夠的，即能夠保證群體中的個個人都不只能存活還能過幸福生活的財富。是不是可以説多多益善？理論上也許有問題，因為過多，一方面會難於存放、打發，另一方面還會飽暖生閒事。實際卻無妨這樣説，因為至少是不很遠的將來，我們愁的只能是不足，不會是有餘。所以講治國，盡力發展生產，求財富增加，總是對的。一切問題是由寡和不均引起的。

　　寡的現象顯而易見，專就果腹説，僧多粥少，如中年以上的人都經歷過的所謂三年困難，除極少數人以外，都填不滿肚皮，就成為大苦難。果腹以外，人的欲望還無限之多，如往肚子裏裝，米麵加蔬菜，不愁，卻想裝對蝦和雞塊，間或可以，天天如是就辦不到；又如飽暖了，行有餘力，還想項上加金項鏈，也不是人人能做到。有欲，有些人，甚至不少人，不能滿足，原因就是寡，即財富的量還不夠多。不夠多，想變為多，弄清楚不夠多的原因最重要。而説起原因，那就非常複雜；複雜中還有難言之隱，比如原因是人，而這人恰好是有威權的，封建教條有所謂天下沒有不對的君父，就只好往其他方面推。因果關係混亂了，求變少為多就更難。且説因果關係都清清楚楚的，舉舉大者也不少。只説人人都會想到的。上面説僧多粥少，這多少由比例來，其中顯然含有大道理，即如果僧不多，粥就夠吃了。這就不能不觸及人口問題。有的人只看到人多力量大的一面，沒有看到生產力非無限而有肚皮就須填滿的一面，這是無知，其結果就必致引來僧更多而粥更少的惡果。幸而經一事長一智，現在是廣到全世界，幼到三尺童子，都知道人口迅速增長是如何嚴重的問題了。比知道更重要的是辦法。這有最根本的，是提高教養，以破除以三多九如為幸福的千百年來久矣夫的信條。但這非三年五年之功，只好急功近利，靠法。我的看法，為了人數多並時間長的利益，法無妨偏於嚴，比如限制一對"至多"生一個之外，似也可以考慮推行優生的原則，即認定由於遺傳會不利於下一代的，許婚而不許生，等等。人口問題之外，財富寡的原因還有偏於人的，如民方面，勞動積極性不高，管理方面，大大小小的措施不當，也會有多生產的可能而實際成為寡。人心之不同各如其面，不管辦法怎麼好而且周密，總會有一部分人願意懶散而不願意勞動。大人掌大政，也只能求多數好好幹，對於極個別的，只要不違法，就睜一眼閉一眼。最怕的是大多數不好好幹，那就要趕緊找原因。原因有出於天性的可能，不過好逸惡勞是天性，想活而且求活得像樣也是天性，所以，單從人定勝天方面著眼，也要多從管理方面（廣義的，直到包括教育）找原因。舉個突出的例，強迫顧亭林、李時珍之流去掃廁所，由紅衛英雄督著，求財富增加就難了。財富寡的原因還有客觀的，天時、地利之外，還有個大的，近百年來大露頭角，曰科學技術。即以農業而論，科學種田的結果，產量竟可以增加十倍八倍。所以，總而言之，求財富變少為多，就要多方面想辦法，一切辦法都要建基在科學上，該急的急，不能急的慢慢來。

總的多寡之外，還有分的如何均衡的問題，嚴重性雖然未必加大，複雜性則多了很多。以下說說一些比較重大的。

其一，財富包括幾乎無限的門類，多生產甚麼，少生產甚麼，有如何調理才合適的問題。原則上是有計劃比自由放任好。放任，為了賺錢，有的人就會不種棉花而種鴉片。計劃也離不開原則，這原則的確定卻相當難，比如於群體（包括其中的各個人）有利像是個頗為合理的原則，可是依照這項原則，我們就推演不出應該允許種煙以及設捲煙廠的措施來。在這類事情上，我們又不得不採用理想與現實兼顧的原則，辦法是，先由專家算計，分別需要的主次，畫出理想的生產藍圖，照藍圖規定具體措施，現實方面有扦格的，關係大的設法調整現實，關係小的放鬆。這樣，舉例說，衣食住都有保障了，有的人還想口銜煙斗手提鳥籠在人行便道上搖搖擺擺，就可以既供應煙絲又供應鳥籠，至於個別人還想吸幾口鴉片，就堅決制止。

其二，生產和享用之間有個躲不開的大問題，是如何分配才合理。種類方面問題不大，因為一個人的需要總是千萬種中的一小部分。俗諺說，"新年來到，姑娘要花，小子要炮"。又如汽車不壞，也有用，許多人就不要，或不敢要，因為養不起。這"甚麼不起"中隱藏著大學問，是種類的分配可以由錢袋來調節：需要，買得起，就要；反之就不要。理論方面的大問題來於，假定可以按照嚴格計劃分配，應該不應該做到量（或由金錢來表示）的平均。這，再假定做得到，像是合乎平等的原則，一個和尚一碗粥，就都可以心平氣和了吧？但這顯然是理想，或說空想，因為事實是必做不到。也不應該這樣。

原因很多。以食品為例，焦大需要的量多，林黛玉需要的量少，平均分配反而不合理。還有，人，能力不同，貢獻不同，平均分配也會成為不合理。不得已，只得放棄平均的原則，改為公道的原則，如我們常說的按勞取酬就是。這個辦法，粗略一看，與公道的原則相合，像是無懈可擊，其實問題是既不小又不少。就算是不來於理論吧，但我們知道，實際經常是比理論更僵硬，也就更不好對付。這實際，只舉顯著的，如勞動的種類無限，減去無利（如提籠架鳥）和有害（如偷盜）的不計，比如某農民收割小麥半天，某小官作報告半天，定酬，同酬還是分高下呢？如果分高下，應該哪個人高一些？還有更實際的難，比如已經規定大學教授之勞較之飯店服務員之勞應該多得報酬，就真能做到嗎？這雖然是個別的小現象，如果認為不合理而想改為合理，就可能牽一髮而動全身。所以終會成為大難。還有個雖未必大卻也相當根本的難，是某勞給予某酬，由誰定，這誰不會厚己薄人嗎？覺得自己的所做無足輕重總是很難的。此外還有一種情況，是總會有一些人，因種種客觀原因（因年老的不算）而不能勞，也有存活的權利，於是，至少在這種小範圍之內，我們又不能不放棄按勞取酬的原則，而換為人道主義的原則。

這換表明人道主義的原則比按勞取酬的原則更根本，根本常常能夠產生指導行的原則。這，就我一時想到的說，有以下幾項。一是，財富是保證生民存活和幸福的最重要的條件，講修齊治平，應盡力求人人有適度的量（最低要能維持飽暖），並予以保障（不得任意籍沒）。二是，公道的原則下加一些平均的原則，如實行按勞取酬，好還能做到貧富不過於懸殊。三是，要堅決制止以其所以養人者害人，舉例說，借財力危害別人，奴役別人，剝削別人之類，就不能容許。四是，總會有一些人不能（甚至包括不願）自力取得財富，根據人道主義的原則，只好予以救濟。最後，還要記住，人是活的，合為群體，時時會變，所以任何考慮周密的措施都不會萬無一失，所以總的對應之道應該是：一方面，努力求好；另一方面，零星小事未能與理想合，安於差不多也無不可。

二六 法律

　　法律，就其性質說，範圍可以廣，凡制定或約定，在某範圍內，某時期內，對某些人有約束力的，甚至不成文的，都是。這樣理解，那就某一小單位的某種規則之類也是。不過通常所謂法律，是指成文的，由國家某有立法職能的單位制定的，這裏想談的是這一種。一種，是就性質說，指實就有若干種，並且分為不同的層次，如憲法層次最高；不同的性質，如有刑法，甲把乙打傷，要根據它處理，有民法，甲欠乙錢不還，要根據它處理。這裏講道理，想只泛泛地說法律，那就凡是名為甚麼法的都在內。

　　我們過群體生活，何以必須有法律？這可以率直說，是因為我們不是聖賢，受天之命，有情欲，想滿足，就可能越軌，或直說，做壞事。法律的起因，或目的，是防止人做壞事，其意若曰：你在這個群體中生活，只許如此如此，不許如彼如彼；而萬一你如彼如彼，就依法使你受到應得的報復。這說的所謂人，所謂你，指一切神志清楚的成年人，即自己的意志能支配自己行為的人。這樣，用歷史的眼光看，人類的法律就可以分為兩類：一類，時代早的，或說封建的，是法出於金口玉言，那金口玉言的人當然不受限制，或者說，某一個人或某些人有特權，可以逍遙法外；另一類，時代晚，或說民主的，是法，原理上由全民定，至上，沒有任何人可以出言成法，而自己則可以不守法，為所欲為。兩類相比，至少由絕大多數人看，當然以後一類為合理，為好。可是，歷史（或說傳統）力量太大，因而法律，由前一類“實質上”變為後一類則大不易。不易的表現有二。其一，形式上法由民定，而所謂民意實際乃是有威權者之意，這就是變相的金口玉言。其二，立了法，其中確是有不少合理的或說利於民的規定，可是有威權的人可以不遵守，不執行，那就所謂法成為具文，有等於無了。

為了法真能有法之用，有不少有關法律的事我們必須努力做到。其中第一項，或說首先，是立法的必須是民，根據的必須是真民意。這方面的問題也不少。天字第一號是哲學性質的，是民意就一定好嗎？自然不敢擔保。可是，如前面多處所分析，我們所以不能不走這條路，是因為無其他路可走。或者說樂觀一點，比如十個人一桌吃飯，選定吃川菜還是吃魯菜，意見不一致，表決，七人川，三人魯，從多數，即使上菜後未必能皆大歡喜，至少可以取得多數不抱怨的效果。立法也是這樣，求十全十美大難，只能求多數人首肯，以期有小缺漏也不至群情憤激。接著來的問題也不小，也許更大，實行方面的，是怎樣才能做到由民立。這在前面也談到過，求人人都參加必辦不到，也許還不合適。又是不得已，只好乞援於選舉。其後，假定所選之人真能代表人民，立法，還要滿足甚麼條件呢？

　　總的是兩方面的條件。一方面是立法之人，要是德才兼
備的專家。德的要求是只管人民利益，不管其他，如權貴、金
錢、親近之類。才是精通與法律有關的知識，包括社會狀況之
類。立法是大事，很複雜的事，無德無才就不能勝任。另一方
面是立法時應該注意這樣幾個原則，一是公道的原則。這就是
現代常說的法律面前人人平等，也就是要照顧到各個人的利
益。這裏說公道，不說平等，比如對於老弱病殘，可以規定
不多勞而多酬，甚至不勞而酬，這是不平等，卻合於公道的原
則。二要有遠見。身處現在，要看到社會各方面會有的或必有
的發展變化，其中可意的應該通過法律的規定來促進，不可意
的要通過法律的規定來防止。三要切合實際，即洞察社會的各
個方面，對症下藥，求行之有效。

　　立法方面，還有偏於寬好偏於嚴好的問題。具體說是，對
於某一種造成危害的行為，予以處治，是從輕好還是從重好。
這個問題很複雜，因為錯誤的行為各式各樣，還有，由人方面
看，由動機方面看，由結果方面看，也會分量不同，不同，就
不宜於同等對待。這裏只能說說原則。一種是總的，為了違法
的現象儘量減少，從嚴會比從寬好。一種是分別對待的，如對
於官和民，同樣違法，前者宜於從嚴，後者可以從寬；又如同
是違法行為造成惡果的，動機不壞的可以從寬，動機壞的宜於
從嚴。

　　立法方面，還有偏於粗好偏於細好的問題。人事複雜，細

就不能不繁瑣。但繁瑣有繁瑣的好處。好處有積極方面的，是各式各樣違法的現象，處治，大致都有法可循。好處還有消極方面的，是可以防止居心不良的人鑽空子。舉個很多人感到頭疼的例，如果到官府辦某種事的手續，有限定幾天完成的法，而且有法辦的傳統，不送禮就任意拖延的事就沒有了。

法是處理社會問題的依據，社會情況有變，法怎麼辦？顯然，社會情況經常是變得快，法不能步步隨著，因為那就會常常變。常常變，立法機關麻煩是小事，民將無所措手足是大事。所以情況和原則都必須是，不管社會情況如何變化，法只能穩步跟隨：穩步是不多變，跟隨是到適當的時候也變。

立法之後，緊接著來個實際上更嚴重的問題，是如何保證能夠依法而行。專制時代也有法，可是皇帝有任意處死之權，那屬於封建，過去了，可以不提。單說有憲法之後，如憲法規定人民有言論自由，某人說了逆有威權者之耳的話，仍可以算作犯罪，因為有威權者出言即法，即有超越法律之權。所以想使法律真能有實效，就要沒有任何人有超越法律之權（包括立法之權）。這就是所謂法律至上。如果法律真是民意所立，法律至上就是人民至上，或說民主。法律至上的說法是一句話，至多是個原則，想化為實際，還要有保障的辦法，目前通用的是司法獨立。獨立，是只對法律負責，不受其他任何勢力管轄。這任何勢力，其實就是行政勢力，因為只有它能夠動用武力，有大權。法律至上，司法獨立，最重要的表現是，對於掌權的人，包括高高低低，只要違法，可以同樣依法處治。這之下，如行政無權指使司法如何如何，就更不在話下了。

最後説説，法律總是帶有強制性，所以其"價值"不是無上的。這樣説，是因為：其一，即使法令如牛毛，總會有些人（縱使是少數）不怕甚至甘心犯法；其二，求社會安定，比法律更重要的是絕大多數人有守法的習慣。這習慣，少半來自有合理的法律，多半來自絕大多數人有適當的教養。打個比喻説，我們畫一條水平的中線。法律主要是防止人落到中線以下，至於升到中線以上，那就要靠教養。如何能夠提高教養？以下另題談。

二七

道
德

　　《孟子》有幾句話：“魚，我所欲也，熊掌，亦我所欲也，二者不可得兼，捨魚而取熊掌者也。生，亦我所欲也，義，亦我所欲也，二者不可得兼，捨生而取義者也。”各文言散文選本都收，還入了語文課本，所以大家都熟悉。這幾句話，前半是比喻，重點在後半，是一種生活態度：好死不如賴活著，生死事大；可是萬一被擠到生與義間只能取其一的時候，就死，所謂慷慨就義。這種生活態度，或說主張，任何人都知道，實踐大不易。孟子怎麼樣，不知道，因為他沒有被擠到這樣的夾縫，壽終正寢了。孟子以外，至晚由榮居《史記》列傳之首的伯夷、叔齊起，數不盡的男士，都照孟子指點的路走了；女士更多，因為世間有太多的男士，見色忘義，會使女士，不死就陷於不義。不管是男士還是女士，為之而捨生的義都不得不實指到事，而這事，用另一個時代的眼光看，評價就可能兩樣。舉例說，某男士為某理當亡國之君死了，某女士為許嫁而未謀面的某短命鬼死了，在封建專制時代，男要賜謚，女要旌表，都是應該名垂青史的，我們現在看就未必是這樣。說未必，因為對於忠和貞，在有些人的頭腦裏，像是還沒有斬草除根。這裏談道德，重點是泛泛的理，忠和貞一類，因為牽涉到事，可以裝作不見。其後，著重研討的應該是：捨生取義，要有大力量推動，這力量顯然不是由法律來，因為赴刑場是綁著去的，所謂被動；取義是主動，這力量從哪裏來？任何人都知道，是從道德來。道德有如此的大力量，是怎麼回事？

大概是因為難於追本溯源，昔日的賢哲都是只管當然，而不問其所以然。孔門的最高德是仁，說：“君子無終食之間違仁，造次必於是，顛沛必於是。”孟子說：“惻隱之心，人皆有之。”宋儒是喜歡鑽牛角尖的，也只是說善來於天理，而不問為甚麼會有天理，而就有這樣大的力量，能夠使人雖未必有利而甘心向善。康德更進一步，是兼助以讚嘆，說：“有兩種事物，我們越想它就越敬畏，那是天上的星空和心中的道德律。”畏，是因為感到它力量太大，能夠迫使人捨生。敬畏，不進一步問本原，顯然是因為本原難找。其實，由我們現在看，這難是由於昔人慣於集中一點，局於形上而忽略形下。形下是甚麼情況？不過是，人想活就不能不勉力也讓別人活，日久天長，成為習慣，並（因為難）信奉這樣更好而已。追問是學究習氣，就本篇說，更重要的是，確認它有大力之後，要了解它的性質，以便能夠適當地利用它。

關於道德的性質，也是不管落實到事會是若何形態，為了省力，可以引孔子的話，是：“子貢問曰：‘有一言而可以終身行之者乎？’子曰：‘其恕乎，己所不欲，勿施於人。’”這是從消極方面說。還有從積極方面說的，是：“夫仁者，己欲立而立人，己欲達而達人。能近取譬，可謂仁之方也已。”用現在的話說，是不管做甚麼，都要設身處地想想，即視人如己，我不願意捱整，也就不整人；我願意別人對我好，也就好心對人。再說得明快些，所謂有德，其本質不過是，自己想活，也給別人留點活路；或爭上游，儘可能使相關的人得些好處，有時甚至不得不損己也在所不惜。能這樣做，是心裏總是這樣想，這存於心的力量，用康德的話說是道德律。稱為律，有不可冒犯的優點，但會引來誰所定的問題；不如多顧實際，就人說是有德，離開某某人而說這有強人為善的力量是道德。

任何人都可以看出，為了社會，至少是安定，這道德，作為群體的精神財富，是如何貴重。甚至可以誇大說，如果道德能夠生實效於一切人一切事，那就可以不要法律。人人都是伯夷、叔齊，各種鎖就不再有用，懲治偷盜的法規和法院自然也就成為多餘了。我們沒有（或說永遠不能）做到夜不閉戶，路不拾遺，顯然是因為，花花世界，不能人人都是伯夷、叔齊，並且，至少是會在某時某地，絕大多數人成為蔑視道德的勇士，那就連法律也成為一紙空文了，這裏且不管某時某地，還是正面說道德的優越性。這，可以引一句家常話來說明，比如有一家人住個小院落，院有圍牆，不高，有柴門，很破爛，有人會說這樣的牆和門，都是防君子不防小人。君子決不會越牆或破門而入，是因為有力量管著，這力量是道德。說起這管著，與法律相比，優越性表現在兩個方面：一是不擇時不擇地（或說永遠跟著），此即古人所謂“尚不愧於屋漏”（《禮記·中庸》）。二是不會有逾閒的危險，因為定型為強烈的取義之心，管得嚴，就不會知而不行。法律就不成，殺雞給猴看，有些猴膽小，或尚略有求好之心，可以生某種程度的功效；還有些猴，有時甚至數量不小，是既不膽小，又無求好之心，那就只能勞動民警或武警，晝夜跟隨，然後，幸而天網恢恢，疏而不漏的，扭送法院了。顯然，法網是不能密到必不漏一個的，於是就不免於積案多而不能破，這是說，為了社會的安定，法律的效力是有限的。

有限，可以不可以說，要用道德的力量來補充？我的想法是應該反過來，說以道德為主，因為它不能在任何人身上都百分之百地有力量，所以才用法律來補充。這樣說，我們就會想到一種此長彼消的情況，是：如果道德的力量增大，法律管轄的範圍就可以縮小，社會反而容易安定。由此推論，談論社會，講治平之道，就應該在培養道德方面盡大力量。而說起培養，有些事情就不能不注意。這是一，要心明眼亮，知道所謂道德，所謂有德，本質是甚麼。比喻說，提倡視人如敵，父不為子隱，子不為父隱，就是反"己欲立而立人"之道而行，培養云云也就名存實亡了。二，培養，難易，甚至能不能成功，都決定於群體（或說絕大多數人）的文化教養。有教養，容易看到並重視己身利益之外的一切，這一切自然包括己身之外的人及其利益。反之，不識之無，正如我們睜眼所能見，蠅營狗苟，眼只看私利，手只抓私利，甚至信奉人不為己、天誅地滅為天經地義，培養，即使盡了最大力量，求這樣的人變為伯夷、叔齊總是太難了。三是言教不如身教。身指（或偏於指）位高者和年長者之身，所謂上行下效，"草上之風必偃"，無言或少言，方法是感化，總會比誇誇其談而行則另一套，容易生實效。四，要在風氣方面用大力，使群體中幾乎人人都相信有德是榮，無德是辱。這榮辱的觀念力量最大，因為義是心理的，榮辱是世俗的，上面所說舊時代許多男女士為忠貞而死，推動的力量，明顯而直接的就是這榮辱，義云云通常是隱在背後或書生的書本中的。五是不可求速成。人，就其本原說同樣是有欲因而不得不求滿足的動物，"人之所以異於禽獸者幾希"是孟子的看法，這希大概就是指能夠文而化之。文化，表現於物是各種利生的設施，直到汽車中也加空調；表現於心，至少我這樣想，就是克制自己，"能近取譬"的道德修養。物方面的設施，心方面的修養，都要慢慢來。求速成，其情也許可原，其效果則常常是可悲。如物，求幾個朝夕就歆產幾十萬斤，其結果只能是飢餓和可笑。心方面也一樣，用鞭撻的辦法求一動之後小人盡變為君子，其結果必是連原來的君子也變為小人，因為德是來於自發，鞭撻則自發毀滅，道德也就連根爛了。

這不能求速成還使我們不能不想到另一種情況，是速毀卻非常容易。可以用比喻來說明，那是癮君子的戒煙，一天兩天，一月兩月，甚至一年兩年，想吸而竟忍過去，可謂大不易；可是開戒卻太容易，只是人家讓，自己伸手一接之功。道德（文化的重要成分）也是這樣，還是以小事為例，窮困，路上遇見遺金不拾，是千百年（就群體說）來正心誠意修身而成，變為拾，回去換酒肉，享受一番，只憑一念之差就可以。所以講治平之道，不可憑幻想，拿道德開玩笑。比如說，為了目前的某種利益，廣開門路，引導並驅趕人捨愛而取恨，捨誠而取詐，捨慈悲而取殘暴，短期也許能有所得，日久天長，群體中都成為這樣，後悔，想挽救就太難了。所以，有時我甚至想，一種不完全合理的道德總比沒有好，因為其本質總是克己，這是社會所以能平定的紐帶，沒有這個，人人為私利而甘心無所不為，那現實和前程就大為可悲了。

最後說說，道德的本質和表現都離不開利他，這他，無論是就理論說還是就實際說，都有範圍問題。孟子說，"人皆有不忍人之心"，這人指己身以外的，想來也不排斥人類以外的，因為他還說："見其生不忍見其死，聞其聲不忍食其肉，是以君子遠庖廚也。"這就心說是仁的範圍擴大；可是儒家講的究竟是常人常道，所以縱使推崇仁為美德，還是吃肉，只是飯桌離廚房遠一點，以求耳不聽心不煩。佛家就比較心行合一，是定殺為大戒，所以也就不許吃肉食，連穿皮毛也不可以。魏晉以來，中國不少佛門的信士弟子不吃葷，這是他們的德。他們也是人，這就引來一個問題，德的本質是利他，我們推重道德，吃紅燒肉、烤鴨之類究竟對不對？這個問題很複雜。可以從信仰方面看，大概只能各行其是。還不得不從實際方面看，求人人都成為虔誠的佛門信士弟子必做不到。不可能的事，不深追也罷。不過，"人皆有不忍人之心"終歸也是實際，怎麼辦？在這種地方，可行之道也許只是差不多主義：比如對於牛羊雞鴨之類，能夠研究出某些方法，使之得安樂死，總當算作向文明邁進一大步；至於夏日在身邊攪擾的蚊蠅之類，只好狠狠心，用蠅拍一拍，使之往生淨土（據說也有佛性）而已。

二八　時風

何謂時風？古謠諺如"城中好高髻，四方高一尺"是最簡要的説明。這樣的時風有不少特點。一，不管出於甚麼原因，或竟不知道出於甚麼原因，有的漸漸，有的甚至相當快，在一般人的心目中，就成為美，成為好，總之就帶有高程度的榮耀，於是也是一般人，就趨之若鶩，簡直成為非此不可。二，常常未必是必要的，如古之高髻，今之高跟，換為不高，反而可以方便些，只是因為成為時風，至少是不惑之年以下的，抗就不很容易。這裏説非必要，被時風吹得東倒西歪的人或者不同意，因為他或她們會認為，既然帶有榮耀，就是必要。那就補説一點解釋，是這裏所謂必要，是指沒有它，生活（包括社會）就不能維持的那些，如古人稱為大欲的飲食男女之類，必不因時而變；高髻和高跟不屬這一類，也就會因時而變，所以不是必要的。三，也就可能未必是好的，如走後門也可以成為時風就是這樣。四，因為是時，縱使這時可以相當長，甚至很長，總會由於來個過時而成為陳跡，如高髻就是這樣。五，因為是風，非必要，未必好，總有一些人，褒之是一般人以上的，貶之是頑固不化的，會不趨之若鶩，甚至有反感。

　　非必要，未必好，還會為少數人所鄙視，是一面，由影響方面看是不重要的一面。另一面則絕頂重要，是力量非常之大，至少是一般人，被吹而想逆風而行就幾乎做不到。以高談祖國燦爛文化而不願碰的女人纏小腳為例，這是最典型的時風，可以看看它的力量是如何大。談大的現象之前，似乎應該先考慮一下相關的理。大概是黑格爾說的吧，凡是已然的都是應然的。應然是必然之外還加上某種量的價值。還是限定說女人的腳，在其上玩各種花樣，由身外的高跟、繡花、嵌香料起，到身內的加工求瘦小止，就真是這樣嗎？不知道性心理學家如藹理斯之流會怎麼認識，至於我們一般人，就最好是安於近視，只看表現而不問價值。退一步，就說是也許與價值有多多少少的關聯吧，這所得總是大的所失換來的。專說身內的加工，變大為小，變寬平為尖，其所失是立不能穩，行不能快，總是犧牲太多了。可是風的力量就是如此之大，因為男士女士都覺得女性以嬌柔為美，腳瘦小顯得嬌柔，於是由很早起，愛美的女性就在這方面用力追求。先是小修飾，如趙女鄭姬之類賣笑佳人"躡利屣"，見《史記·貨殖列傳》，利屣就是尖頭鞋，瘦了。到唐代，傳說"平明上馬入宮門"（唐·張祜《集靈台二首》其二）的人物著小蠻靴，推想必是小巧玲瓏的。小巧，身內是否加工，如加，加到甚麼程度，不知道。其後到北宋，就可知是加了工的，有近年發現的藝妓的圖像，腳短而頭尖為證。推想此風到南宋就急轉直下，變小加工為大加工，鐵證是王實甫的《西廂記》，崔鶯鶯的繡鞋是"半拆"（三寸），這是當時美人的形象，腳已經小到極限，其後明清兩代，不過依樣葫蘆而已。這樣，可見至晚由北宋起，女性腳加工求瘦小已經成為時風。然後看看其力量是如何大。只須舉一點點例。先說個別的：男性，如蒲松齡，我們視為國寶的開明人物，寫《聊齋志異》中的"織成"，"三寸"之不足，還誇張為"細瘦如指"；女性，清初以滿俗改漢俗，曾下令禁止纏腳，青年婦女有因此而自殺的，見《東華錄》。再說泛泛的，是無論男女老少，都認為女人的腳就應該這樣，不這樣就不成其為女人。這就是時風，因為力量過大，又常常不合理，或說不講理，所以簡直說是可怕的。

　　時風，由起因方面考察，都有所為。這所為，有出於多數人的，如上面談的女性貴嬌柔，因而在腳的瘦小方面下功夫，就是自天子至於庶人，幾乎都是這樣看。有出於少數人的，如楚王好細腰，漢武帝崇儒術，來源只是孤家寡人一個；六朝時期講門第，來源是王謝之類朱門大戶，終歸還是少數。這關係都不大。關係重大的是一旦成為時風，它就有了比法律更為強大的強制力量，更糟糕的是就幾乎不再有人想到跟它講理。也惟其因為不講理，它的影響，及於社會，自然包括其中的個個人，就特別深遠。這影響，有好的可能；但是俗話說，由儉入奢易，由奢入儉難，風，沒有理控制，颳向不合理的可能總是更大的。如果不幸而竟颳向不合理，而它又有難於抗拒的力量，為社會的治平和向前、向上設想，問題就嚴重了。

　　所以管理社會，求治平，必須重視時風的情況。顯然，行之前，先要能夠分辨好壞。這方面的問題更加複雜。因為一，人心之不同各如其面，比如視有錢加物質享受為榮耀，你不同意，視為榮耀的人或則不理睬；即使理睬，也必是你說公的理，他說婆的理，在人生之道方面，以理服人是很難的。還有二，時風也許大有來頭，如楚王、漢武帝，王謝之類，他說某裝束美，某信條是真理，你就不再有爭論的權利。還可以加個三，是時風如決口後的水流，都順流而下了，誰還有力量或閒心想想，這順流而下究竟對不對呢！分辨好壞難，不過管理社會，求治平，求向上，卻又非分辨不可。不得已，只好仍乞援於人文主義，用常識或通俗的話說就是，凡夠得上"文明"這個稱號的，我們要，反之，我們不要。舉個概括的例，喜愛科學、藝術與喜愛金錢和物質享受之間，平心靜氣用理智衡量，我們總會承認前者高於後者。等而下之，慣於公道、依法辦事與走後門、行賄受賄之間，其好壞的分辨就更加容易了。

　　知之後是行。如何行？具體難說，因為不能不就事論事。只好說說原則。比喻壞的時風為病，精於養生之道的人必是多在積極方面下功夫，即用各種方法鍛煉將養，以求不病。治大國如烹小鮮，理是一樣，也是要用一切辦法，如教育、宣傳、獎勵之類，以求絕大多數人願意順著正路即向上的路走，形成好的時風。這樣做，還有個成功的秘方，是用榮耀感為靈藥，比如說，如果能夠使絕大多數人"感到"入餐館宴會，越儉樸越榮耀，就用不著三令五申，嚴禁大吃大喝了。不病是用引導法有成的結果。但人是活的，各有各的想法，各有各的所好，還是以養生為喻，無論怎樣謹小慎微，求永遠不病終歸是做不到的。這是說，時風變壞的可能必還是不少。如果不幸而竟至變壞，出現以發財和享樂為榮耀、以行賄受賄為當然之類的時風，怎麼辦？自然還是只能說個原則，是如對付患病然，一方面要有決心治，另一方面要想盡辦法治。

決心也許不難，收效則大難，因為追到根柢，關鍵還是人心所向。所以求治本清源，還要在變人心方面下功夫。所謂變人心，仍須從根本方面說，不過是提高群體的教養。這在前面已經說過，教養的提高包括知和德兩個方面。如果兩個方面都能提到很高，說句近於幻夢的話，群體中人人都成為顧亭林或秋瑾，那就真可以垂衣裳而天下治了。

二九 育人

　　人，由呱呱墜地算起，得生於自然。自然賦予的資本不少，可見者為肉體，不可見者還有本能、資質之類。但為了能活並且活得好，他或她就還要取得應付環境（包括自然的和社會的）的多種能力。這多種能力，首要者可以概括為兩個方面，知和德。或者換個說法：人生來都是野的，為了能在已然的社會中生活，而且活得好，就必須變野為文。變野為文，要靠身外的力量以文明化之。這化的大業，由社會方面說就是育人。

　　育，要有方法，或兼有設施。育者教，受育者學，形式可以集中（時間、地點、規模等），可以不集中。我們可以稱集中者為狹義的育人，典型的為各類學校、各類訓練班之類。這狹義的育人，特點為明確、整齊，比如初中一年級，收多大歲數的，學甚麼，何時上課，考試及格如何，不及格如何，等等，都有明確規定。不集中的廣義育人是個大雜燴，大大小小，各種形式，凡是受育者知見上有所得的都是。舉例說，幼兒初次看見驢，呼為小馬，媽媽告訴，是驢，不是馬，這也是育人；大街上吐痰，受罰，自然也是；甚至投稿，字跡不清，審稿人批個"字多不識，故退"，同樣是育人。這廣義的育人，重要的是一些大類，也説不盡，容易見到的如宣傳（典型的如各種廣播）、出版、社會風氣，直到通過各種規定和措施，讓玄奘去譯經，李清照去填詞，等等，都是。但目的則是簡簡單單的一個，無論就個人説還是就社會説，都是求變野蠻為文明。

人類過群體生活，置身於社會，凡是社會都是有文化（可高可低，可好可壞）的社會，所以就個人説，想在社會中生活，就要融入某種文化。如何融入？要經過歷練成為熟悉。熟悉，或提高説是造詣，有程度之差。算作舉例，可以分為高低兩等。低是能夠靠自力存活，或説具有"必須"具備的過社會生活的能力（這是就一般成年人説，病殘例外）。比如會説話，能夠從事某種勞動以取得工資等就是。高是除了過社會生活所必須的能力之外，還具備某種或多種非必須的可以為文明大廈增添磚瓦的能力。比如在科技方面或文學藝術方面以及其他技能方面有超出一般的成就就是。由育人的要求方面看，比喻有個目標，低的造詣是必須達到的；高的造詣是超過，雖然就某個人説不是必須，可是就整個社會説，這屬於理想性質，反而應該努力追求。

無論是低的造詣還是高的造詣，都要千里之行，始於足下，或説以某些最基本的文事為基礎。這文事，最基本因而也就最重要的是知識和品格。所以育人，具體的方法和所求雖然千頭萬緒，作為樞紐，不過是變無知為有知，變無德為有德。

關於品德的重要及其培養，前面談道德的時候已經談過，這裏只談知識。知識取廣義，包括以之為基礎的各種大大小小高高低低的能力。在這方面，育人的要求，或說原則，是兩個。一是一般的高度（大致相當於義務教育培養的目標），應該是勢在必成。這一般的高度指一般的文化常識，雖然名為一般，名為常識，內容卻非常廣泛。比如對於某事有意見，無論用口還是用筆，都應該能夠把論點和論據有條理地說清楚。知識呢，俗語有所謂上知天文，下知地理，天文，如我們居住的大地不過是太陽系的一個行星，地理，如赤道以南還有不少國家，也屬於常識範圍，應該知道。由古今方面說，應該大致了解我們的歷史，朝代的遞嬗，直到今天，我們的經濟情況，等等。此外，看來較冷僻的，如邏輯常識，似乎也應該算在一般文化知識之內，因為分辨是非對錯的時候常常要用到。總之，這一般的高度，雖然是育人的低要求，達到卻並不容易，原因很複雜，不好說；只說現象，如果連掃盲都做不到，那就這一般的高度也成為理想，甚至幻想。談到理想，就上升到另一個原則，是要盡大力，求一部分人（多多益善），由一般的高度再往前走，在某一領域取得更高的造詣。這是培養拔尖兒的人才，社會的從速發展、向上，甚至可以說主要是靠這方面的育人取得成效。

育人，求群體中的人人（病殘除外）都達到一般的高度。盡人皆知，主要的辦法是普及教育。比如說，能做到成年以前都高中畢業，就差不多了吧？但說容易，真做就問題不少。一個最大的問題恐怕是，人太多，錢不充足。還有另外的問題，比如說，有上學的機會，有些人寧可去叫賣賺錢，怎麼辦？可見普及教育，還要社會風氣不扯後腿。此外，如上課教甚麼，怎樣教，師資的質與量，出版以及圖書館等能不能配合，等等，都會對能否達到一般的高度產生影響。

　　培養拔尖兒的人才，困難就更大，因為不能專靠學校。或主要不是靠學校。由理論方面說，最好能夠做到，消極方面不屈才，積極方面人盡其才。天之生材不齊，有的人見數字就頭疼，卻喜歡並能夠作詩，那為育人計，就不要讓他去鑽研數學，而去鑽研文學。最大的困難是人的興趣和才能尚未顯露之前，怎麼能夠經過分辨，讓杜甫去學詩文，讓李時珍去學本草。這裏只能說個原則，是想盡辦法（規定、措施等），讓人人有自由發展的機會。譬如有那麼一個人，本來是從事農業勞動的，可是喜歡音樂，並表現出有這方面的才能，就要使他不很難地從農村跳到某音樂的單位。顯然，沒有適當的財富、人事、社會結構等方面的條件，這是很難做到的。

　　育人方面還有個像是看不見卻永遠存在的大問題，是育人者總希望受育者信己之所信，跟著自己的腳步走，這究竟對不對？好不好？這問題大，還因為它太複雜。一方面，人總不當（幾乎也不能）教人信教者自己所不信的。如孔孟信仁義，就不會告訴弟子說仁義不好，不要行仁義。可是還有另一面，是某人之所信，可能並不對或不好。反觀歷史，這樣的事太多了。一時的，如秦皇、漢武相信求得仙藥可以長生，錯了。長時期的，如相信天子聖哲，因而應該君辱臣死，我們現在看也錯了。可能錯，實事求是，似乎應該容許甚至要求受育者存疑。但這就不好登上講台了，尤其傳授一般常識的時候，怎麼能兼說這未必靠得住呢。一條由夾縫中擠出來的路，可能只是，教者自教，容許受教者不信。這種態度來自一種精神，用佛家的話說是鳥身自為主，用康德的話說，人是目的，不當當作手段，其實也就是民本主義。當作本，育人的最高要求就應該是，育成的人，對於複雜現象和不同意見，有根據自己的理性以判斷其是非的能力。

為了社會的向上，我們最需要的是能夠判斷是非並甘心取是捨非的人；或退一步，為了治平，需要的是能夠適應社會生活的人。所以我一直認為，一個社會，諸種建設之中，育人應該是首要的。

三〇 自由

在一些大號口頭禪，如民主、平等、權利、義務等之中，"自由"像是更常在嘴邊；可是意義最難定，因而問題也就最複雜。比如說，小兩口，星期日，女的想一同到市場買點東西，男的說不成，因為與一位女同事約定去遊某名勝，女的生氣，吵鬧，男的有名火起，大喊"這是我的自由，我偏要去"。就事論事，這裏提出兩個依淺深次序排列的問題：一，男的有沒有這種自由？二，有或沒有，理由是甚麼？我看，答覆大概只能是清官難斷家務事，裝作視而不見，聽而不聞。難答，原因就來自與"自由"相關的問題太複雜。以下想探索一下這複雜的各個方面。

先談個最難，我們有力想到而無力對付的，是哲理方面的"意志自由"問題。所謂意志自由，舊說法是"我欲仁，仁斯至矣"（《論語·述而》），新說法是，在兩種行為之中，比如一惡一善，我們的意志有能力捨惡而取善。我們的覺知承認有這種自由，總的說，是我們的絕大多數活動（少數，如做夢，我們無力選擇），是我們想這樣（二者之中或多種之中擇一）才變為行動的。以這種覺知為根據，我們才能夠樹立一整套道德系統和法律系統。比如一個人騙了朋友，我們鄙視他，這在理論上是設想他可以不騙。法律範圍內就更加明顯，一個人殺了人，法院要判他刑，這在理論上也是設想他可以不殺。因為他有自主能力不做壞事，所以做了壞事要“自己負責”。負責，深追，是建基於哲理方面的意志自由上的。這就是，人怎麼想就“可以”怎麼做。如果事實真是這樣，很開心。開心事小，大事是我們就可以並且應該希聖希賢；間或反其道而行，輕則可以斥責，重則可以處罰。總之，我們就有了奔頭兒，樂觀，向上。不幸的是，與這種覺知並存的還有因果規律的信仰，或簡直說是科學知識。依照這種知識，不只我們，而是我們的世界，大大小小部分，都在因果的鎖鏈之中，沒有無因之果，換句話說，那就所有的果都成為必然的。若然，意志自由的自由放在哪裏呢？以古語為例，“仁斯至矣”是必然的，“我欲仁”呢？如果也是，那就它也是前因之果，意志自由的自由就成為幻想。而如果竟是這樣，“個人負責”就失掉基礎，因為做者本人沒有改變因果的能力。於是我們落在兩難的困境中：偏向意志自由，因果規律就有了例外，有例外還能成為規律嗎？偏向因果規律，道德和法律就架了空，甚至生活就不再有奔頭兒。如何從夾縫中闖出一條路？理論上大概不可能。於是我們不能不退讓，用不求甚解法：種瓜時相信因果規律，以便得瓜；坐餐館看菜譜時相信意志自由，我要紅燒鯉魚，廚師就紅燒而不糖醋。意志自由問題就是這樣有理說不清。不可能的事糾纏也沒甚麼好處，所以知道有那麼回事之後，只好離開哲理，談常識的自由。

　　常識的自由是指不受"來則不舒適（身體的，心情的）而可以避免的種種"拘束。先說可以避免，這就把大量的不可避免的拘束清除出去。這大量的拘束可以分為兩類。一類來於自然，如挾泰山以超北海，自然限定我們沒有這樣大的力量，這也是拘束，但我們並不覺得這是拘束，也就不會要求有這樣的自由。另一類來於成文或不成文的社會契約（用盧梭語），比如上市買五元一斤的鯉魚，一條重二斤，需付十元，這也是拘束，可是不會覺得這是拘束，因為想群體能夠安定地活下去，非有這類拘束不可。再說另一個條件，來則不舒適。我們活，要動，每天有大量的動，或此或彼，無所謂，也就不會引來不舒適，因而也就說不上自由或不自由。也舉個例，夫妻對坐吃早點，一人一個煮雞蛋，夫想先磕破小頭，妻說先磕大頭好，夫從命，沒有像《格里弗遊記》那樣引起兩國間的戰爭，就夫說這是小拘束，可是不會引來不舒適，也就不會覺得這是不自由。以上是根據定義，把大量的不合定義的清除出去，剩下合於定義的還有多少呢？還是問題很複雜。仍以家常生活為例，夫是吸煙的癮君子，妻反對，依時風，夫不能不服從，就夫說這是拘束，受，不舒適，而且看看世態，可以避免，能不能說是不自由？理難講，只好依靠常識。常識會說這是雞毛蒜皮的小事，而且出自好心，就算是拘束吧，也不能戴這樣的大帽子。這就又須清除出去一大批，小而於己也許有利，因而應該承受的。分析到此，我們就會發現，想由定義或理方面講清楚甚麼是自由和不自由，不容易；不得已，只好避難就易，從常識，從習慣，看看所謂自由和不自由，通常是指甚麼。這有大號的，如專制時代，手揭竿而起，口說不擁戴坐在寶座上的人，不許，這是自由問題；有中號的，如太平天國時代，金陵設男館女館，青年夫婦要分居，治下的人民，晨昏要禮拜天父天兄，不得違抗，這也是自由問題；有小號的，如室內要懸某某像，室外遊行，要從眾呼萬歲，不得違抗，這也是自由問題。依這樣的習慣，所謂不自由，範圍就縮小了，性質就單純了，一般是指來自有大力的上，具強制性，不從有危險，從則相當難忍的。

因為難忍，所以要努力爭取自由，驅除不自由。何以難忍？記不清是不是李笠翁的書上說的，某僕人受主人懲治，夏夜捆綁裸體放在院裏，蚊子滿身，想趕而手不能動，其苦可以想見，這苦就來自沒有自由。又如時風限定要信某教條，並且要求用語言甚至行動表示堅信，而實際是自己並不信，這"用語言甚至行動表示"就成為苦事，這苦也是來自沒有自由。許多這類切身的感受可以證實一種人生的大道理，是：自由是幸福的必要條件。"必要"與"充足"有別。只是必要，情況是：有自由未必就能幸福，沒有自由就必不能幸福。根據這樣的大道理，自由就成為人生的"必要"，所以其價值，說極大並不能算是誇張。

還要說幾句避免誤會的話，是價值大並不等於越多越好。換句話說，人在群體中生活，自由總不能沒有限度。舉例說，人總不當以自由為理據，舉手打人。退一步講，也不當以自由為理據，闖紅燈。更退一步，也不當以自由為理據，小兩口度日，一方用僅有的一點錢買對蝦吃。這類實例的當不當，其根據也是個大道理，是自由有個限度，是不得侵犯別人的自由，或說破壞別人的幸福。依常識，這沒有甚麼可以爭論的。會引起爭論的是，人有沒有危害（也是用常識義）自己的自由？這在理論上是個大問題。比如說，有的人為結束某種大苦而想自殺，我們承認不承認他有這種自由？至少理論上很難定。譬如有人心裏同情，出口也不容易吧？因為多數人實行，是不承認有這種自由，所以某人吸毒，才可以法辦，某人喝了敵敵畏，才送往醫院搶救。這就表示，我們，意識到或無意識，都認為，活和幸福是比自由更為大的大道理。

　　幸福大，那就自由隨著水漲船高，也成為大，因為它是幸福的必要條件，沒有它就難得幸福。大，應該受重視。重視是知；更重要的是行，即想方設法使人人的自由（當然指不超過限度的）得到保障。甚麼方甚麼法？由教養而來的道德很重要；但講治平，更實際的是防小人不防君子，所以要多靠法律的明文規定。過去，我們這樣做了。有大量不明說的，如殺人者死之類就是。還有小量明說的，即憲法上照例要開列的幾種自由是也。這小量，夠不夠？合適不合適？這裏想只談談更為迫切的問題，是紙上的條文怎麼樣才能成為實際。比如說，紙上的條文說有思想、言論自由，清清楚楚，可是在上者出言成為更高的法，那就有些思想、言論可能成為犯法，因而清清楚楚的條文也就成為一紙空文，自由自然也就隨著灰飛煙滅了。所以絕頂重要的，如果相信法並依靠法，反而是，要明確規定，在上者沒有侵犯別人自由的自由，並有辦法（主要是制度）保證實行。這方面，前面談授權、限權的時候已經說了不少，不重複。

提起在上者，對口頭禪的自由我們可以有進一步的認識，這是：理論上自由像是千頭萬緒，而實際則是指（至少是習慣上）從在上者那裏奪回來的少頭少緒。這有來由。一種是歷史的。過去，專制君主至上，連他的小爪牙也可以發號施令，說了算，小民則困苦不堪言，也不敢言。人總是願意變苦為樂，至少是變不可忍為可忍的，所以到適當時機就爭，所爭者即名為自由。還有一種來由可以名為買瓜心理，取大捨小，因為沒有這種自由就一切都談不到，所以提起自由，通常就指從在上者那裏奪得的那些。這就是各國憲法上都寫著的那些，思想、言論、集會結社之類。為甚麼把這類活動擺在桌面上？想是因為，思想、言論如果自由，它就大有可能不合在上者的口味，何況它還經常是行動的前奏呢。至於集會結社，那就成為多人的行動，如果不幸而也不合口味，那就更不得了。

這就觸及治人者與治於人者如何協調的問題。問題不小，解決可難可易。易，要靠法（當然要有教養、德、風氣等協助），保障各方面都有適度的自由。在這種"適度"的籠罩之下，有些常常會感到棘手的問題就不難順理成章。舉例說，思想，防動於未然也許有些效力，這就是古人說的"不可使知之”，愚民政策。但就是古代，這辦法也並未完全生效，如孟子就有“天下之言，不歸楊則歸墨”之嘆。現代就更不成，因為印刷容易之外，還有電傳等等。頭腦，就算作受污染吧，這有如傳染病，受污染者本人也無可奈何。以孟德斯鳩為例，他不信上帝，垂危，強迫他信，說“帝力大”，也不過逼他說出一句“如吾力之為微”而已。總之，思想是自己也無力左右的，強制之力，也只能使他不說或說假的而已。言論自由則是另一回事，因為它有兩面性。好的一面是爭鳴的結果容易去假存真。但是另一面，我們總不當容許誨淫誨盜的自由。這就又碰到分辨是非好壞的問題，為了避免岔入另一個迷魂陣，只好不談。至於集會結社，可行與否，行，利害如何，都牽涉到有沒有授權制度的成例。有，爭執會集中於選票；沒有，爭執就有可能滑到訴諸干戈。

　　由此可見，總而言之，自由就是這樣一個理論上難於說清楚，實行方面又關係重大的既抽象又質實的怪玩意兒。人，尤其關心治平或進一步管治平的，都應該注意並了解這怪玩意兒，以期共同努力，解決好與它有關的諸多問題，使它成為福因而不成為禍根。

三一

宗教

　　宗教是一種信仰。多種宗教是多種信仰。説"一種"，意思是宗教與信仰有關係；但信仰範圍寬，宗教範圍窄。信仰的意義可以很寬，比如男士領上加帶，女士鞋下加跟，就以為比不加時美了幾分，也可以説是一種信仰。不過通常説信仰是指大號的，即總的能夠指導生活的一種甚麼。稱為"甚麼"，不稱為"理"，因為經常是不能用理來證明必真，必對，必有效，甚至不容許講理。信仰有多種，玄而遠，如漢人相信五行，宋人相信《太極圖》，玄而近，如有不少人迷《易經》，找甚麼鐵嘴，以至認為如何一主義，一運動，地獄就可以立即變為天堂，等等，都是。信仰上升或凝聚為宗教，要具有一般信仰沒有的一些條件，那是：一，信的程度深。要如成語所形容，至死不悟。中國的雜神裏有灶王和城隍，有自然是來於信，可是傳統劇目中有《打灶王》和《打城隍》，可證這是利用，性質是巫術而非宗教。像基督教的信仰上帝就不同了，生活中有幸福，説是上帝的賜予，有痛苦，説是上帝有意使自己受到歷練，所以都應該感激涕零。二，要有個"至上"的對象。所謂至上，是具有一切理想的好而沒有星星點點的壞，如上帝是"全知全能全善"，佛是"無上遍正覺"，等等。三，要有禮拜的儀節。通常是，身，五體投地，口，唸唸有詞。這作用有兩個方面：己身，可以使信心更加鞏固；對於至上，可以表示誠意效忠，以期福報可以更有把握。四，要有組織。由成因方面說是物以類聚，由作用方面說是有如圍牆加鞭子，既可以防止跑出去，又可以互相督促。其表現形式是，個體，要有個加入之後的名堂，如修女、和尚之類；整體也要有個名堂，如公理會、臨濟宗之類。這樣説，宗教就成為更明確更堅強的信仰。

　　上面説，信仰經常不能用理來證明，甚至不容許講理。人，至少是主觀願望，是既有理性並慣於講理的，為甚麼還容許宗教，或擴大一些説，容許難得以理證的多種信仰存在並流行？原因很簡單，是我們自己還未能全知全能，以致不能解答諸多迫切想了解的切身問題，尤其重大的是不能掌握自己的命運。而所欲呢，是有疑難，就是費大力也好，終於能夠明白；生涯，終於不至有非所願而又不可抗的甚麼，突然來到跟前。顯然，這所欲，是命定必落空，怎麼辦？捨"欲"（佛家有此理想）是萬難的；不得已，只好乞援於神秘。塵世多苦難，但死後可以升天堂，在上帝身旁安坐，總比沒有此信仰，到彌留之際還只有絕望好吧？同理，想到大禍即將來臨的時候，相信龕內的觀世音菩薩會保佑化險為夷，也總會比哀哀無告為好。所以宗教之存在，是因為我們還微弱，而又想活得安心些，不能不拉它來作靠山。

　　這樣的靠山，有優點，除了無可奈何，慰情聊勝無以外，還有個社會作用，是增強道德的力量。各種宗教，幾乎都有個共同的特點，是設想塵世之外或之上，還有個高尚的清淨的有樂無苦的境界，想升入此境界，就必須修身潔行，也就是先成為有德之人。這德，其精髓無非是利他，如基督教的反對"以眼還眼，以牙還牙"，佛教的"眾生無邊誓願度"，就是。這樣的德，追根問柢，是來於有所求，像是比施而不望報低一等。其實不然，因為世俗的德也不是無所為的，這可以由得方面説，內是心安，外是榮譽，就是聖賢也不會把這些當作無所謂。這樣一計較，宗教就佔了上風，因為所求更遠大，更昭著，因而也就力量更大。總之，在進德修業方面，我們要承認，宗教同樣有用。但是它也不是沒有缺點。計有輕重兩種。輕是不擴張的迷信。所謂不擴張，是自己信，不強迫別人信（宣傳而只求願者上鈎的不算強迫）。但就是這樣，也終歸不能不與人文主義拉開距離。人文主義講是非對錯，依據的是理；宗教不然，是神（或其他異名），或神之下的理。這就不免要阻礙求真的努力，或説阻礙進步。這在中古時代的西方表現得最為明顯。宗教總是不能容忍異己者往前走一步的。缺點還有重的，是擴張的迷信。這是不只自己信，還強迫別人信。説強迫，是對經過宣傳而仍舊不信的異己者，用異己者難以抗拒的各種力量，使他"表示"也信。所謂難以抗拒的各種力量，枚舉不易，可以窺一斑以概其餘，如有輕的，斥責、辱罵之類；有中間的，飢餓、監禁之類；還有重的或很重的，發配、處死之類。宗教何以有這樣大的力量？是與政治力量結合，成為國教。這之後，真理、正義成為惟一的，獨佔的，因為其後有武力（或說暴力）為後盾，異己者就不再有不信的自由。這結果，正如上面所分析，人文主義就不再有地盤，縱使洞察內心，還有異己者，也只能無人時沉默，有人時從眾唸天父天兄了。不信而唸天父天兄，苦難限於個人，是小事；大事是不再有人敢問是非對錯，或說講理，影響就太大了。

　　這就使我們不能不想到宗教與科學的關係。歷史的情況顯示，兩者有此消彼長的關係：宗教勢力強大的時候，科學知識就難得生長、普及；科學知識如果能夠生長、普及，宗教就不得不忍痛縮小地盤。此消彼長的關係來於兩者多方面的南轅北轍：所求不同，宗教是拯救靈魂，科學是安撫肉體；樹立的方法不同，宗教起於信，無徵也信，科學起於疑，有徵而信；家業的來由不同，宗教是神的啟示，科學是明辨因果，逐漸積累；對應的態度不同，宗教是永遠正確，科學是新破舊，後來居上。這樣說，加上近幾個世紀的現實為證，就可以推知形勢必是，科學知識的力量逐漸增加，宗教的力量逐漸減少。但也只是減少，而不會消亡。原因上面已經說過，是有不少玄遠的問題，如宇宙實相、人生目的之類，科學還不能圓滿答覆；而人，總願意活得如意，卻又不能掌握自己的命運。有所希冀，而且是迫切的，科學不能或暫不能供應，那就只好任宗教開門，聽願意照顧的人去登門照顧吧。這時間，至少我看，會相當長，也許竟至與人類共始終。

　　宗教常在，站在群體的立場，如何對待才好呢？目前通行的憲法差不多都承認有信教的自由。説"差不多"，因為其中還暗藏著問題，是這規定的自由，是否允許擴充為原則，如果允許，那就成為"信仰"的自由。顯然，這樣一擴充，信仰就必致成為多元的，這好不好？好不好是理論問題，允許不允許是實際問題，都不是三言五語能夠講明白。這裏還是限定説宗教，承認有信的自由是應該的，因為，如上面所分析，我們還微弱，有的人（數目也許不很少）有心安理得的奢望，科學和群體的組織還不能滿足，就應該允許他到其他玄遠的地方去求得滿足。不允許也沒有用，比如你砸了寺院，明令禁止宣阿彌陀佛佛號，他變有聲唸為無聲唸，信心也許更堅定，那就真是可憐無補費精神了。但這允許要有個限度，或説有個限制，是不得用任何形式"強迫"不信的人也信。這任何形式，有不很嚴重的，如要求晨昏唸天父天兄之類；有很嚴重的，舉個極端的例，如不信三位一體就用火燒死之類。自然，如果宗教力量不與政治力量結合，成為國教，它就沒有這樣大的力量。這情況使我們領悟一種絕頂重要的道理，是：科學與宗教之間，政治力量應該儘量接近科學，疏遠宗教。這貫徹於實行，就是多講理，少講信。説起講理，顯然，比喻它是一棵嬌嫩的禾苗，想成活、生長，就不得不有適宜的土壤，氣候，灌溉，等等。這內容很複雜，但可一言以蔽之，不圖長治久安則已，圖，靠科學，講理，總是比較穩妥的。

三一　貴生

　　這題目是由《呂氏春秋》那裏借來的，意思是，應該把人命當作貴重的。説"人"命，因為通於古今，人既吃兩條腿的雞鴨，又吃四條腿的豬羊，再放大，還吃五穀雜糧，黃瓜白菜，等等，所有這些也都是有生的。貴生只能貴自己之生，雖然在理上像是説不過去，可是人為天命所限，既然要生，也就只好常常張口，吞下其他力量較人類為小的生。這樣説，宋儒所謂"物吾與也"，想來不過是坐在書齋裏一時的玄想，走出書齋，他是還要吃爆羊肉和蒸饅頭之類的。所以，打開窗戶説亮話，人，自誇為萬物之靈，為"天命之謂性"所限，要活，就不能不幹些亂七八糟的，與萬物並沒有兩樣。與萬物同，是認識；至於行，就只好如《中庸》所説，"率性之謂道"。依據這樣的人生之道，我們説，雅的是"天地之大德曰生"，俗的是"好死不如賴活著"。不管雅俗，因為我們活著，就不能不承認貴生是無條件的正確。

　　這正確就成為處理世間大小事務的一個原則，説細緻些是：只要有助於生，就要不惜一切代價，實行；除非萬不得已，決不幹有損於生的事，尤其是死。依據這樣的原則，再加上墨子的利取其大、害取其小的量的原則，對於以下這些情況，如何評價就比較容易了。一種情況是，為救多數人之生而犧牲了自己之生，評價為好，為對，沒有問題。一種情況是，為救一人之生而犧牲了自己之生，依通例是也評價為好，為對，這裏暗的雖然沒有放棄量的原則，明的卻更直接地用了尊德行的原則，至少是在常識範圍內，也可以算作沒有問題。還有一種情況是，為保護與生命無直接關係的某數量的財物而犧牲了自己的生，依時風，如果這財物是公有的，也評價為好，為對，也沒有問題嗎？似乎還值得研究，因為那會成為貴物，不是貴生。

與貴生有關的還有一些值得研討的問題。一個是孟子強調的捨生取義。如傳說的伯夷叔齊餓死首陽山，理由是"義不食周粟"，就是為設想的義而捨了生。說設想的，因為他們還相信現在看來頗為可笑的"普天之下，莫非王土"。但在彼時那總是義，所以值得讚揚。何以捨生還值得讚揚？這是因為，德是群體（至少是絕大多數人）所以能生，而且能生得比較好的必要條件，小量的死是為了大量的生。

說到大量的生，就引來另一個問題，既然天地之大德曰生，是不是如韓信將兵，生育也多多益善呢？由現實推測天命，也許是這樣，因為，即如繁殖比較少的人、猿、虎、象之類，下一代也總是成倍地增加。由天命而降到人的所欲，至少是還有不少人，縱使罰款也還是要多生。這樣說，是不是生育也應該開放呢？這要看國情，開放不開放，應該用打算盤的辦法來決定。如果未生而生的數目大增，會影響已生的甚至不能生，至少是不能生得好，那就還是為了貴生，要想盡辦法，求未生而生的數目不增。這説得更簡明些，是惟其貴生，反而要限制生育。

比問題更迫切更重要的是措施。顯然，排在首位的應該是求維持生的"必要"條件的充足。所謂必要，是沒有它就不能活，至少是不能活得還可以忍受。舉例説，糧食、房屋、棉花之類就是，沒有或缺少，縱使不致立刻都死亡，總是太困難了。所以講治平之道，總要在這方面盡最大的力量，以求能夠養生。供給養生之物，有何先何後、如何協調等等問題。原則是先大眾、後少數，先直接、後間接，先低級、後高級，既要顧及目前，又要顧及長遠。舉例説，如果國力充足，就可以於生產麵粉之外，兼生產可口可樂；即使國力不怎麼充足，修水利花費很多，也要修。自然，至少是理論上，還會有些難於處理的問題，比如紙煙，都承認有害無利，可是咬一下牙，從某時起不再生產，顯然也大不易。這裏我們不得不兼用個容忍的原則，或者説"大德不逾閒、小德出入可也"的原則，人類究竟是"異於禽獸者幾希"的一種生物，求十全十美必做不到，所以在一些不至割筋動骨的小事上，只能睜一眼閉一眼。

上面說到低級、高級，貴生，還要求活得好，所以應該由低級走向高級。高，首先是生的必要條件的改善。以吃為例，原來限定一天幾兩改為放開肚皮吃，是高了；原來三月不知肉味改為間或有葷菜，也是高了；其後是由間或有改為雞鴨魚肉任意吃，是更高了。其他衣住等條件可以類推。必要條件之外，為了貴生之貴由理想化為現實，還有兩個方面也不可放鬆。一個方面是娛樂。這包括的項目多到無限，由小玩意兒的吹口琴到大舉的出國旅遊都是。娛樂之為需要，性質與糧食之類不盡同，比如由苦行僧看，這確是飽暖生閒事；可是由常人（至少是一部分常人）看就未必然，而很可能是，越是閒事越難以割捨，如省吃儉用以求買個電子琴就是這樣。也就因此，講治平，達到富厚程度之後，就要兼顧這方面。此外還有個更重要的，是提高群體的教養，這在前面已經談過，如果這方面過不了關，求生也許不致落空，求生得好是必做不到的。

佛家常說生老病死，生之外確是還有病、老、死的問題。先說病，是沒有任何人歡迎也沒有任何人能夠避免的事物。不幸來了，要對付。最好是能夠驅除。萬不得已，仍是依據貴生主義，也希望能夠苟延殘喘。這要靠醫藥。科技進步和公費醫療制度都是不可離的，當然只有群體或說國家才有這樣的力量。公費醫療是健康人養病人的辦法，只顧小體也許有欠公道，顧大體就非此不可。一個理想的情況應該是，病由個人承受，治病由群體負責。

再說老，是除早死以外，人人雖不歡迎而必經過的階段。老的大麻煩是不能自理，小麻煩是難於消磨長日。對付老，也適用對付病的原則，那是健康人養病人，這是能工作的養不能工作的。總之，都應該群體或說國家負責到底。所謂負責，是針對不同的情況，採取不同的辦法，使"老者安之"，即不感到有困苦。所謂不同的辦法，例如，對於能自理而感到難於消磨長日的，就可以從其所好，有的坐在屋裏下棋，有的到後邊的園地裏養花種菜。

再說人人最不歡迎而必來的生的結束，死。人死如燈滅，一切問題都是活人的，一死就不再有問題。可是語云，人過留名，雁過留聲，就說是自欺的幻想吧（因為自己不能知道），既然有此幻想，寧願自欺，活人也就只好成人之美。但是總當記住，貴生先要有生，如果因慰死者而影響了生，甚至妨害了生，如嚴重的，秦之用三良❹，後代君主之用妃嬪，殉葬，其下的，秦始皇之大造兵馬俑，以至中產之家，用家產之半，買金絲楠木棺，大辦喪事，直到今日之死後易新衣，戴進口手錶，推入化屍爐，等等，就太不合理了。其實，細想想，為人過留名，如開會追悼，刻碑，印遺著，供骨灰盒，等等，也只是活人眼目，死者總是如燈滅了，所以，凡是有利於生的事物，不只進口手錶，還包括時間，非耗費不可，也要以儘量少為是。

以上都可以算是正面有關貴生的。還有反面的，是刑罰。貴生，是求活得好，這好的重要表現是樂多苦少，甚至無苦。很明顯，刑罰是有意與人以苦，直到奪去生命。這是否可以從貴生方面找到理據呢？常識承認可以找到，那是利用量的原則，是懲罰少數人，才可以貴多數人之生。如懲罰搶劫犯就是

---

❹　秦穆公時被殉葬的三個良臣奄息、仲行、鍼虎。參讀《詩經·秦風·黃鳥》。

個好例，是如果縱容，群體中的許多人就不能安生。這裏有個理論上不很容易解決的問題，是應否廢除死刑。有的國家廢了，理據是貴生；多數國家未廢，理據也是貴生。哪一種好些？很難說，但有一點是明確的，為了貴今後之生，一些對貴生有太大危害的人，讓他作個樣板，能夠早些離開也好。

最後還有個問題，是生與苦之間，如果後者太強烈，依照貴生的原則，當事者有沒有捨生的權利？強烈的苦有多種，如昔日的飢餓、苦刑、多種折磨，今昔皆有的重病、失戀之類，勉強活則苦不可忍，捨生可以算作錯誤嗎？這是理論和實際兩方面都很難解決的問題。說理論，因為可或否都會找到不少理由。說實際，因為今日世界，還找不到哪一個立法機構，有膽量舉手，通過一條法律，重病人要求死，醫生就可以照辦。人生就是這樣複雜而且微妙，有不少事，不要說行，就是知也大不易吧？

三三

文治

　　由文化説起。文的對面是野。人自負為萬物之靈，主要理由恐怕就是能夠由野而文。這變動的情況是，心想手製一些原來沒有的，以改善自己的生活。這原來沒有的，由衣冠、魚米、宮室、車船直到語言文字和百家爭鳴的思想，統稱為文化。人總是做了皇帝還想成仙，就是說情欲無盡，所以文化的內容也總是越來越繁雜。説繁雜，不説優越，因為其中有些事物，如皇帝的驕奢淫佚，上壓下的酷刑，以及平民的男人做八股，女人纏小腳，等等，顯然並不優越；還有不少事物，舉現時的，如穿華裝，喝名酒，等等，算不算優越，還需要研究。這樣就可見，我們一古腦兒説“燦爛”的文化，有好處，是可以自我陶醉，也有壞處，是不免於魚龍混雜。如何分辨好壞？原則好説，可以仍乞援於貴生主義；具體就很難斷定，即以酒為例，由遠古就有，直到現在還在生產，還在喝，究竟利多還是害多？又是一筆糊塗賬，難於算清。為了減少頭緒，這裏只説，文化並不等於文明，只有其中的可以稱為優越的部分才是文明。

　　以下只説文明。我們常説物質文明和精神文明，像是文明可以分為這樣兩類。怎樣劃界，或說怎樣分為界限分明的兩個堆堆？粗想像是不難，如烤鴨算物質文明，吃烤鴨時作了詩，詩算精神文明，界限分明。但細想問題就來了，如精印的美人掛曆，算文明沒有問題，進一步，問屬於物還是屬於精神，不同的人就會有不同的看法。這裏只好安於差不多，說偏於肉體享受而沒有明顯危害的是物質文明，偏於心意馳騁而能使生活純淨向上的是精神文明。舉實事為例，室內有空調，出門坐汽車，是物質文明；坐在有空調的室內寫小說，坐汽車去看莎翁戲，是精神文明。兩種文明有千絲萬縷的關係，只說兩種重要的，是相生相剋。相生是互相依賴，如不能飽暖就難於吟詩作畫；科學研究可以促進科技，也就可以提高物質享受。相剋呢，舉實事為例，錢多，追求物質享受，腦滿腸肥，也就不想去鑽研文學藝術了；其反面，如迷於數理，覺得方程式和基本粒子最有意思，肉體享受的多少也就成為無所謂。講治平，要注意這相生相剋的情況，尤其相剋的情況，因為處理不好，就會物質文明日長，精神文明日消，其極也會連"文明"都有倒塌的危險。

何以故？又是由"人生而有欲"的"天命之謂性"來。欲，排在前面也最強烈的是肉體之欲，所以群體的絕大多數，求，以至爭，幾乎都是為這方面的。精神方面的欣賞、鑽研、創造等也由欲來，可是這樣的欲不那麼明顯，也就不那麼力大，又因為需要以較高的修養為條件，就難得普遍，或者說，在群體中不能佔多數，總之，在相剋之爭中，最容易佔上風的還是物質文明。近一二百年的史實可以説明這種情況，各國人都在忙於製造，大至飛機大炮，小至可口可樂，還有幾個人想到人生的意義和理想？享受成為最顯赫的目標，其結果必是，內向，求安逸快樂，外向，爭。或説得嚴重些，個人成為金錢的奴隸，世界成為角逐的場所。

　　很多年以前，就有不少人看到這種弊端。張之洞的"中學為體，西學為用"雖然失之陳腐，因為他的中學指舊的綱常禮教，但作為兼注意人心和道德的一種原則，也不能算完全錯。托爾斯泰比他更進一步，乾脆説中國人的忍讓是至上的德，可以救列強的崇拜飛機大炮之弊。這都是認為，精神文明高於物質文明，想救世界，就要捨物質文明而取精神文明。顯然，這是矯枉過正的想法，但其用心是可以諒解的。用心是求甚麼？求有這樣一個社會，其中的人都成為賢哲，因而就可以和睦相處而無爭，有如陶淵明設想的桃花源，《鏡花緣》描畫的君子國。然而可惜，不圖物質享受因而無爭的社會終歸只是幻想，我們所能求的應該是：儘量由精神文明籠罩著，其下也不少適當的物質文明。把精神文明擺在上方，是因為它難，本身無弊，還可以救，至少是緩和物質文明之弊。

　　這即使不是幻想，總是理想，實現必不容易。試想，即以我們睜眼能見的現象而論，甘心做詐騙、偷盜等壞事的害群之馬不算，只説一般全力為金錢、享受奔走的人，求在一段不太長的時間內，都（或大多數）變為更重視科學、藝術等，從而就不再用心用力去奔走，説是難於上青天，總不過分吧？不過講治平就不當知難而退。可以不求速成，但不能不求。求是願望，實現或接近，或再退一步，只是趨向，要有措施。具體措施說不盡，只說原則。計有三個方面。

其一是鼓勵向上。上指精神文明的種種，難以枚舉，可以舉例對比以明之。如面對某種金錢性質的利，一個人力爭，一個人退讓，我們推退讓的一方為上，因為有德。又如打麻將與鑽研數學之間，我們推鑽研數學的為上。再如一時有閒，一個人自斟自飲，另一個人讀杜詩，我們推讀杜詩的為上。其他可以類推。怎麼鼓勵呢？很簡單，不過是給與各種形式的較好的待遇，其中最重要的是榮譽。傳統和時風可以證明，榮譽是引導人、督促人向哪裏走的指針。昔日，不少人為節孝牌坊死了，今日，不少人為發財享樂而不惜跳入法網，都足以顯示榮譽的力量是如何大。當然，強調榮譽並不等於輕視物質方面，因為金錢幾乎可以換取一切，使榮譽與財富徹底分家是辦不到的。這具體說就是，社會的經濟措施應該做到，不使背向精神文明的人反而容易得利。

其二是維持公道。這個原則，也可以說是由上一個原則推演而來。公道的第一步是認識的公道，就是評價，要給精神文明方面的一切活動以較高的分數。打分之後還要有第二步，即各種具體措施。還是只能概括說，比如既然鼓勵人鑽研科學、藝術，就要供應方便的條件；對於在精神文明方面有貢獻、有成就或只是有興趣接近的人，要保證其獲得至少不低於不接近精神文明的人。舉個突出的例，如果出租汽車司機的待遇比大學教授高幾倍，那就怎麼樣喊重視精神文明，也必成為空話。

其三是制止下墜。下墜指一切反精神文明的活動，大至刑事犯罪，小至求神問卜之類都是。這方面的工作相當難做，一是常常未必容易抓住；二是該管不該管之間，難得有個明確的界限。比如掃黃，很應該，可是有些出版物，顏色只是微黃，或者只是低級趣味，管好還是不管好？這就使我們想到前面一再提到的原則，最重要最有效的辦法仍是提高人民的教養。文治，最好是能夠做到，人人樂於向上，不爭氣的只是少數或極少數。

三四

武功

　　世間生物不只一種，圖生存，都離不開自衛和侵他的"力"。演變發展為人類社會，靠力以求能夠生存，還是與其他生物一樣。只是力的級別高了，花樣多了，"國"成為一個整體，力有專業的組織，也就有了專名，曰"武力"。花樣，大別有兩種：一種對外，曰軍隊；另一種對內，曰警隊。專業化以後，職能與其他生物有了大分別。其他生物用力，一般是對付異類，如虎豹吃鹿，蚊蚋叮人，等等。人類就不同，殺象取象牙，殺羊吃烤羊肉串，等等，已經用不著在戰場一較高下，也就像是可以不必用力；用力都是對付同類，舉歷史事件為例，如明朝的鎮壓李自成起義是對內，抗清是對外，內外都是同類。

　　準備武力對外，是因為不同的國度，尤其鄰近的，會有利害衝突，或只是感情不融洽，或其中一方想擴張；不管由於甚麼，都會形成心理的不信任。專就不信任說，既然認為不保險，當然就要寧可備而不用，不可用而不備。準備武力對內，是因為花花世界，甚麼樣的人都有，就說是少數吧，無德因而也就不能守法，成為害群之馬，而這樣的害群之馬，通常是既有力而又濫用其力，所以為了維護群體的利益，就不能不有更大的力。這樣分內外是就合理的情況說；至於實際，在舊時代，君主家天下，也是常常動用武力對內的，如歷代鎮壓反政府的活動就是這樣。

互相不信任會引來嚴重的後果。初步是擴軍（包括改進並增加武器）備戰。這會耗費大量的財富，而財富，顯然只能由人民身上來。這就必致出現一種難以解決的矛盾：準備武力是為了保障人民的生活，卻又不能不影響人民的生活。說難以解決，是因為，至少在不很短的時間之內，在大同理想沒有實現之前，國與國界限分明，想變不信任為信任是不可能的，那就聽說對方造了槍，我們就只得趕造炮，此之謂軍備競賽。競賽，主觀也許都可以說是為了威懾，即以求對方不敢輕率動手。但人心之不齊，有如其面，上天生傳說的太王（鄰國欲得其土地，他就帶領人民轉移），也生希特勒，於是有時不免就要訴諸戰爭。這就帶來更大的矛盾：本來養兵是為了人民的生存和安定，卻可能引來死亡和破壞。矛盾如何解決？理論上並非絕對不可能，如果都變為傳說的太王，因而都不爭，是一條路；另一條路更徹底，是全世界大同，不再有國別，也就不再有國與國之爭。顯然，至少是在目前，這兩條路都是幻想，因而也就不能避免，都要擴軍，都要備戰。

看來問題的難於解決，首先是因為有國與國之別，其次是有權動用武力者，有的不甘心於自衛而想擴張。兩個原因都很硬，也就都很難消滅。看各國的歷史，都是人由少而多，社會組織由分而合，合幾乎都是來於強凌弱，眾暴寡，即力大者擴張。如中國，傳說的堯舜前後，部落也許不下幾百吧，到春秋時期，大大小小的國還有幾十個，到戰國時期就成為七雄並立了。在專制君主統治時期，擴張主義是不可避免的，積極方面是想擴大統治地區，消極方面是臥榻之旁，不容他人鼾睡。擴張成功，其後還是靠武力，使心不服者不敢造反。現代情況有變，是絕大多數國家，也就成為輿論，都反對擴張；而心不服者（主要來於民族問題）卻不少要求獨立。去國界以實現大同的理想，至少是暫時破滅了。剩下的惟一希望是有動用武力之權者都安於自衛而不想擴張。這如何才可以做到？精神的條件是掌政者明智，制度的條件是發號施令不是來於個人，而是來於代表人民的集體。集體，信理智的慎重考慮，不到萬不得已是不會動用武力的。

信任理智，舉措能夠明智，也是理想。如果此理想成為現實，各國武力的軍隊部分就可以削減，直到殆等於沒有。但這終歸是理想，正如《鏡花緣》中君子國之為理想，成為現實是萬難的。那就不能不實事求是，求儘量多的國家，由制度和教養保障，關於武力，安於自衛而不求擴張。為了防備萬一，這樣的國家可以聯合，不管如何稱名，目的主要是反聯合體以外的擴張主義。如果這樣的聯合體團結緊密，內部沒有利害衝突，擴軍備戰的情況就會有所緩和。

另一個理想，是最強大的武力屬聯合國，它就可以履行世界警察的職能，使個別的想擴張的國家不敢動，各國也就可以不擴軍備戰。這也許是一條可行的路，可惜太長，非短時期所能到，因為在現時，聯合國的一點點力量是來自參加的各國（如經費就是）和一些國際輿論，與各國擁有的真刀真槍相比，力量是微乎其微的。

　　所以我們就常常聽說，雖然絕大多數人，甚至更多的人，不願意打仗，可是終歸不能消除戰爭的危險。所以準備武力總是不可避免的。達則兼善天下，太遠大，太困難；只好退一步，只求獨善其身。這是為了社會安定繁榮和人民的幸福，關於武力，規模應以適用於，對外，自衛，對內，制止刑事犯罪，為度。超過這個限度，如對外，為了自己的甚麼利益，軍隊開入鄰國的境內，對內，為了對付異己而使用武力，都是不合理的。動武通常是理已不起作用的時候，而反要要求合理，像是有些纏夾，可是講武功，卻應該勉為其難，盡全力爭取做到這一點。

三五　變易

《論語》記孔老夫子在川上的感嘆："逝者如斯夫！不捨晝夜。"這心情，淺是由戀舊來，深是由怕老死來。但戀也罷，怕也罷，客觀情況還是逝者如斯。這裏是談社會問題，只好躲開似水流年，著重談生活以及生活條件的變化。

我們命定生在以時間為框架，一切都在動的世界裏。動有大的，如推想的宇宙正在膨脹，銀河系在轉動，等等；有小的，如脈搏跳動，呼吸，等等。動就必致有變化。我們這裏著重談人為的變化，因為如地球繞日運行，從而地上有季節變化，你歡迎也罷，不歡迎也罷，它還是要變。人為的變化，或者說文化的發展變化，與人的苦樂密切相關，因而其情況，以及如果有甚麼問題，就值得特別注意。

先說變的情況。這很複雜，只說舉舉大者的一些方面。變有斷續，一般是續多斷少。以衣著為例，忽而西服像是高雅了，有些人勇於趨新潮，做了西服，換上，這是斷；可是回到家，也許脫下西服，仍舊貫，這是續；還有，由群體看，也許有更多的人到家門之外也是仍舊貫，這也是續。這種斷續的情況，在頭腦中表現得更為明顯，如五四前後，有不少人也宣揚白話，可是寫書札和日記還是用文言，就是好例。這情況告訴我們，某種生活方式已經成為習慣的時候，斬釘截鐵式地棄舊從新並不容易，縱使這新是較好的。變有大小，如私有變為公有，信惟心變為信惟物，是大變；平底換為高跟，信觀世音菩薩換為信《易經》，是小變。大變較難，因為與舊習慣距離太大，短期間不容易適應。變還有好壞的分別。一般說，變總是由幽谷遷於喬木，如換木板為席夢思，躺下必舒服得多。但也不盡然。這有客觀的，如前些年，無冠變為加了冠，就等於墮入地獄。有主觀的，如苦茶變為可口可樂，有些老朽就喝不慣，不歡迎。變還有心物或內外的分別。如上面所舉，由信惟心變為信惟物是內心有變化，換木板為席夢思是外物有變化。心，像是與物有別，不硬梆梆，可是說起變，常常更難，所謂"匹夫不可奪志"。

變有原因。泛泛說，是求遂心。這心應該是己之心。說應該，因為也可能（或常常）是他人之心。如換木板為席夢思是遂己之心，加冠就反是，而是遂他人之心。再說遂心，為甚麼不說由壞變好？因為如加冠，或放大，說改朝換代，未必就是由壞變好；還有一種情況，比如玩古錢幣時間長了，有些煩膩，改為集郵，兩者像是並無高下之分，只是求遂心罷了。這是旁觀者清的看法。換為由主觀願望方面看，情況就不同，無妨說都是求由幽谷遷於喬木。求而真就變，原因可以大別為內外兩種。內是由自己感到不方便來，如茹毛飲血變為火食，椎輪變為大輅，清朝早年之設立軍機處，晚年之設立總理各國事務衙門，都是。外是由與己之外的甚麼比較來，覺得人家的好，至少是接受過來也不壞，於是就變，如五四前後之歡迎德先生和賽先生，換文言為白話，目前之遍地可口可樂和卡拉OK，都是。不管甚麼原因，變都有難易問題，只說難，主要障礙是兩種。一種，幾乎所有的人，尤其年高的，改要捨去舊的，就不免，一方面會難於適應，另一方面會產生失落感，也就是都會帶來小苦痛，苦，因而就不歡迎。另一種，是一部分人，改會觸動自己的既得利益，如君主專制改為議會制度，說了算的人物是不會贊成的。

專就群體說，變有兩面性：大趨勢是由壞變好；可是其中的各個部分，具體說是某一時期的變，某種形式的變，也可能帶來苦痛，甚至大苦痛。舊時代的改朝換代是個突出的例。新統治者都是馬上得之，就是說要經過戰爭（有極少例外，如曹魏之代後漢，那是戰爭移前，勝負已定）。戰爭，舉起刀槍，就不再講理，就不再顧道德法律，遭難的自然是老百姓，嚴重的被殺或自殺（多數是婦女），其次也是顛沛流離。等到戰爭停止，新君登極之後，制度難免小變，人事難免大變，又來了受影響、難適應等等問題。所以就無怪乎不只在朝的，就是在野的，易代之後，過故宮而有禾黍之思了。

改朝換代之後或之外，還可能有對群體生活有大影響的變。這種變通常是來自有權者的一念之微和金口玉言，其後又常常跟著朝令夕改。如清朝初年的強迫被征服的男性剃髮，太平天國之強迫人民拜天父天兄，就是此類。這種變，由發令者方面看，是改不正確為正確，改不合理為合理。而受命者所面對的實際則成為，在遵命與死之間，必須選擇一種。不幸而不願意變，處境就非常可憐了。可憐，是由於短期內不能適應而必須適應，其結果是苦。在金口玉言一方，只成全自己的理想（或竟是幻想）而不顧及群體的難幹適應，是揠苗助長。講治平，應視群體的幸福為至高無上，切不可揠苗助長。

那麼，就應變也不促使其變了嗎？當然不是這樣，是變，要兼顧兩個方面：一個方面是，變之後，有把握比不變好，如修鐵路、掃盲之類就是這樣；另一個方面是，要群體不難適應，如規定學齡兒童必須入學校受義務教育就是這樣。顧及群體不難適應是個重要的原則，根據這個原則，由群體方面著眼，如果變可以分為主動和被動，那就應該盡力求主動多，被動少。還有，如果變可以分為小和大，那就應該盡力求小變多，大變少，甚至有些事物，真是可有可無，如果有也無大礙，那就暫保留也好。有人也許會憂慮，說這樣講變易，治平之道不就成為尾隨主義了嗎？其實不然，因為與尾隨並行的，或說先行的，還應該有大方向並容許因勢利導；說尾隨，只是以民意為重，不憑奇想大變，使群體不能適應，從而人民幸福與舉措實效兩敗俱傷而已。

三六

國際

我們住的這塊地方，也大也小，都由比較來，比如與家門之內比，它太大，與宇宙（宇宙之外，會不會還有甚麼，我們不知道）比，又太渺小了。可是縱使渺小，其內涵仍然過於複雜，單說大塊頭的，以自然之眼觀之，有幾大洋和幾大洲，以人事之眼觀之，有大大小小若干國。足不出國門，如前面所說，問題不少。我們的老祖宗生在閉關自守的時代，心目中的世界是中央一塊土，四面有水圍著，所謂“四海之內，皆兄弟也”。也知道居中之外還有四夷，但心情上是看不起，萬一有不得不重視的時候，就修長城，把稱為夷狄的擋在外邊，然後安坐在寶座上，妄自尊大。現在大不同了，正如我們常聽到的，是不想化也得化。換句話說是，在這個大球或小球上，有很多國家並存。而且不只此也，來往還過於容易，上飛機少則幾個小時，多則十幾個小時，可以腳踏另一塊國土；如面談更省時間，摘下某種電話機，一撥，就可以同對方談大事或家常。總之，國與國關係近了，因而必致引來更多的問題。如何處理呢？現實是文則談判（其實後面也隱藏著武），武則戰爭。理想當然不能這樣。理想與現實不能合攏，又是問題。問題很多，這裏只想談一點點概括而大的。

問題最突出的表現是爭。爭也有不同的形式，如文雅的，可以用經濟，爭取出口多、進口少，出口成品多、進口原料多，等等；常常欲文雅而不成，就只好不文雅，動用飛機、大炮。爭是求得利，其結果呢，必是或一方失利，或兩敗俱傷。如擴軍備戰也是兩敗俱傷，因為都不能不用大量的本來可以用來改善生活的財富去造殺傷的工具。這樣説，解決問題的理想辦法，或説原則，就成為"不爭"。

可是理想終歸是理想，它與現實碰，正如俗話所形容，雞蛋碰石頭，必是立即破碎。難於做到不爭，是因為有許多造成爭的原因，我們還不能消除它。這原因幾乎多到無限。作為舉例，可以分為兩大類。一類是實利衝突。比如秦漢時期，匈奴總是南下，因為長城以南生活條件好，氣候溫暖，生產豐富，得之，生活就舒服得多。他們南下，由秦漢的人民看是侵略。可是匈奴未嘗不可以説，同是天之生民，為甚麼你們獨佔肥美的土地？應該有福同享，有罪同受。在這類問題上，必是有理説不清。也就只好反君子之道，動手不動口。古代如此，現代也一樣，利害衝突，談，各不相讓，忍，坐立不安，只好動員，打，打還有不來於實利衝突的，如可以是個別野心家的想擴張，鄰國只好抗，也就不得不舉起槍。還有，如《格里弗遊記》所諷刺，只是情緒不安適，此方吃雞蛋先磕大頭，彼方看著心裏不舒服，彼方先磕小頭，此方認為不合理，結果各不相讓，也就打起來。這雖然是為了諷刺而編造，卻也不能説完全是無中生有，因為時至今日，許多所謂民族問題，其中至少有些成分，與感情不能協調的關係近，與實利衝突的關係遠。

爭的對面是不爭。如上面所分析，那就先要消除爭的原因，即不再有利害衝突，不再有其他種種不協調。這在理論上並非絕不可能，而實際則可以說，至少在不很長的時期內，必難於做到。原因，除了上面提到的民族問題以外，還可以說個總的，是文化的差異。這可以分作質和量兩個方面。質是諸多的生活方式（大到政治制度、宗教等等，小到服飾、食品等等）不同，不同，就會各是其所是，因而就成為不協調。量是有高下之分。分高下，排在下位的會感到不舒服，但這是事實，也就只好承認。有高下，比如有人提議合，推想不只高的不願意，下的也未必肯接受，因為改變生活方式，以及承認己不如人，都是很難的。協調是合的條件，尤其合，是不爭的條件。現在我們張目可見，有些地區還在合久或不久而分，可見不協調的情況是如何突出了。

《禮記‧禮運》篇的、其後康有為著《大同書》發揚而光大之的大同（去一切界）理想，就目前說終歸是幻想。事實是群國並立，而且都確信自己有獨立自主的理由。所以談問題，談解決，都要在這鐵的事實的前提下談，死馬當活馬治。

還是只能談原則。原則是協調比不協調好，所以應該盡力求變不協調為協調，即減少利害衝突和感情不和諧。這求的力量從哪裏來？就一國說是以明智為根源的德，比如說，有這種德就會，對於鄰國，注重互利而不想擴張；就多國說是以明智為根源的風，比如說，有某一國不講理，甚至動武而求擴張，這股國際的風就要吹向它，由輕的輿論譴責起，直到制裁和也動武。這股風很重要，但其生成並壯大要有個條件，即絕大多數國家講理。講理最好能有個公開而共同的場所，目前的聯合國就是這種性質的組織，縱使有時需要吹風的時候，它的風力還不夠強大。但小總比沒有好，幼芽可以生長，逐漸高大。這力量主要還是只能由各國的明智，願意並慣於講理來。

　　科技使各國的距離縮小了。這會產生大影響，其中有可見的，如出國，朝發可以午至，逛大街，舉目多見老外，衣食等用品，不少是進口的或合資的，等等。還有不可見的，是舊所謂想法，新所謂意識形態的變，內容過於複雜，只舉一種最能說明情況的，是見到青年男女摟摟抱抱，連老太太們也認為可以容忍了。這是文化的交流，任何時候都不可免。交流（以較高向較低滲入為多）的結果是接近，或再前行，融合。國與國會不會也這樣？趨勢是這樣，但又大不易。原因有總的，是生而為人，不到萬不得已，是不會甘心由姓徐改為姓李的。還有分的，是治於人者不習慣大變，治人者不願意放棄官位。於是如目前，情況就成為，國與國間，既心懷鬼胎又眉來眼去。這有如戰國的形勢，戰爭不斷，因而人民困苦是大缺點，但也有優點，是百家真可以爭鳴。如果成為大一統，又如果如秦漢之大一統，沒有允許思想言論自由並真正照辦的憲法，百家爭鳴就必致成為畫餅。

　　分，國情不同，文化交流終歸不能不有個限度，就是說，其中的一些生活方式，比如兩國確是有高下之分，下的也可能不容許高的一方滲入。這對不對或好不好，也是問題很複雜。如不干涉他國內政與人道主義的不調和就是典型的例。偏向哪一方，取決於由甚麼人看，怎樣看。如被後世尊稱為亞聖的孟子就這樣看：

> 《書》曰："湯一征，自葛始。"天下信之。東面而征，西夷怨，南面而征，北狄怨，曰："奚為後我？"民望之，若大旱之望雲霓也。歸市者不止，耕者不變。誅其君而弔其民，若時雨降，民大悅。
>
> （《孟子·梁惠王下》）

如果真是民大悅，孟子的主張就能通過嗎？問題是夏桀絕不會同意，他還會舉出理由，說夏的何去何從，應該由夏的人民來選擇，而他是代表夏的人民的。總之，這又是一筆糊塗賬，很難算清；如果一定要算，恐怕訴諸理就不能解決，還要訴諸力。

眺望遠古，直到現在，人類社會，尤其國與國間的問題，總是嫌取決於力大小的太多，取決於理多少的太少。當然，這也不是說得勝的一定就不佔理。但是縱使這樣，這理終歸是由大量的殺傷和毀壞來，所以是可悲的。可悲的反面是可喜，至少是不可悲，如何能做到？一種是近視的，或說可行的，是形體仍分，文化接近，以求不協調的成分減少；偶爾出現不協調，其處理，要增加明智的成分，多顧及互利，少顧及出氣。這自然也要有基礎，普遍的，是人民的文化教養；特殊但絕頂重要的，是必須有個不容許某一野心家有任意發瘋的權力的穩妥制度。可惜在目前，國情之不同，也是各如其面，想做到這樣還大不易。

　　求做到可喜，還有一種遠視的，或說理想的，是形體的完全合，聯邦或乾脆稱為大同世界。這樣的大同世界，其中有事務，由大大小小相關的單位管理；也會有問題，由大大小小的協商單位處理；還會有害群之馬，所以還要有某種規模的警察性質的武力。核武器、隱形飛機之類的武力用不著了，因為不再有國與國的對抗；向地外嘛，全球動員，去攻子孫月球，去攻兄弟姐妹金、木、水、火等行星，甚至去攻君父太陽，總是太神話了。有人會說，這樣的大同世界也是神話，是否如此？這要看時間長短，短期必做不到，上面已經說過；如果不出天文性質的如銀河系混亂之類的奇跡，或者說，地球仍然照常繞日運行，人類的文化（包括科技）加速提高，各部分的距離一縮再縮，合也必是不可避免的。但那終是遠而又遠的事，就現在說現在，我們就難免有俟河之清，人壽幾何之嘆。

第三分

己　身

三七　自我

　　這個題目難寫，可是不得不寫，因為想談與己身有關的許多方面，先要知道己身是怎麼回事。這顯然不容易。對於有些事，我們有時候感到，不想像是還明白，一想反而糊塗了。己身正是這樣的事物，而且也許是最突出的，可以與"存在"或"有"（其對面的"無"同）並列。比如說，一陣發奇想，想問問，我吃飯，我與某人爭論，總執著有個我，這"我"究竟是怎麼回事？正是不問則已，一問麻煩就來了。可以用歷史家的眼看，是由父母那裏受生，有生命就有了我。但也有麻煩，是有我的一個重要條件是自己能覺知，受生之後多久能夠自己覺知呢？確定某一刹那，恐怕實驗心理學家也會為難吧？還可以用哲學家的眼看。很多人都知道，笛卡爾是用"我思"證明"我在"的。這顯然也無用，因為思之前已經有了我。不得已，或者只能用敍述事實的辦法，是受生以後，機體生長，感官的收穫漸漸組成覺知（包括分辨實虛和感受苦樂），這覺知由一物和心的整體發出，並進而能夠反照這整體，於是說這整體是"我"。這樣說，所謂自我不過是個能反照的感知系統而已。也可以不學究氣，只由常識方面認知。那就不必問究竟，只看現象。現象，或事實是，古今中外，有數不盡的人，每一個人是個物和心的整體，這整體有獨自覺知的知識和苦樂，就自己覺得這整體是“我”。

神秘，或說有大力的是“覺知”。這神秘是由生命的性質來。生物與無生物的最本質的區別是，生物主動地要求保存、延續、擴充，這主動就是覺知，或慢慢發展為覺知。人類的覺知或者可以算作高等的，它能夠以自己為對象，站在對面反觀覺知。這有時就像是有了兩個我，如悔的感情就來於，一個明智的我覺得那個糊塗的我做錯了。其實，覺得有我，這我成為對象，如果相信笛卡爾“我思”的判斷，總不得不承認，那覺知不是來自對象的我。總之，“我”就是這樣神妙莫測。

但是它也有不神妙的一面，是一個人無論如何神通廣大，想離開“我”是辦不到的，因為能想和所想都來於覺知，覺知不能離開那個能覺知的整體（即反觀時的“我”）。不幸是這能覺知的整體“生而有欲”，有欲就不能不求，求而常不能得，於是有苦。苦與“我”難解難分，為了離開苦，有些人無力對外，就想在“我”上打主意。如莊子就有這樣的設想：

南郭子綦隱機（憑几）而坐，仰天而噓，荅焉似喪其耦（軀體）。顏成子游（名偃）立侍乎前，曰：“何居乎？形固可使如槁木，而心固可使如死灰乎？今之隱機者非昔之隱機者也？”子綦曰：“偃，不亦善乎而問之也？今者吾喪我。”

（《莊子·齊物論》）

喪我是“我”沒有了；可是還有個“吾”，吾也是我，至多只是個造詣高超的我，可見還是沒有離開我。佛家也有這種想法，認為“我執”是一切煩惱的本原，所以想除煩惱就要破我執。如何破？似乎只能乞援於萬法皆空的認識。如果是這樣，那就又是走向覺知，而覺知，顯然只能是“我”覺知。就我的孤陋寡聞所知，真正喪我，只有一則笑話的故事可以當之無愧。這故事是：

一和尚犯罪，一人解之，夜宿旅店，和尚沽酒勸，其人爛醉，乃削其髮而逃。其人酒醒，繞屋尋和尚不得，摩其頭則無髮矣，乃大叫曰：“和尚倒在，我卻何處去了？”

（明·趙南星《笑贊·和尚》）

這自然是笑話；至於實際，蓄髮變為禿頭，如果生疑，是只能問，我的頭髮哪裏去了。這就可見，人，生年不滿百，情況也許如邯鄲盧生之夢，外，環境，內，身和心，甚麼都時時在變，只有“我”卻像是始終如一，總跟自己的覺知糾纏在一起，除去喪失知覺，是絕不能離開，哪怕是拉開一點距離的。

因此，我們就只好不問究竟，考慮人生問題，對付世間的諸多大事小事，都由自我出發。自我，與身外的無數自我，即他人相比，有類的同點，有個體的異點。如一首二足是類同；
同是一首，有大小、胖瘦，美醜等區別，是個體間必有差異。
這就自我説，是生來就受"天命之謂性"的制約，只能順受。
昔人稱順受為認命，命指命運，包括得於先天和遇於後天的。
這裏只説得於先天的，也包括無限花樣。不能不化簡，只算
作舉例，可以分為身和心兩種。兩方面，都有得天獨厚和得天
獨薄的；厚薄之間，自然又必致有若干等級和無限花樣。只説
厚薄。就身説，項羽力能扛鼎，西施有沉魚落雁之容，是得天
厚；相反，劉伶是"雞肋不足以當君拳"，無鹽甚醜，就得天
不厚了。心也是這樣，世間有神童，也不少弱智兒，這是同受
自天，而厚薄相差很多。這差異，受生的"我"不當負責，卻
不能不承擔。有違公道之義嗎？老子早已説過，"天地不仁（無
覺知）"，我們，以及外面的大環境，都來自天，而並非來自
公道。如屈原，作《天問》，吐一點點鬱悶，結果還是不得不
跳汨羅江。所以説，既已有了"我"，這"我"就帶來"天命
之謂性"，不幸而不厚，甚至很薄，怨，難免，卻沒用，上策
是用荀子的辦法，求以人力補天然。如何補？顯然，具體的必
千頭萬緒，只好説幾個原則。

　　一是"順應"。上面已經説過，"我"之來，我不能負責，
卻不能不承擔。這裏説順應，是要求"知道"有此情況。古今
中外許多賢哲都重視這樣的知。深思冥索，所求不過是想了
解，外看，大千世界，內省，方寸之間，究竟是怎麼回事。有
些人明白説出這種心情，如孔子説"畏天命"，斯賓諾莎説人

的最上德是知天，等等，都是。知天然後才可以知命。知命，我的理解，可以包括三方面的意義。一方面是外推，姑且限於有生之物，要知道，不只近鄰，如五倫及路人張三李四，就是遠鄰，雞犬蚊蠅，直到單細胞生物，都是在同一個天命的籠罩之下，所謂"民吾同胞，物吾與也"，說可憐就同樣可憐。另一方面是知止，就是要安於自己的能力有限，具體說是接受天命而不強求了解天命之所以然。《禮記·中庸》篇就是這樣處理的，它說過"天命之謂性"之後，接著不問"何謂天命"，而說"率性之謂道"，意思是，生之謂性，已如此，逆，無力，也許還有大麻煩，那就順著來吧。對付"我"當然也只好這樣，逆，如自殺，非絕不可能，總是太反常了。還有一個方面是知足，是感知有"我"之後就不要嫌棄。這種態度是由務實的精神來，例如生來不聰明，你嫌棄也不會變魯鈍為聰明，也就只好用莊子的辦法，"知其不可奈何而安之若命"（當然也可以盡人力圖補救）。幸而天命同時也賦予人知足之性，愚而自以為智，中人而自以為至美，老子天下第一，都是這種天性的表現。這種性對天（假定為也有覺知）有好處，是不會有人向他造反；對人也有好處，是集為"我"的一體，由生到死，都親親愛愛。

二是"自知"。這是因為過於在"我"的範圍內親親愛愛，就會如俗話所常說，無自知之明。一個人，得於天，很少能夠，或說不能，獨厚，至厚，各方面都厚；後天也一樣，不可能各方面造詣都高。不厚不高而自以為厚為高，對人對己都無利，或説有小害甚至大害。所以應該有自知之明。這明來於多往外看，然後虛心比較。其結果就有如把自己放在衡器上衡量，一看明白了，本以為超過一斤，原來只有幾兩。這有好處，一是可以自謙，二是可以自勵。其結果都會是造詣的向上，煩惱的減少。

三是"珍重"。這是由另一個角度考慮的，既然有了"我"，而"我"又至親惟一，而且生涯只此一次，就應該珍而重之。如何珍重？還是率性，盡力求活得好。何謂好？不過是經歷豐富且有價值而已。豐富，有價值，仍需要解釋，為省力，用舉例法，如某甲目不識丁，某乙古今中外讀了數十萬卷書，我們説某乙的生活比某甲豐富；漢武帝大量殺人，司馬遷忍辱寫《史記》，都忙累了一輩子，二人相比，我們説後者的生活有價值。這看法是常識也承認的，好説。難説的是為甚麼要看重活得好，或説為甚麼要珍重"我"。可以由認識論方面找些理由。柏克萊主教説存在就是被覺知，羅素認為最確實的所知是感覺所收（構成感知的材料），這能知的顯然是"我"，沒有"我"，外界如何，甚至有沒有，至少是我不能知道了。這是説，"我"質實，還最親切，因為苦樂、是非等等，都是以"我"為本位的。為本位，就值得珍視嗎？理由難説，只好信任情意，是活得好可以心安，反之就心不能安。人，碌碌一生，瞑目之前，難免算浮生之賬，如果所得（豐富和有價值）不少甚至很多，總比毫無所得好得多吧？有哲學癖的人或者會説，這也是自欺，因為難於證明有究極價值。這是又往上

追問天命；我們既已只顧率性，那就珍重自我，算作安於自欺
也好。

四是"超脫"。這不是要求如佛家理想的能破我執，而是
遇見某種情況，宜於向這個理想靠近。這某種情況指欲的對象
利祿之類和欲而不得之後的苦的情緒。人生於世，受天命之謂
性的制約，總難免要，或多或少，見世俗的"可欲"而心不能
靜。於是而求，世間不只一人，僧多粥少，因而不能常如願，
或說常不能如願。其後跟來的必是懊喪，苦惱。為"我"的活
得好計，這不合算，所以要改弦更張。理論上有抓緊和放鬆兩
條路。抓緊，如果有成的機會不多，就會火上加油，越陷越
深。所以不如放鬆。辦法是跳到身外，視"我"為一般人，一
時冷眼看，如叔本華所說，不過都是苦朋友，不如意乃當然，
也就可以一笑置之了吧？能夠反觀也一笑是超脫，雖然有近於
阿Q之嫌，如果以活得好為處理自我的目標，就，至少是有
時，不能不用它。

三八　機遇

　　我小時候住在鄉下，男女婚配還是憑父母之命，媒妁之言，而且大多是未成年，甚至三五歲就定親。常聽見這樣的幽默話，某家有女兒，相識的人說閒話，有時問家長，"有婆家了嗎？"答，"有啦。"再問，"哪莊？"答，"碰莊。"這是表示還沒許配，將來嫁到誰家，憑機會。有悲天憫人之懷的人會感到，這裏面包含不少辛酸，因為自己的未來自己不能決定，要受命運支配，不幸而命運不佳，就女方說就無異落入苦海。人生，或縮小到某一個人，由出生到老死，原來就是這樣一回事嗎？有人也許會想，現在好了，父母之命和媒妁之言變為花前月下卿卿我我，最後成與否，還要取決於自己的點頭或不點頭，總是自己掌握自己的命運了吧？這要看怎麼樣理解所謂命運。舉例說，甲男與乙女結識，是因為在大學同年級，又同在一個讀書會，於是有情人成為眷屬，由自己做主方面著眼是全部主動；由多因致成一果方面考慮就不盡然，比如說，你報考此大學，如果命題的和看考卷的不是這些人而是另外一些人，你也許就不能錄取，那就不要說成為眷屬，連有情也不可能了。這樣說，卿卿我我的同樣是借了機會之力，與父母之命、媒妁之言的至多只是五十步與百步之差。説悽慘一些是，我們有生之後，不管怎樣如孫悟空的能折騰，終歸不能出天命這個如來佛的手掌心。

天命是概括説，表現為切身的具體，是無數的大大小小各式各樣的機遇。甲男憑機遇與乙女結合是大，某人憑機遇與另一人在大街上對了一面是小；某人憑機遇上了青雲，另一人憑機遇入了監獄，是各式各樣：相加就成為無數。機遇與哲理有糾纏，是對應某些（或説絕大多數）情況，我們不得不信因果規律。信，才種瓜可以得瓜，種豆可以得豆，小至按電燈之鈕，才確信可以變黑洞洞為亮堂堂。可是這樣一確信，則一切出現的事物都成為前因的必然結果，還把機遇放在哪裏呢？常識所謂機遇是碰巧，如果一切都是必然的，還有所謂碰巧嗎？一種解釋是，客觀的必然聯繫，廣遠而微妙，我們所能覺知的只是小範圍的一點點，那就像是來無蹤，去無跡，我們姑且名之為機遇。這樣講，我們不管客觀現實，只管主觀印象，承認有所謂機遇，像是沒有問題了。其實還留個不小的尾巴，是能不能連意志自由也不給一點地位。就算是也憑主觀印象吧，我們都覺得，對於某事，點頭或不點頭，我們有選定的能力。就憑這種覺得或信仰，我們建立了道德系統和法律系統，説立德者應該不朽，殺人者應該死。立德，殺人，能夠跳到因果規律的鎖鏈之外嗎？譽為不朽，殺，至少是這樣行的時候，我們只好不求甚解，信常識並滿足於常識。也是以常識為依據，我們在上一篇接受了自我，這一篇接受了機遇。

以自我為本位看機遇，已然的不可改，未然的不可知，而這些，即使相信有所謂意志自由，也總不得不承認，是決定我們生活的最大的力量。最大，而且切身，所以可以說是可怕。推想孔子所說"畏天命"，可能就是這種心情。這心情來於許多事實，細說，難盡，只談一點點犖犖大者。由有了一個"自我"說起（如何能成為有，只好不管）。由這個"自我"看，成為男身或成為女身，是憑機遇。這個機遇，尤其在舊時代，影響更大。比如成為女身，除非碰巧是武則天或那拉氏老佛爺，不受苦的機會是很少的。生在甚麼人家關係也很大，乾隆皇帝生在雍正皇帝家，就可以作六十年太平天子，享盡人間榮華富貴；如果生在窮鄉僻壤的窮苦人家，那就會走向另一極端，勞累飢寒，也許還要加上不能壽終正寢。由男女和一家擴大，還有地域的機遇，例如生在北美與生在南非，生活就會相差很多；以及時代的機遇，比如在唐朝，生於貞觀之治與生於天寶之亂，生活也會大不同。所有這些，在自我覺得有自我的時候，早已木已成舟，自我歡迎也罷，不歡迎也罷，只能接受既成的事實，想反抗，連冤有頭的頭、債有主的主也找不到，除順受以外又有甚麼辦法？不如意也得順受，這就是在人生旅途上，機遇之所以為重大，為可怕。

重大和可怕，更多地（未必是更嚴重地）表現在覺知有自我之後。以散步為喻，大路多歧，我們不能同時走上兩條，於是選擇一條，走向前。兩種可能成為一種，是機遇。這機遇下行，也許關係不大，比如兜了半點鐘圈子，回家，還是與家人圍坐飯桌，吃饅頭和不硬的稀粥。但也可能關係重大，比如碰巧就遇見一個幾年不見的熟人，他由於倚市門走了紅運，念舊，他日相逢下車揖，於是自己也就當機立斷，棄儒為商，而不久也就發了財，連帶雞犬飛升，晚餐飯桌之上，稀粥變為山珍海錯，如果這時候一回顧，看到某日某時的與此熟人巧遇，就不能不讚嘆機遇之力大矣哉吧？巧的程度下降，普遍性增加，就是說，人人都會感到，或有此經驗，如入學和就業之類，總是一步踏上去就幾乎決定了一生的道路。而這一步踏此地而不踏彼地，常常來於一念之微。比如我還記得，考入大學，可以隨意選系，我原是想學英文的，碰到舊同學陳世驤，他的意見是我中文比英文好，應該展其所長，選中文，我正舉棋不定，聽了。現在想，如果他的推理是應該補其所短，我的一生也許就不鑽故紙而翻洋紙了吧？這就可見機遇的力量是如何大。總的情況，仍須乞援於因果的老套說，是前一時的很小很小的因，常常會致成後一時或說無限時的很大很大的果；而這前一時的因，總是在我們覺知的能力之外，我們只得稱它為機遇。

那麼，我們就成為定命論者，甘心忍受定命（也就是機遇）的播弄嗎？顯然不應該這樣。而是應該以人力補天然。事實上，我們也都在以人力補天然。就說是主觀感覺吧，我們自信有分辨是非、利害的能力，就憑這種能力，我們有意或無意，都時在調理自己的生活。由這種觀點看，我們，求活得好，就都不得不接受意志自由的信念。也許都沒有想到這個問題，而只是實行。實行有範圍小的，如一種書，買精裝本與買平裝本之間，我決定買平裝的，是想省下的錢還可以買一本別的。實行有範圍大的，如孩子升大學，決定學文還是學理，那就影響深遠，選得不得當，就會失之毫釐，謬以千里。實行選擇，由一個角度看，是與機遇戰，求儘量不受機遇的播弄；由另一個角度看，也可以說是利用機遇，就是憑自己的智慧，使好的小因結好的大果。

以上是樂觀的看法。但也要知道，一己之力，甚至人力，終歸是有限的，盡人力的同時還不得不聽天命，也就是承擔機遇的重壓。這壓力會由小路來，如傳染病和車禍之類。還可能，甚至常常由大路來，如天災，水、火、風暴、地震之類，如人禍，戰爭、文化革命之類。語云，閉門家中坐，禍從天上來，不幸而壞的機遇真就來了，怨天尤人，無用，也就只能消極，忍受，加積極，盡人力，如此而已。

三九　幼年

　　何謂幼？今律沒有規定。查古禮，《周禮·司刺》說是七歲以下稱幼弱，《禮記·曲禮》說是十歲稱幼學。無定說，有好處，是可以我行我素。但也不可沒個理由作約束，這理由，我想用必須依靠家中長輩之時，指實說大致是唸完小學之前，或再向下移一兩年。這段時間應該怎樣生活，或最好怎樣生活，難說。原因之一是家庭的條件人人不同，條件不同，處理生活的辦法就難於劃一。原因之二是這段時間，幼者還沒有自主的能力，說應該如何就等於要求魚飛鳶躍。所以談就不得不，一，以時風的一些同點為依據，說大塊頭值得注意的；二，對著有左右幼者能力的人（包括養者、育者和教者）說，幼者聽不見也關係不大。這大塊頭值得注意的，我認為有兩項，"養"和"學"，一般說都處理得不夠妥善；具體說是，養方面宜於偏薄而總是偏厚，學方面宜於偏多而總是偏少。以下依次說說流行的情況和視為不妥善的理由。

　　先說養偏於厚。養偏於厚，不妥善，似乎也有不少人感到或看到，所以有"溺愛"和"嬌生慣養"一類說法。可是說者自說，行者還是照樣行，為甚麼？世間的許多事都是有來由的。溺愛自然也有來由；不只有，而且來頭特別大。可以請古人來幫助説明。古人説，“天地之大德曰生”，又説，“不孝有三，無後為大”。這是人本位，本諸凡是喜歡的都是貴重的實利主義的推理，就像是既正大又堂皇。其實，如果由人本位擴大為“萬物與我為一”，睜大眼普看生物，就會發現，所謂“天地之大德曰生”，不過是自己有了生就捨不得死。然而可惜，同樣來於天地，是有生必有死。我的理解，傳種是個體不能長生的一種不得已的補救辦法；或者説，個體求長生不老不能如願，只好退一步，用生育的辦法，求種族能夠延續下去。這樣看，男女合作，生個小寶寶，乃是自己生命的延續，怎麼能不肉連肉、心連心呢？愛，也來自天命，不可抗；問題在於如何愛才能如願以償。這是説，愛有目的，也就不能不講求方法。目的是甚麼？卑之無甚高論，是離開養育者的照顧，走入社會，能夠適應，活得好，至少是能活。這裏不説掙飯吃的能力，只説性格，溺愛培養的性格是甚麼呢？一是享用儘量高，衣食，如果來自市場，都要最高級的，而且處處佔先，頭一份。二是只許順，不能逆，比如看見新的甚麼，要而不得，輕則哭鬧，重則打滾。三是這樣慣了，就必致自以為天之驕子，自己以外的人都沒有自己高貴。四是也就沒有耐心學習甚麼，因為學習來於有需要，天之驕子當然沒有甚麼必須自己去奔波的需要。顯然，培養這樣一個性格，到社會上就難於適應，因為社會很複雜，縱使不會處處都是逆境，總不能像家裏那樣，處處都是溫暖。這樣説，是溺愛的結果反而不能達到愛的目的。

　　所以，單就為了愛説，也要反偏於厚之道而行，或乾脆説，寧可偏於薄。所謂薄，化為具體，大致是這樣。不管家裏條件如何好，要使幼者有個這樣的印象，人都是社會上的普通人，就應該過普通人的生活。而且寧可偏下，理由有二。一種是，人應該自勉，即比能力向上看，比享用向下看；向上看的結果是學業方面知不足，向下看的結果是享用方面知足，這對個人、對社會都有好處。另一種是偏下對健康也有好處，舉抗寒的能力為例，兒童是最容易適應環境的，可是因為溺愛，一入冬季就皮毛若干層，結果反而容易感冒，不敢著風淋雨。享用偏薄之外，還要堅持一個對待的原則，是不合理的要求決不遷就，以期孩子漸漸明白以至確信，他只有做好事的自由，沒有不聽話的自由。有人也許會説，這不容易，因為你不遷就，他會哭鬧，大人心疼，孩子不退讓，不好辦。其實很好辦。記得羅素《幼兒之教育》談過這個問題，他説幼兒同樣愛權力，並願意行使權力。最常用的行使權力的辦法是哭，想吃糖，想要甚麼，不得，就哭。如果一哭就給，他就感到他有這個權力，於是就不斷行使。對應之道是視而不見，聽而不聞，不管，這就等於告訴他，他沒有這個權力，他用一兩次不見效，也就不再用了。照羅素的想法，做父母的都應該懂點兒童心理。其實要求還可以高一些，是兒童心理之外，還應該了解一些有關人生價值的常識；無論如何，只把吃得好、穿得好以及説一不二當作兒童的幸福，總是過於淺陋了吧？

　　再説學偏於少。談到這個問題，我總是先想到一些學得多，有大成就的。先說一位外國的，作《邏輯系統》的小穆勒，寫自傳，說他四歲，別的孩子口袋裏裝糖的時候，他口袋裏裝的是希臘文的語法變化。就這樣，十四歲，他把應學的語言和各門學問都學完了。他一再聲明，他確是中人之才，只是由於他父親教法好，就有了成就。再說兩位本國的，紹興的周氏弟兄，入三味書屋識了字，大量地雜讀，也就成了家。這類事，擴充為"兒童時期學習能力最強"的原理，幾乎人人都知道；奇怪的是，事實則一方面放鬆學習，一方面還要大喊負擔過重。我心理知識不多，據聞見所及，好像學習能力的高低與年歲的大小成反比，就是說，年歲越小學習能力越強。許多事實可以作證，只舉兩件。一是學語言，幼兒，一不上課，二不查詞典，只是聽，跟著大人嘟嘟，不過一年上下，就可以用，與上學之後學外語相比，速度簡直有天淵之別。再一件是大難的道術，如高深數學、理論物理以及圍棋之類，據說青少年時期如果還不能有成，拔尖兒的希望就不大了。由此可以推知，神經系統的最活躍時期是在人一生的早年，所以應該善自利用。

　　如何利用？不過是，把睡以外的時間，多給學習一些，少給玩耍一些。學甚麼可以由家庭條件和兒童興趣，或說性之所近決定。比如玩電動汽車與彈琴之間，對於後者，兒童不見得就沒興趣。退一步說，識字，或學另一種語言，起初，總不會像玩電動汽車那樣有興趣，因為不能不費些力。但我們總要相信習慣的奇妙力量，是慣了，費力的可以變為不費力，從而苦的也就變為不苦，甚至起初須捏著頭皮的卻漸漸變為感興趣。

如果竟能這樣，還有個暫時看不見而影響深遠的大獲得，是成年之後或一生，比如書店與賭場之間，他就會樂於走進書店而不走進賭場。

還有個問題需要分析一下，是上了學校，兒童感到負擔重，或與教有關的人（包括掌管教育的人和家長）覺得兒童負擔重，是怎麼回事？我的看法是教法不當，本當讓兒童主動學而設置不少束縛兒童活動的框框，如幾段教學法，反覆分析講解，出繁瑣而無用的問題，強制作答，等等。記得我的外孫女上小學時期喜歡語文，每到假期就向我要下學期的語文課本，先看看，問她，大致是一兩天就看完了。可是開學以後，每週幾課時，還要坐在那裏聽分析講解，這是典型的浪費，如果用這些時間任兒童自己去閱讀，最保守的估計，總可以多十倍以上吧？可是不這樣教，而是不只把兒童圈在課本之內，還要玩一些問題形式的花樣，比如唸了一篇文言文，就會出題，讓學生指出一篇的所有"之"字，各屬甚麼詞類，在此處表示甚麼意義，等等。這當然要費力，費時間，可是幾乎無用。兒童負擔重，主要原因就是不能主動地馳騁，而必須在機械的框框裏打轉轉。但這已成為多年的定例，改必大難。這裏說說，是還希望有人會對成例生疑，因而試試，比如教識漢字，輔助孩子看些雜七雜八的，至多一年，認識三四千常用字總不難吧？可是我們是一貫把兒童的學習能力估計得太低，而結果呢，兒童的學習成績果然就低了。至少我看，這是最好的機會沒有利用，只是就一個人說，也是太可惜了。

四
〇

就
學

　　《論語》開篇就説："學而時習之，不亦説（悦）乎？"我想這是指學而有得説的，因為孔子説自己的學習體驗是"吾十有五而志於學"，志於學不是開始學，開始學是未必能感到樂趣的。但也不能不學，原因可想而知，是人受天之命，不但要活，而且想活得好，活，要有所能，活得好，尤其要有所能，這能（力），除了極少數，如呼吸、吃奶等之外，是都要來於學的。所學，學的方法，都有多種，其中一種，普遍而基本，是我們都熟悉並在利用的，是各等級各類型的學校制度。這裏主要説這種形式的學。

　　這種形式的學是古已有之。如低級有庠、序，高級有國子學、太學就是。古今通行，是因為我們不得不分工合作：如請某人教高等數學是分工（不是人人都會高等數學），各家子弟集到一地學是合作（可以多方面節省）。這種形式發展到現在，主要成為小學、中學、大學的三級制。説主要，是小之前有幼兒園，其中活動也兼有學的成分；大之後有研究生的更深造辦法。由小而中而大是一條最通常的學的路。通常，是否就最好？不好説。一方面，我們要承認這種形式並非十全十美。

原因有多時的，如不容易適應天資的不齊；有一時的，如課程、教法、師資有問題。但還有另一方面，是至少就現在説，我們還沒有能力另來一套。不能另來，我們只好利用它，就是説，爭取做到由小而中而大。説爭取，是因為，就個人説，做到是可能的，就全體説，暫時還是不可能的。不可能的原因之中，有一種，是有機會由小而中而大，可是不願意走這一條路。這是受時風的影響，有些人認為，不走這條路反而容易致富；而致富，在數量很大的一部分人的心目中，已經成為惟一有價值的事物。這問題很大，甚至説很嚴重，這裏不談。只説有條件學，我們應該如何利用這條件；又因為小、中有共同的性質，與大不同，先談小、中，後談大。

小學和中學階段最重要，因為所學是常識，是工具，或總的説，是應付生活各個方面以及往各個方向發展的基礎。説説這樣重視的理由。常識，淺易，可是方面廣，而且接近生活，所以最重要。以地理方面的為例，生為現代的中國人，如果連地球為太陽系的一個行星、世界各國的大致情況也不知道，應付現代社會的生活，總會有不少困難吧？工具，如運用語言文字的能力，計數的能力，幾乎時時要用到，所以也非常重要。而且有這方面的能力，就止可以守，進可以取（例如學會一種外語，就可以進而從事某種專門研究），即使旅途不平坦，也可以比較容易地往前走。

再説要怎樣學。瑣細的諸多方面不好説，只説應該注意的兩個原則：一是目的，求多；二是辦法，勤。勤，能否如主觀願望那樣見功效，不能不受諸多客觀條件的限制，如多讀要受圖書館藏書情況的限制，課下時間多少要受教材、教法的限制，這裏只好假定都不成問題，單說求多的情況和好處。求多包括許多內容。一是知識面廣，課程有的可不在話下，沒有的，只要是常識性的，也應該學。二是某一門，所知的量要適度地求多，例如中學課內講一些古典作品，課下就好找一種中國文學史看看。三是工具性的，如現代漢語，文言，一種外語，要盡力求熟悉，能用。這能用當然要有程度之差，如現代漢語，一定要做到能寫；文言，要能讀一般不過於艱深的作品；外語，能讀淺易的文字，日常用語要能聽能說。以上這些能力，主要靠多讀雜讀培養，所以最好是，由小學高年級起就養成愛讀書的習慣。寫和說的能力也要靠多練習養成，所以眼勤之外，還要手勤嘴勤。俗話有勤苦的說法，可見，至少是早期，勤總不會像閒散那樣舒適。這就要，於志向堅定之外，明白一種重要的學習道理，是：習慣可以沖淡以至消滅艱苦，並逐漸培養興趣，到興趣生成，任何艱苦的活動也可以成為樂事，所以可以說，求多也不是很難做到的。

　　這樣求多，有甚麼好處呢？總的說，是有如建築之打好地基，上面就可以並容易修建高樓高閣。加細說還可以分為三種。其一是有利於確定性之所近或資質之所長。人，得於天不會面面俱到，如事實所顯示，有的人長於數學，可是缺少詩才，無論為個人著想還是為社會著想，都應該讓長於數學的去研究科學，多有詩才的去從事文學藝術。可是本性長於甚麼，就學之前不容易看出來，多學，比如學校課程只是有限的幾門，而且都過於淺易，就可以在門類和量方面都有所補充，這就有利於早確定性之所近，資質之所長；之後就可以避其所短而發展其所長。其二是有利於用。多學的結果是多知多能，那就無論是升學還是就業，當然都可以應付裕如。其三是有利於發展。發展指兩種情況，一種是升學，繼續學，一種是就業，學無止境，業餘仍須繼續學。不管是哪種情況，所學的資本雄厚，專以語言為例，比如現代漢語之外，兼通文言和一種外國語，那就走向哪條路都會感到方便。以我個人的經驗為例，小學、中學階段，我讀書不算少，可是有所偏，也就是不夠多。結果是現代漢語和文言可以通過，英語不成，數學更不成。升大學以及大學畢業以後，有個時期鑽研西方哲學，有些著作須讀原文，才感到英語沒有學好，不得不補學；現代哲學與科學關係密切（最典型的是數理邏輯），才後悔數學沒有學好。所以多年來我總是想，尤其是小學、中學階段，教育的成功與否，應該以學生的是否多學為衡量的標準。

再說大學階段。目前還不能人人都入大學，但這總是現代文明國家應該趨向的目標。大學造就的是專業人才，入學之後應該往學業的一個角落裏鑽，當然不成問題。這裏想說說的只是，與求專的同時，也應該求多。多有兩方面的多。一方面是在專業範圍之內的求深入。大學的專業課程有限，學就不當滿足於這有限。以學本國歷史為例，據我所知，上課聽講，都是概說、觀點之類，有的人幾年畢業，連《資治通鑑》也未通讀一遍，這是淺入，也就是應多而很少。另一方面是專業範圍之外的求博。博不是要求各方面都精通，是要求常識豐富，現代文明人應具備的能力都大致不差。甚麼是常識？我的體會，如宏觀，銀河系只是無數星系中的一個星系，它的直徑若干萬光年，是常識，如何算出來的不是常識；微觀，有電子、基本粒子等是常識，如何測定的不是常識。能力呢，就最通常的說，要有思考的能力，而且有情意，能用文字明白曉暢地表達出來。說句不客氣的話，有不少人大學畢業，門門課及格，可是用這求多的標準衡量，卻遠遠不夠。這無論就個人說還是就社會說，都是損失。這裏只說個人，為了避免悔之已晚，就要爭取就學，並盡力多學。

四
一

知
識

　　前面談就學，就學是為求知（包括技能）。依常識，有知
比無知好。可是如果進一步問，為甚麼有知比無知好，或更進
一步問，甚麼是知識，如何求，量要多少，質要哪種，問題蜂
擁而至，想弄得一清二楚就大不易。這裏只好勉為其難，說說
一時想到的。

　　由甚麼是知識說起。不久前看了一本認知心理學的書，
根據其中所說可以推想，感官所感在神經系統中成為圖像，單
獨是感覺，與其他圖像比對就成為知覺。以聲音為證，門外有
打小鑼的，只是聽見而並沒有覺得，所謂聽而不聞，是單純的
感覺；與舊存的感覺比對（其中有推理、判斷等複雜的心理活
動），覺得這是賣糖的來了，就成為知覺。這簡單的知覺也是
知識，是低的一端的知識。高的一端呢，那就可以量很大，如
馬端臨的《文獻通考》，意很深，如愛因斯坦的《相對論》，都
是。我們通常所謂知識，是指高低兩端之間的，可意會而難於
言傳。勉強說，是指一般能讀的有文化的人所應具有的常識，
容許再高而不容許再低。或者用更省力的說法，一群人，依常
識，可以分為知識分子和非知識分子兩類，我們說知識分子頭

腦裏裝的那些是知識;非知識分子頭腦裏自然也不是空的,但量少,可以不算。

這種知識分子具有的知識,主要由讀來,讀書,在現代,尤其是讀報刊。所知的範圍呢,雖然限於常識,也要古今中外;還要能推理,有判斷是非的能力(不是要求必正確)。有這樣的知識好不好?常識認為好,並認為沒有問題。其實也有人不這樣看。這有國產的,是道家。如《老子》說:

> 是以聖人之治,虛其心,實其腹,弱其志,強其骨,常使民無知無欲。
>
> (第三章)

《莊子》說得更決絕:

> 南海之帝為儵,北海之帝為忽,中央之帝為渾沌。儵與忽時相與遇於渾沌之地,渾沌待之甚善。儵與忽謀報渾沌之德,曰:"人皆有七竅。以視聽食息,此獨無有,嘗試鑿之。"日鑿一竅,七日而渾沌死。
>
> (《應帝王》)

這是說,想活得好,要無知,以至於連感知也不要。何以會有這種想法?原因之一來於看社會,欺詐、鬥爭等等混亂現象觸目皆是,道家以為都來自心的複雜化,所以認為根治之法應該是歸真返樸。原因之二來於看己身，越有知痛苦越多，越強烈，所以想減少苦惱，就不如安於無知。知識會帶來苦惱，西方也有這樣的看法。最典型的是《舊約·創世記》所說：

女人對蛇說："園中樹上的果子我們可以吃，惟有園當中那棵樹上的果子，神曾說，你們不可吃，也不可摸，免得你們死。"蛇對女人說："你們不一定死，因為神知道，你們吃的日子，眼睛就明亮了，你們便如神，能知道善惡。"於是女人見那棵樹的果子好作食物，也悅人的眼目，且是可喜愛的，能使人有智慧，就摘下果子來吃了。又給她丈夫，她丈夫也吃了。他們二人的眼睛就明亮了，才知道自己是赤身露體。……（神）又對女人說："我必多多加增你懷胎的苦楚。你生產兒女必多受苦楚。你必戀慕你丈夫，你丈夫必管轄你。"又對亞當說："你既聽從妻子的話，吃了我所吩咐你不可吃的那樹上的果子，她必為你的緣故受詛咒，你必終身勞苦，才能從地裏得吃的。"

亞當和夏娃，吃智慧果以前，過的是如《詩經》所說，"不識不知，順帝之則"的無憂無慮的生活。吃了智慧果，也就是有了知識，情況就不同了，他們就不能不受苦。這種想法對不對呢？情況很複雜。先說這種想法也是事出有因。社會方面，因為牽涉到多數人，問題更加複雜。姑且站在老莊的立場，如果真有老子設想的"小國寡民"，"老死不相往來"的社會，知識少，可以推想，欺詐、鬥爭等等混亂現象也會相應地減少，從而民生疾苦也許會減輕一些。這樣說，就是離開老莊的立場，我們似乎也不能不承認，對於社會，知識的增加也會帶來有害的一面。現代科技的進步可以為證，是我們既有了養人的提高農業生產的能力，也有了殺人的製造核武器的能力。再說個人方面。知與苦相伴，可以從根本說，是苦是一種感受，當然只能從能知的渠道來。還可以用比較法找到證據，是能知的程度越淺，感受的苦越少。長亭折柳送別，柳樹也是生物，推想即使不是毫無所知，也因為模糊而不致感到有多少痛苦。上升為動物，如蝗蟲、蟋蟀之類，我們常看到因某種挫折而失落一條大腿，推想它不會毫無感覺，可是看樣子像是處之泰然，原因只能是，能知的程度遠遠低於我們人類。上升為人就不同了。肉體的痛苦，程度深淺，知識多少可能關係不大，即俗話所說，人都是肉長的。精神方面就變為關係很大。總的說，一種境，有知識的人可以有所感，不識不知的人就可能無所感；有所感，不如意的機會至少佔一半，那就，與不識不知的人相比，多了許多苦。這類苦，舉例說，有的較質實，如不願忍受專制君主的壓迫，有的較玄遠，如想弄清楚人生目的為何卻無論如何也做不到，不識不知的人就不會有這些苦惱。還有，在某些時候，有的痛苦或災禍自天而降，是只會落在有知識的人的頭上，如舊時代有文字獄，新時代有不左之派就是。還可以加說一種情況，"刺繡文不如倚市門"（《漢書‧貨殖列傳》），恐怕也是自古而然，於今為烈，就是說，知識與窮困常常有不解之緣，所以，如果熱衷於恭喜發財，那就與其有知，不如無知了。

　　以上所說，大致是用道家的眼看的，當然難免片面。其實還不只片面，簡直可以說，無論就理說還是就事說，都難得圓通。理方面的缺漏，我們可以用反問的辦法指出來，那是："有知不如歸真返樸是你們的人生之道，並以為你們的道高於其他道，這道，以及以為高於其他，如果你們沒有知識，這可能嗎？"這就可證，老莊歌頌無知的時候，早已暗暗地肯定了知識的價值。證明知識之為必要，更有力的是事實。其一，生物的所求是能活，並活得好，求知，簡單的，如知虎豹能傷人，複雜的，如空調能避免冷熱，都是為這根本的所求服務，所以，除非我們不想活，不想活得好，反對知識必是辦不到的。其二，歸真返樸，比如回到穴居野處、茹毛飲血之時，社會性的動亂可能減少一些，但其他種種艱難困苦一定很多，如何避免？也只能靠增加知識。其三，無論就個人說還是就社會說，知識的逐漸增加都是必然的，由多知退為少知，甚至無知，只是幻想。其四，為了順應人之性，我們應該盡力求變野蠻為文明，變要靠許多條件，其中知識必是最重要的，因為高尚的道德，嚴密的法律，合理的制度，物質方面的建設，等等，都要以知識為根基。其五，以致像是關係不大的生活情趣的所謂雅俗，如果推重雅而厭惡俗，也就不能不重視知識，因為雅又稱文雅，無文是雅不起來的。其六，生活中難免遇到各式各樣的問題，大到大道多歧，應該走上哪一條，小到衣服破了，應該怎樣修補，想解決，都要乞援於知識。其七，還可以由反面看，無論群體還是個人，無知或少知，前行，就有如盲人騎瞎馬，亂闖，失敗的危險就太多了。其八，再說個高的要求，人，碌碌一生，即使沒有甚麼究極價值，能夠想想甚麼是究極價值，為甚麼沒有，至少我覺得，這就有如屈原之作《天問》，雖然不會得到答覆，總比不識不知，到壽終正寢還茫茫然好吧？

　　承認知識有用之後，要見諸行，是求有知。求知甚麼？難說。莊子早就嘆息："吾生也有涯，而知也無涯。"那還是兩三千年前的戰國時代，單說不包括技藝的道術，不過是《莊子·天下》篇評介的那些家。現在大不同了，一是往廣處發展了不知多少倍，其中很多部門都是昔日沒有的；二是往深處發展了不知多少倍，僅以宏觀的知識為例，古人想像地平而方，四面有海圍著，上面有天罩著，似大而並不很大，現在呢，眼，借助儀器和推算，已經看到若干億光年以外。真成為知也無涯，怎麼求？可以先說個總的原則，是如果可能，所知越多越好。這自然很少可能，那就實事求是，分知識為一般的常識和專業的知識兩類，一般的常識要求人人具備，專業的知識只要求與專業有關的人具備。常識和專業知識內容都有多少、高低的分別，也是都宜於求多求高，只是常識方面可以多放鬆一些，因為，比如歷史知識，朝代的更替記不十分清楚，還不至於對日常的工作和生活有甚麼大影響。

　　一般人的所知，限於常識和一些專業知識，這是說量有限，或簡直說是滄海之一粟。還有一種或多種有限，是即使量很大，也要承認，知識並非萬能。只說一些重要的。一種是我們還不能全知。康德寫《純粹理性批判》，分析人類理性的能力，承認有些情況（如四種二律背反）非人類理性所能知（如宇宙有邊、無邊，兩判斷背反，都合於理性）。這看法，有人斥為不可知論，可是像這類問題，我們無力解答的還有很多。所以，至少是現在，我們不得不承認，知識的力量是有限的。另一種，我們憑借知識以判斷某事物的真假對錯，也可能受諸多條件的影響，出現失誤。常見的眾口異辭現象足以說明這種情況，同一事而所見不同，不能都對，那錯的也是由知識來的。還有一種，牽涉到情欲，常常會知之而未必能行。戒煙酒不成是個好例，知識判斷戒除有利，可是見到煙酒饞，只好扔開知識。這樣說，我們是又回到道家，輕視知識嗎？不是這樣，因為承認知識的力量有限，也是一種知識，也許是更高一層的知識，這正如孔子所說："知之為知之，不知為不知，是知也。"

以上說了正反兩面，總的精神還是順天之命，順生之性，主張人，包括個人和群體，應該以知識為小乘或大乘，載著我們走向文明。肯定了知識的大用之後，剩下的問題只是如何求得知識，或說求得可信而有用的知識。我的想法，這主要要靠讀，留待下一篇談。

四
二

讀
書

　　上一篇肯定了知識的價值，順理成章，要接著說如何求
得知識。任何人都知道，不同的知識有不同的來路，有的來路
不是書本。舉個突出的例，古代樂（禮樂的樂）的知識技能，
大概都是口手耳相傳，不用文字，所以六經的樂有其名而無其
書。現代的知識，也還有不少口耳相傳的。這裏題目是讀書，
顯然，說到知識，就會限定書本，至少是推重書本。張口書
本，閉口書本，原因是，我覺得分量重的知識幾乎都是來自書
本。書本的知識，有常識性的，或說一般有文化的人都可能甚
至應該具有的；有專業性的，或說一般有文化的人可以不過問
的，本篇談讀書是泛泛談，所以無論是範圍、方法還是收穫，
都靠近常識的“通”，而不是專業的“精”。通是有知識，明事
理，我的經驗，主要要由讀來，所讀，主要是書本（報刊居輔
助地位），所以統名為讀書。

　　需要讀書，推重讀書，先總的說個實利主義的理由，是人
生的一切活動，如果以投資與收穫的比例衡量，最合算的應該
是讀書。因為書本上所記，一般說，都是有特殊造詣的前人，
根據他們的經歷或研究而取得的一些精華。這精華，就我們一

般人說，有的，如語法知識，自己鑽研語言現象，有求得的可能，但要費大力（也許要若干年）；有的，如邏輯知識，自己求得，理論上非不可能，實際卻可以說是不可能；還有的，如歷史知識，不讀書（聽講是間接讀），想知道，顯然就絕不可能。而借助於讀書，仍以邏輯知識為例，找一本講邏輯常識的書看看，厚的不過一百多頁，用業餘時間只須三五天，就可以大致通曉都包括哪些內容。而且進一步就會學以致用，比如知道矛盾律是怎麼回事，就不會相信"儒家都是賣國的"（全稱肯定判斷）那樣的鬼話，因為文天祥也是儒家，並不賣國（特稱否定判斷）。知識是人類文化財富最重要的部分，而取得這份財富，讀書有如開寶庫的鑰匙，不用它就不能進去，用它，大難就可以變為很容易。

這樣便宜的事，比如我們不錯過機會，善於利用，所得，細說，都有甚麼呢？大致是以下這些。

其一最初步，是簡單的吸收，或說變不知為知。人非生而知之者，各式各樣的知識，都是通過感官逐漸積累的。積累知識，有目的，是想活得好，就不能不了解許多與己身有關的事物。這諸多事物，有的在眼前，如外衣在衣櫃內；而更多的，也許還是更重大的，卻不在眼前。以歷史的知識為例，兩千多年前有個秦始皇，他的事跡，不讀書就不能知道。地理知識，遠推，直到宏觀世界的知識，不讀書，自然也就不能知道。讀書，多讀，雜讀，結果就會多知。依常識，多知總比少知好。

其二是讀書可以明理。談到理，問題非常複雜。古人說，

"彼亦一是非，此亦一是非"（《莊子·齊物論》），各是其所是，各非其所非；俗語説，公説公有理。婆説婆有理。究竟甚麼是理，甚麼是合理？這裏難得深入辨析。只説理有偏於客觀事物的，如其他星體上是否有生物之類，雖然確知也不容易，是非的標準卻明確，不過是實況如何而已。偏於人生之道的理就不然，而是連是非的標準也人各有見。人各有見，所爭在於是非，那就至少是假定，還是有是非。這裏想跳過辨析，只説有所謂是非，我覺得，讀書與不讀書比，明理的機會，前者要比後者多得多；或者説，讀書，在某些方面也可能不明理，不讀書，在多方面就經常不明理。讀書而未必明理，情況多種，來由則可一言以蔽之，是所學不多，不疑而信，如舊時代的君辱臣死就是這樣。至於其反面，不讀書，不明理的可能就太多了，如時至今日，還有不少人相信君王明聖，往靈隱寺進香可以變禍為福，深鑽《易經》可以預知吉凶，等等。所以想破除各類迷信，即明理，還是非讀書不可。

其三是生活中遇到問題，可以從書中取得指針。問題無限，舉一點點例。最微末的，想吃炒回鍋肉，不知道怎麼做，可以找一本菜譜，看看用甚麼材料，如何操作，照方吃藥，問題很容易就解決了。中等的，如自己唸，或聽人家唸，"問君能有幾多愁，恰似一江春水向東流"（南唐·李煜《虞美人》），對李後主產生了興趣，想進一步了解這位作者的底細，那就可以找某一種中國文學史看看，或兼找《南唐書》和《南唐二主詞》看看，問題也就解決了。還有重大的，如國家大事，某大問題，應如何解決，或應走哪條路，己身的，如出山還是隱居之類，不讀書，不知是非利害，就會苦於不能衡輕重，擇善而從。縱觀歷史，連馬上得天下的劉邦，晚年也醒悟，說：“吾遭亂世，當秦禁學，自喜，謂讀書無益。洎踐祚以來，時方省書，乃使人知作者之意。”（《古文苑》卷十）其他大量讀書人就更不用說了。

其四是可以培養性情。依常識，性情也有高下之分。何謂高？概括說，不過是為人處世，不強制造作，就能合情合理。這樣的性情，可以來於天性，或天性加環境的感染。但天性加感染，也可能並不高甚至很下，這就需要化或培養。很明顯，讀書會有利於培養。培養之道有直接的，即從昔人的言論中吸取教訓。這樣的教訓，由《尚書》的“滿招損，謙受益”起，真可以說是汗牛充棟。多，雖然並不等於特效，但耳濡目染（不只嘉言，還有懿行），總會產生或大或小的影響。還有間接的，是在書香的熏陶之下，心胸狹窄可以變為開擴，偏頗可以變為平和，也就是性情可以由不好變為好，至少是較好。世間的人情也可以作為佐證，是讀書人常與文雅為伴，文雅的對面是粗俗，可見讀書確是有培養或改變性情的力量。

其五是於益智、明理等之外，還可以欣賞，即獲得美的享受。這主要指讀文學作品，照外來的分類，有詩歌、散文、小說和戲劇。其實就本土的作品說，值得欣賞的又不限於這四種，如《莊子》是講道理的，《史記》是記史事的，此外如《世說新語》記軼聞，《東坡志林》寫隨感，以至於如駢文的《滕王閣序》，等等，茶餘飯後，或有鬱悶，或只是閒情難忍，翻開看看，或唸唸，都可以暫時忘掉現在，另入一境，其所得又非口腹之欲的滿足所能比了。由這個角度看，人生一世，不能讀書或不肯讀書，等於過寶山空手而回，損失就太大了。

其六是可以取得立言的能力。《左傳》說不朽有三，最上的是立德，其次是立功，再其次是立言。這裏專說立言，本指聖賢的言論，可為後世法的，我們無妨擴大其範圍並降低其品級，說以文字表達情意，或流傳或不能流傳，都是立言。或說得更直截了當，是有用文字表情達意的能力。這能力，有用，人人都承認。用有大小。最小的，如給誰留個便條，給誰寫一封信，雖然牽涉的事有限，終歸是辦了事，即所謂有用。由此升級，也可能牽涉到群體，辨是非，明取捨，並可能真就影響了實行，這就成為大用。用，為己身打算，還有更大的，就是通過立言真成為不朽。歷史上許多人，如李杜、三蘇等等，雖然生命早已結束，名卻長期留在後代人的心中。這有甚麼究極意義嗎？也許沒有。但是語云，"人過留名，雁過留聲"，就說也是一痴吧，既然痴了，那就還是學會寫，以期能夠如願的好。而學會寫，顯然只能由讀書來，因為不讀書，腹內空空，就不會有分量重的內容可寫；就說是有些情意，也不知道如何表達，仍是不能寫。

其七是因讀書而收書，也是一種不可輕視的獲得。這所謂獲得，只指因得喜愛之書而自得其樂一項，雖然只是閒情，以讀書人為本位，也很值得珍視。這種閒情也是古已有之，且不說公家收藏，只計私家，葉昌熾作《藏書紀事詩》，各朝代說了不少。直到目前，也還是不少。其中有些人，收書很多。可以想見，這要一，費力搜尋，二，用錢買，三，找地方放。三部曲都會帶來困難，或說苦，可是有不少讀書人還是知難而進，為甚麼？就是因為，他們覺得，與得書之樂相比，那些苦都算不了甚麼。人生之樂多種，這得書之樂，至少我覺得，推想不少讀書人也會同意，應該是既質高又量大的，所以算讀書有利之賬，不當漏掉這一筆。

讀書會有收穫談完，接著還要說說決心讀，應該注意些甚麼。一種似乎可以不說卻頗難說的事項，是要讀好的。難說，是因為一，偏於理，何謂好；二，偏於事，比如兩種書，講同一題材，以哪一種為好，都很難講清楚。不得已，這裏只好一，依靠常識，比如黃色的不好，人人都承認；二，把辨別權交給讀者自己，在多讀和比較中求水到渠成。其次是求益智，求明理，既要多讀，又要雜讀。多讀，一種意義是量多，比如學本國史，不要滿足於一種甚麼甚麼通史，要多讀一些，既多吸收些有關資料，並聽聽各家的。一種意義是古今中外，目的除了多吸收知識之外，還有開闊眼界。見識，或說不為成見所縛，要通過這條路取得。再說更重要的雜讀，是各門類的書（當然限於常識性的）都讀。有的人喜歡文學，多讀，也古今中外，而所讀限於小說，絕不沾社會科學和自然科學的邊，就有可能，談起國事，站在保守派一邊，春秋佳日，到寺廟去燒香。這是讀書多而不雜，鑽了牛角尖，反而不能明理。由雜讀引申，有一件事，值得單獨提出來說說，是雜，其中有些書性質枯燥，也就較為難讀，卻必須捏著頭皮讀。最典型的例是知識論和邏輯，其中沒有生動情節和人物活動，有的只是抽象思維，初次讀，必沒有興趣。可是有大用，因為思路清晰，明辨是非對錯的能力，要讀這類書，才能較快地得到鍛煉。最後說說讀的中間，還要兼能思。孔子早就說過，"學而不思則罔"，就是說，讀甚麼信甚麼，必致不能明理。思是吸收之後，經過辨析、比較，以判斷真偽、是非、高下等的心理活動。所謂有知，明理，或總稱為有學問、有見識，都是由能思養成的。

上面所說都偏於理，理常常與實際有距離，所以還要談談實際。這就引來一個問題，讀書容易嗎？顯然不容易。可以舉眼所見為證據，是喜讀書並大量讀書的人，在全國人口的比例中並不大。原因有客觀的，還可以分為兩種：一種實而有力，如家中經濟條件不具備，家外學校條件不具備之類就是；一種虛而也有力，是風氣，如上學不如經商就是。客觀，非個人能力所能左右，只好窮則獨善其身，是如果有條件，如何變不喜讀為喜讀。我的想法，開頭要靠"理智"，即知道讀書有大用，就強制（或由家長、老師強制）自己讀。最好是定時（可以不很長），天天如此，過一段時間會養成"習慣"，這就有了百分之八九十的保障。這之後，以習慣為根基，會產生"興趣"，就是覺得讀書有樂趣，顯然，到這時候，以前百分之八九十的保障就變為百分之百，簡直可以說，想變為不讀也辦不到了。此之謂功到自然成。

四三

戀情

　　戀情指一種強烈的想與異性親近並結合的感情。這裏説異性，是想只講常態，不講變態；如果也講變態，那就同性之間也可以產生戀情。戀情是情的一種，也許是最強烈的一種。何以最強烈？先説説情的性質。小孩子要糖吃，得到，笑；不得，哭；笑和哭是表情，所表的是情。情是一種心理狀態，來於"要"的得不得。要，通常稱為"欲"，是根；情由欲來，是欲在心理上的明朗化。明朗，於是活躍，有力；這力，表現為為欲的滿足而衝鋒陷陣。這樣説，如果照佛家的想法，視欲為不可欲，那情就成為助紂為虐的力量。有所欲，求，情立刻就來助威，其方式是，不得就苦惱，甚至苦到不可忍，其後自然是赴湯蹈火，在所不辭了。這樣，比喻情為胡作非為，欲就成為主使。所以要進一步問，欲是怎麼回事。荀子説，"人生而有欲"，與生俱來，那就難得問何所為。正如《中庸》所説，"天命之謂性"，天而且命，怎麼回事，自然只有天知道。我們現在可以説得少神秘些，是生命的本質（以己身為本位外求）就是如此，生就不能無所求，求即欲，半斤八両，也好不了多少。所以還得回到荀子，承認人生的有欲，不問原由，不問價值，接受了事。欲是有所求，戀情之根的欲，所求是甚麼？很遺憾，這裏只能把自負為萬物之靈的人降到與鳥獸（或再低，昆蟲以及植物之類）同群，說，戀慕異性，自認為柏拉圖式也好，吟誦"春蠶到死絲方盡，蠟炬成灰淚始乾"（唐·李商隱《無題》）也好。透過皮肉看內情，不過是為"傳種"而已。傳種何以如此重要？在承認"天命之謂性"的前提下，記得西方某哲學家曾說，種族的延續在人生中重於一切，所以個人不得不盡一切力量完成此任務，如戀愛失敗即表示此任務不能完成，寧可自殺。如果這種認識不錯，那就可以進一步設想，美貌以及多種稱心如意，不過是為種族延續而設的誘餌，人都是主動上鉤而不覺得。我閉門造車，縮種族生命為個人生命，說，因為有生必有死，而仍固執"天地之大德曰生"，只好退一步，用傳種的辦法以求生命仍能延續。延續有甚麼意義呢？我們不能知道，但逆天之命總是太難，所以也就只好承認"飲食男女，人之大欲存焉"，就是說，到情動於中不得不發的時候，就發，去找異性寄託戀情。

　　上面所講是走查出身的路子，或說多問客觀本質而少顧及主觀印象。所謂主觀印象是當事人心中所感和所想，那就經常離本質的目的很遠，甚至某一時期，真成為柏拉圖式。這就是通常說的純潔的愛，不計財富，不計地位，甚至不計容貌，只要能親近，能結合，即使世界因此而一霎時化為無有，也可以心滿意足。這主觀有很多幻想成分，幻想，不實，沒有問題；也不好嗎？我看是沒有甚麼不好，因為，如果說人的一生，所經歷都是外界與內心混合的境，這戀情之境應該算作最貴重的，稀有，所以值得特別珍視。珍視，自然仍是由自己的感情出發；至於跳到己身以外，用理智的眼看，就還會看到不少值得三思的情況。

先由正面說。一種情況是，有情人終於就成為眷屬。那戀情就有好的作用。理由有道理方面的，是一，雙方的了解比較深，結合之後，合得來的機會就大得多；二，結合之後，風晨月夕，多有過去依戀的夢影，單是這種回味，也是一種珍貴的享受。理由還有事實的，是舊時代，男女結合，憑父母之命，媒妁之言，結合之前幾乎都是沒有戀情，這就成為赤裸裸的傳種關係，有的甚至一生沒有依戀之情，如果算浮生之賬，損失就太大了。

還有一種情況，是因為經歷某種挫折，有情人未能成為眷屬。有情的情有程度之差。數面之雅，印象不壞，時過境遷，漸漸淡薄甚至忘卻的，這裏可以不管。想談的是情很濃厚，都願意結合而未能結合的。這會帶來強烈的痛苦，如何對待？如果當事人不是太上忘情的人，快刀斬亂麻，求苦變為不苦是不可能的。要在忍中求淡化。可以找助力。總的是時間，過去了，影子會逐漸由近而遠，苦的程度也會隨著下降。分的呢，一方面可以用理智分析，使自己確信，機遇會播弄任何人，如意和失意都是人情之常；另一方面可以用變境法移情。變有大變，如世間所常見，有的人由江南移到漠北，有小變，如由作詩填詞改為研究某一門科學，目的都是打亂原來的生活秩序，使記憶由明朗變為模糊。這樣，時間加辦法，終於顯出威力，苦就會由漸淡變為很少甚至沒有。可是戀情的往事不虛，要怎麼對待才好呢？可以忘卻，是道人的辦法。用詩人的眼看就大不應該，因為這是人生中貴重的財富，不只應該保留，而且應該利用。如何利用？我的想法，可以學歷代詩人、詞人的精神，或寫，或借來吟誦，如"此情可待成追憶，只是當時已惘然"（唐·李商隱《錦瑟》）之類，白首而溫紅顏時的舊夢，比讀小說看戲，陪著創造的人物落淚，意義總深遠得多吧？

　　再說反面的，是戀情也會帶來一些不如意或不好處理的問題。其一是它總是帶有盲目性，盲目的結果是亂走，自然就容易跌跤。可怕的是這盲目也來自天命，如前面所說，因為傳種重於一切，於是情人眼裏就容易出西施。換句話說是會見一個愛一個，就是時間不很短，也是感情掩蓋了理性，對於眼中的異性，只看見優點而看不見缺點。為結合而應該注意的條件，如是否門當戶對（指年齡、地位、能力等），性格、愛好、信仰等是否合得來，都扔開不管了。這樣為戀情所蔽，顯而易見，結果必是，結合之後，隱藏的問題就接踵而來。諸多問題都由盲目來，有沒有辦法使盲目變為明目？理論上，對付情，要用理；可是實際上，有了戀情就經常是不講理。這是說，求明目，很難。但是為了實利，又不當知難而退，所以還是不得不死馬當活馬治。可用的藥主要是外來的，其中有社交的環境，比如有較多的認識異性的機會，這多會帶來比較，比較會帶來冷靜，這就為理智的介入開了個小門，盲目性也就可以減少一些。環境之外，長者（包括家長，老師等）和友人的教導也會起些作用；如果能夠起作用，作用總是好的，因為旁觀者清。但是也要知道，外來的力量，只有經過內的渠道才能顯示力量，所以縱使戀情的本性經常是不講理，為了減少其盲目性，我們還是不得不奉勸因有戀情而盲目的人，至少要知道，惟有這樣的時候才更需要理智。

　　其二是戀情會引來廣生與獨佔的衝突，其結果是必致產生麻煩和痛苦。廣生是不只對一個人產生戀情，小說人物賈寶玉可作為典型的代表，寶、黛，他愛，降格，以至於香菱、平兒，他也愛。見如意的異性就動情，尤其男性，也來於“天命之謂性”，歡迎也罷，不歡迎也罷，反正有大力，難於抗拒。可惜是同時又想獨佔，也舉小說人物為例，是林黛玉可為典型的代表，不能得寶玉，她就不能活下去。人生，飲食男女，男女方面的許多悲劇是從這種衝突來。怎麼辦？根治的辦法是變“天命之謂性”，比如說，廣生之情和獨佔之情，兩者只留一個，衝突自然隨著化為無有。可是人定勝天終歸只是理想，至少是不能不有個限度，所以靠天吃飯還是不成。靠自力，有甚麼辦法呢？已經用過並還在用的辦法是制度加道德，這會產生拘束的力量。拘束不是根除，就是說，力量是有限的。不過，如果我們既不能改變“天命之謂性”，又想不出其他有效的辦法，那就只好承認，有限的力量總比毫無力量好。

　　其三，總的說個更大號的，是戀情經常與苦為伴。苦有最明顯的，是動情而對方不願接受，或接受而有情人終於未能成為眷屬。苦有次明顯的，是動情而前途未卜，因而患得患失，以至寢食不安；或前途有望而不能常聚，俗語所謂害相思，也就會寢食不安。人生有多種大苦。有的由自然來，如水旱（飢餓），地震之類。有的由人禍來，如戰爭、政治迫害之類。與這類大苦相比，伴戀情而來的苦也許應該排在第一位，原因是一，幾乎人人有份；二，最難忍。所以佛家視情欲為大敵，要用滅的辦法以求無苦。這個想法，用邏輯的眼看相當美妙，因為滅掉情欲是釜底抽薪。可惜是一般人只能用肉眼看，那就即使明察苦之源也只好順受，因為實際是沒有捨去戀情的大雄之力。但苦總是不值得歡迎的，還有沒有辦法驅除？勉強找，是道家的。還可以分為上中下三等。上是得天獨厚。莊子說，"其耆（嗜）欲深者其天機淺"，推想，或眼見，世間也有天機深的，那就會見可欲而不動情，心如止水，或至多是清且漣漪，不至起大的波濤，也就不會有大苦。中等是以道心制凡心，如莊子喪妻之鼓盆而歌，所謂任其自然。上等的路，仍是天命，自然就非人力所能左右。中等呢，道心來於人，但究竟太難了。所以容易走的路只有下等一條，是"知其不可奈何而安之若命"，用儒家的話說是忍。這不好嗎？也未嘗不可以說是好，因為對天命說，這是委婉的抵抗，對人事說，這是以恕道待之，所以莊子於"知其不可奈何而安之若命"之後，緊接著還加了一句，是"德之至也"。德之至，就是沒有比這樣更好的了。視無可奈何為德之至，也許近於悲觀嗎？那就還有一條路可走，是常人的，不問底裏，不計得失，而安於"衣帶漸寬終不悔，為伊消得人憔悴"（宋·柳永《鳳棲梧》）也好。

四四　婚姻

　　婚姻，古今都當作人生的一件大事。大，因為影響生活過於深遠。深遠，限於己身，是一生的苦樂都與這件事密切相關。還可以擴張到己身以外，古人明說，是延續香煙（說樸素些就是傳種）；今人很少明說，可是有的希望多生，有的節育，卻把所生供奉為小祖宗，等於間接表示，延續香煙是超級的大事。於是婚姻也就成為超級大事。但是我們也要知道，婚姻成為大事，是社會的生活模式決定的。這是說，沒有婚姻的形式，人也能活，香煙也能延續。也能，社會為甚麼來多管閒事？所為不只一項。一是變男女結合的輕易為鄭重，顯然，這對個人的生活，對社會的秩序，都會有很大好處。二，婚姻是家庭的奠基形式，至少是直到現在，家庭還是社會的最基本的單位，所以沒有婚姻，現代形式的社會根基就會動搖。三，由家庭的組織引申，影響有內涵的，是建立了一體的經濟關係，用俗話說是有福同享，有罪同受；影響有外向的，是依法律和禮俗，排斥外人闖入兩性關係。四，影響還擴展到身後，是婚姻的一方先離開這個世界，財產和債務的處理要以婚姻關係為依據。所以總而言之，對於人的一生，婚姻的影響是最廣泛的。

　　事重大，就不能不重視。重視是知，表現為行，要如何辦理？原則好說，是慎重，找各方面都合適的。具體做就大難。細說，這大難還可以分為兩項：一是如何斷定，具有哪些條件是合適的；二是假定能夠斷定，哪裏去找。舊時代迷信也不無好處，那是把這個難題交給月下老人去解決，幻想這位老人有慧眼，看清了，抽一條紅絲，兩端一結，於是有情人成為眷屬。可惜紅絲是看不見的，月下老人更渺茫，要結合又不能不實際。辦法兩種，一是自選，二是他人代選；或兩種辦法兼用。舊時代沒有兼用的便利，因為閨秀只能在閨房裏秀，沒有天眼通本領的男士或才子是無緣見到的。於是得靠媒妁之言，然後父母之命。媒妁之言難免摻假，至少是好話多說。父母呢，那時候沒有照相、錄像，可用的慎重之法，除年齡差不多以外，只有門當戶對，至於更加重要的條件，如體貌、性格、能力之類，只好任憑機遇了。這就一定不能美滿（偏於指主觀的）嗎？也未必，因為一，"飲食男女，人之大欲存焉"；二，男女結合，比如算機遇的百分數，如果昔日的是百分之九十幾，今日的也總當不少於百分之五十吧，那就真如孟老夫子所說，以五十步笑百步了；還有三，天造地設的合適，是甚麼樣子，人間有沒有，大概只有天知道。

　　新的先戀愛後結合的形式是增加自主性、減少機遇性，求以人力勝天然的辦法，當然可以算作後來居上。居上，就一定可以美滿嗎？也未必。原因是天然的力量過大，人力終歸是有限的。先看看天然的力量。其一，美滿有理想的美滿，是天生的一對，男，才如曹植，貌如潘安（傳說的，下同），女，才如謝道韞，貌如西施，而就真紅絲牽足，真成為一對，可是，世間真有這樣十全十美的人嗎？其二，退一步，只求實際的美滿，男女都非十全十美，可是合在一起卻天衣無縫，這，至少由現實中找例證，也大不易。其三，前面談"機遇"的時候已經說過，甲男之能認識乙女，也是憑機遇，完全合適的可能究竟有多少呢？其四，也是天命，易動情，情人眼裏出西施，理智被擠退隱，完全合適的可能就更小了。不過新的允許盡人力，終歸比過去的當事者不參加，合意的可能就大多了。比如說，最低，體貌方面的缺點就無法隱藏；或略高，可以大致了解心靈方面的情況，那就以合適為目標，向前邁了一大步。能不能所得更多，以至於達到至少是接近合適的目標？非絕對不可能，但要有條件，是機會加理智。機會有上好的，是碰巧遇見一個合適的，只須理智的小盤算，就成為天衣無縫。機會有次好的，是有機會結識較多的有可能成為眷屬的異性，容許理智精打細算，最後選定一個比較合適的。再說後一個理智的條件，這理論上是在人力之內，實際卻常常在人力之外。何以故？是天然會以情欲的形式介入搗亂。具體說是情欲會使人盲目，視不合適的為合適，即通常所謂一見傾心，不容許理智參加，精打細算。有人甚至說，真愛就必須盲目，計算利害就不是真愛。作為敘述事實，這說法大概不錯；可是離開理智而純任情欲，主觀的好事會變為壞事，也同樣是事實。所以為了婚姻的美滿或比較美滿，還是應該勉為其難，讓理智參加，在一些重要條件方面打打算盤。條件有以下這些：其一最重要，是品格。這是泛泛地由理想方面說；世間自然也有不少遠離理想的，那就物以類聚，成為另一回事，這裏不談。品格，卑之無甚高論，是慣於以忠恕對人，其反面是私利第一，不惜害人。顯然，如果重視理想，這個條件就必須滿足，不可遷就。其二是體（包括健康情況）貌，直截了當地說，一見不能傾心，或更甚，心中不快，必不合適。其三是思想（如果對關係較大的事都有所見）。常說的志同道合就指這一方面，當然不容忽視，舉例說，一個急進，一個保守，且不問誰是誰非，常常爭辯不已，一起度日就困難了。其四是性格，或稱為脾氣。與品格、思想相比，這像是小節，但日久天長，小可以變大，輕可以變重，其甚者就會水火不能相容，所以也要仔細考慮。其五是能力。雖然天之生材不齊，要求不宜過高，可是既要共同生活，就不能不顧及生活的物質條件，這類條件的取得要靠某種能力，所以盤算一下還是應該的。其六是生活習慣。這指更小的小節，如吸煙，晚起，以至小到喜歡吃甚麼之類，看來無關大體，可是也會成為反目的根源，所以盤算的時候，最好也不放過。以上種種算計，都是立腳於現在而往遠處看，這就需要冷靜。正在戀情的火熱中能夠冷靜嗎？還有個補救的辦法，是多聽聽親友的。不過聽也只能來於冷靜，所以成與敗，理智還是難於完全做主的。

　　幸而人碌碌一生，對於經歷的許多大事小事，已經慣於接受差不多主義，那麼，婚姻之不能十全十美，也就可以不多計較了。但這會引來一個問題，是：既然難得美滿，能不能不要這種形式？理論上非不可能，比如仍要戀情，仍要男女居室，而扔掉這樣的社會契約，對於種族的延續，也許不至有過大的妨害。還不只是理論，據說國外的新潮青年真有這樣幹的。但可以推想，如果這樣幹的成為多數，穩定的男女關係，家庭，以至整個社會，就會有大的變化，也必會引來許多使人頭疼的問題。所以，本諸一動不如一靜的原則，對於這類關係人生苦樂、社會治亂的大事，如果沒有十分把握，還是以走改良主義的路為好。

那就還得要這種形式。之後是有兩個實際方面的小問題，這裏也談一談。一個是成年以後，早結婚好還是晚結婚好。這也不容易一言定案，因為，從滿足戀情的要求方面看，至少是無妨早一些；可是從個人的負擔（包括家庭負擔和育幼負擔）和事業前途（主要是學業）方面看，偏早又不如偏晚。具體如何決定，似乎應該兼考慮這兩個方面，就事論事。另一個問題是，大舉與小舉之間，以何者為可取。大舉包括兩項內容：一項是住所的佈置和身上的穿戴，都要追時風，高級，而且應有盡有；另一項是結婚禮儀，要大擺宴席，賓客滿堂。小舉是這些都可免，至少是降級。我認為還是小舉好。理由很多，可以總括為物和心兩種。物是可以少耗費，如果當事人本不富裕，那就於少耗費之外，還可以有個大優點，是少著急，少苦惱。心，或說精神方面，所得就更多，消極方面是沒有與時風的俗同流合污，積極方面是體現了愛情至上，如傳説的梁鴻與孟光那樣。

　　最後説説，與婚姻相反的生活，獨身，我們應該怎麼看。獨身有不同的情況。名副其實的佛教徒並出了家的，目的是用滅情欲的辦法而脱離苦海。非佛教徒，也有行成於思，堅守獨身主義的。更多的是獨身而不主義，即常説的高不成、低不就的。這些，因為人人有決定自己如何生活的自由，我們難於表示意見。如果非説一兩句不可，就只好説，我們是常人，用常人的眼看，這孤軍作戰的行徑縱使可欽可敬，終是太難了。

四五　家庭

　　由可以想到的一個大問題談起，是，維持世間生活，可不可以不用家庭的形式？這個問題非常複雜。比如説，理論上，不用家庭的形式，個人必同樣能活，種族必同樣能延續。這樣説，是要和不要之間，並不是不容許我們選擇。事實是也曾有這類選擇。走出國門，到人類學裏去找例證，可以找到，雖然不多，且不説。就是國門之內，也不是絕無僅有，太平天國攻下南京，成立男館女館，是大膽的嘗試；二十世紀五十年代，成立人民公社，砸碎鍋去大煉鋼鐵，共同到食堂去吃飯，是小膽的嘗試。結果是都失敗了，原因是，人還沒有一瞬間就棄舊（生活方式）從新的本領。迷信幻想的人物也可出來作證，是洪秀全、楊秀清之流並沒有到男館女館去住，到公共食堂去吃飯。所以，由理論（或説由幻想）跳到實際，我們應該承認，至少是在目前，我們還沒有能力選擇，因為不管我們想得如何好，説得如何天花亂墜，想完了，説完了，還是不能不到自己家裏去吃去住。又所以，這裏談家庭，最好還是卑之無甚高論，甘心接受現實，不想也可以不要的事。

　　要，顯然是因為它有用，或説有大用。大用始於己身還無知無識的時候。這是說，出生是生在家裏（新而高級的進醫院，也要家庭出面送進去）。之後是三年不免於父母之懷，即吃喝拉撒睡，都不能不在家門之內。再其後，或說直到自己能夠獨立掙飯吃，都要依靠這個家。比這些更深遠的還有家庭的影響。一是生路，或說職業，古人更甚，是弓人之子常為弓；現代這種限制雖然少多了，但絕大多數，跳行或越級，還是並不容易。原因是，如俗話所說，靠山吃山，靠水吃水，譬如生在農民之家，也務農，順水推舟，毫不費力，想變鋤頭為書香，困難就大而且多。有些專業性的，如過往，王羲之善書法，兒子王獻之也就成為大家；現代，梅蘭芳唱旦角成家，兒子梅葆玖也就走上這條路，不生在這樣的家庭的人，走同樣的路就大不易。影響之二是思想性格。這是指，大到對一切事物的認識和評價，小到喜愛這個，不喜愛那個，耳濡目染，都會順著家庭的思路走，而這思路，顯然就成為一生的去就取捨的指針。影響之三是生活的諸多瑣屑，衣食住行的種種，習慣成自然，也會不知不覺，依照家庭的舊框框行事。總括以上三個方面，我們甚至可以說，人生一世，成為這樣的人而不成為那樣的人，格局，方向，大部分，或一部分，因人而不同，是由家庭決定的。

自己建立家庭之後，這大用，內容的豐富，時間的長久，感受的明朗，都會遠遠超過自建家庭之前。由低處往高處說，其一，家庭是個混元一體的經濟單位，表現為收入是一筆賬，支出是一筆賬。收入、支出的經濟活動是符號，其含義是日常生活的具體情況，高或低，好或壞，都是有福同享，有罪同受。這樣，家的興衰就同己身的苦樂結為一體，也就難怪，為了家，幾乎所有的人，都鞠躬盡瘁了。其二，家庭又是個堅實的互助單位。這單位，舊時代包括的人多，現在包括的人少，不管人數多少，都形成不計利害的互助關係。其中最顯赫的是夫妻間和父母、兒女間的互助關係，絕大多數是單純出於情愛，所以最可靠。顯然，人在世間，至少是有時，離開互助是難於活下去的。其三，家庭還是安置戀情的處所。這在前面已經談到，戀情前行要走到結婚，結婚的同時是建立家庭。家庭建立以後，戀情也許像是藏在櫃子裏，不明顯了，甚至不火熱了，但究竟是藏起來，不是變為空無。如果沒有這個家，戀情自然也可以安置，只是就不會這樣明顯了。其四，家庭可以使人有依靠感。人生有各種境遇，或遭遇。春風得意，身強力壯，是可能的。但未必能常得，就是說，至少是有時，也可能身不強，力不壯，或閉門家中坐，而迫害從外來。有禍，躲不過，但是，如果有個和好的家庭，苦痛就可以化重為輕。這種情況使人（尤其是老人、病人）感到，即使不得已而處於逆境，人間也還是有溫暖，這是最大的安慰，縱使只是心理的。因為有這種種大用，所以古往今來，人都視流離為大苦，連旅店宣傳，都說賓至如歸（家）了。

關於這可以安身立命之家，用歷史的眼看，還有兩個問題需要說一下。一是大好還是小好。昔日偏於大，也大多以大為好。有五世同居，有四世同堂，其內的老年人得意，外人稱讚。就真值得稱讚嗎？這個問題也不簡單。家，維持大，要靠一些條件。一是有宜於合的生計環境，比如一家人共同耕種百畝農田，那就合比分多不少便利。另一種是修養方面的能夠相互忍讓，沒有這個，合就成為爭吵之源，維持大是很難的。還有一種是愛好和生活情況的接近，不這樣，就會有人覺得吃了虧，有人覺得看不慣，也就難得維持大。事實是時代前行，這樣的條件越來越少，所以近百年來急轉直下，連農村也由大變小。小就有利無弊嗎？也不盡然，因為，如果如上面所說，把家庭當作一種互助的結合，要求真能互助，人數太少就不如人數略多，只說幾乎家家都不能免的幼、病、老，昔日的大，可以不多費力就大致解決（奶奶抱孫子，一文不花，是例證之一）；現在變小就困難重重。所以，如果住房、忍讓等條件具備，比如三代（老年二、中年二、幼年或青年一）同居，各盡所能，苦樂與共，生活情況也許比燕子式的，能飛就另築新巢好一些吧？另一個問題是固定好還是流動好。昔日是偏於固定，也願意固定。劉邦的老太爺太公的思想意識可以作為代表，兒子發了家，貴為天子，非搬家不可，捨不得鄉土，只好建立個新豐縣。一般平民也是這樣，視離鄉背井為大苦。也是時代前行，物與心都在變。據說也是美國帶頭，人最喜歡搬家，也許年年換住所。我們，都市像是也在急起直追，住城東，一單元二居室，城西有個三居室的，毫不遲疑，搬。這好不好？難說。我的想法，如果動靜兩可，而且自己有選擇的自由，那就還是以少動為好，理由是一，可以省錢省力，二，如果也有吟誦"少小離家老大回"（唐・賀知章《回鄉偶書》）的機會，遠望舊門，近撫舊樹，總是人生難得之一境吧？

以上說的都是家庭如何必要的一面，有沒有相反的情況？記得明朝公安派文人袁宏道曾說風涼話，是"如衣敗絮行荊棘中，步步牽掛"（《孤山小記》）。且不管他說的是否實況，擴大到人人，牽掛的情況自然也會有。這是其中一人想走某一條路，而走就必致對家庭的安定有大妨礙，就這想走某一條路的人說，家庭就成為扯後腿的力量。情況多種，有輕有重。單說重的，看破紅塵出家是，毀家紓難是，造反失敗禍及全家也是。遇見這樣的情況，我們應該怎樣看家庭？我的想法，可以用背痛為喻，它痛，引來煩惱，成為負擔，但這是變而不是常，評斷是非應以常為依據，而這樣一來，我們就會確認，縱使有時不免於作痛，背終歸是有用而不能須臾離的。

最後說說家庭的拆散。拆散的情況也不只一種，如新風有所謂兩地分居，或再升級，掃地出門；這裏只說經常的一種，離婚。這也是進口貨，舊時代女性沒有自主權，只有被遺棄而沒有離婚。離婚有不同的原因，由年輕人多、年老人少的情況看，可以概括言之，是雙方，或一方，覺得繼續合則苦多樂少，分則得多失少。這覺得的多少還有程度之差，淺的是不愉快，深的是難忍。淺，深，哪種情況可以離？很難說。勉強說也只能說些近於原則的空話。原則之一是就事論事，或者說，針對不同的人，衡量多方面的得失，然後決定。原則之二是，要慎重，不可輕率，具體些說是，有了離異的念頭，先要忍中求合，到萬不得已的時候再下決心。原則之三是，不能合的理由要確鑿而堅實，以免一誤（結婚），再誤（離婚）。原則之四是，考慮周密，非離不可之後，要以理智、寬厚、諒解為指針處理子女、財產等問題。總之，離婚終歸是悲劇性的事，能避免終以避免為是。離婚之後，極少數，還有復婚之說，這好不好？我的想法，更要慎重，因為離有如傷口，可以平復，但疤痕是難得消除的。

四六 婚外

　　婚外指與配偶以外的人發生兩性關係，古今都算在內，有各種情況（皇帝是社會認可的特種動物，不算）。依照由像是可行到像是不可行的次序排列，一種是變為獨身（喪偶或離異）之後再結合，男為再娶，女為再嫁。這種情況，法律允許；道德或時風則因時因人而異。比如在舊時代，男性如此，光明正大，女性就不光彩。新時代呢，還會因人而異，比如少壯之年，前一個如意人走了（向陰間或向陽間），再找如意人，光明正大，老朽就未必容易，因為兒女未必同意。另一種是富貴的男性納妾，現代不容許，舊時代則視為當然。大富大貴，納的還不只一個，有的所納，還是原配夫人主持收的。這種情況，評論界限分明，是無論法律還是道德，舊時代都容許，現代都不容許。再一種是嫖娼和賣淫。舊時代，法律允許，因為可以掛牌開業（暗娼情況略有不同）；道德方面，也是對男性寬（如明清之際，還視出入秦淮河房為雅事），對女性嚴（有名如顧媚、李香君之流，終是男性的玩物）。到現代，地上轉為地下，證明法律是不允許了；但還不少有，也就會有道德性的評論，是仍有傳統意味，對男性略寬，對女性嚴。還有一種，與上面幾種情況相比，是化顯為隱，可是面寬（至少是就現代說），而且與戀情有不解緣，所以引來的問題更加複雜，這是通常說的"婚外戀"。這種戀，理論上有走得遠近之差，近是有戀情而沒有兩性關係（或竟是柏拉圖式）；遠是既有戀情又有兩性關係。實際呢，是以下兩種情況多見：一種，戀情也許並不多而有兩性關係；另一種，戀情多，依天命或說依常情，順流而下，於是有了兩性關係。顯然，這最後一種，既戀又有兩性關係的，就現代說，數量可能不少，因而引來的問題最多，也就最難解決。本篇所謂婚外，想限定指這一種。

　　這一種婚外，舊時代可能（因為無法統計）不多；但可以推想，即使網密也會漏掉小魚，數量一定遠遠少於現代。這原因，不是現在人心不古那時古，而是彼時男女不平等，女性是男性的私產，有男女授受不親的禮教保護這私產，婚外戀是侵犯產權，必為人天所不容，所以就罕見了。說起這授受不親的禮教，也就是女性只能由男性一人佔有的禮教，力量竟是如此之大，以至受制的女性也信為天經地義。春秋時期宋國的伯姬之死可作為最好的例證。《春秋》襄公三十年記載："五月甲午，宋災，伯姬卒。"《公羊傳》說明災和死的情況是："宋災，伯姬（案已年六十）存焉（在失火的房子裏，還活著），有司覆（告知）曰：'火至矣，請出。'伯姬曰：'不可。吾聞之也，婦人夜出，不見傅、母（女師傅）不下堂。'傅至矣，母未至也，逮（火燒到）乎火而死。"失火，以六十歲的老太婆，已經有傅一人陪伴，因為還缺母，不合禮的教條，就寧可燒死，

這樣為男性守身，婚外的危險自然就不會有。這禮教的力量
還可以再擴張，是男性已經不在世（甚至也未婚），只要有父
母之命，媒妁之言，也要終身守節。守能得榮譽，失節是大恥
辱，所以擴散為世風，除近親以外，異性交往的機會就幾乎沒
有，更不要說接近了。顯然，這就堵塞了通往婚外的路，許多
因婚外而引起的問題也就可以灰飛煙滅。問題少是獲得，雖然
這獲得是用過多的代價換來的。這代價有明顯的，是女性都要
捨己為人（某一個男性）；有不明顯的，是一切人都只許有婚
德而不許有戀情。衝破藩籬不容易。自然，也不至絕無。可分
為上中下三等。上如北魏胡太后之與楊華，戀，真就成了（後
來楊懼禍逃往南朝梁，胡作「陽春二三月」之歌表示思念）。
中如朱彝尊之戀小姨，只能作《風懷詩二百韻》，以作為「苦
悶的象徵」。下如不少文人之編造劉阮入天台之類的故事，現
實無望，做白日夢，慰情聊勝無而已。

　　這樣說，就是舊時代，也不是因克己復禮而都能太上忘
情，而是受社會力量的禁錮，絕大多數人「像是」風平浪靜。
像是與實況有距離，或說大距離，具體說是背後隱藏著無限的
苦痛和淚水。新時代來了，情況有了變化，或說相當大的變
化。計有三個方面。其一最重大，是男女有了自由交往的機
會。不相識，可以並肩擠公共車，相識，可以貼胸跳交際舞，
以至大街上攜手同行，小屋中對坐夜話，等等，在舊時代都是
不可想像的。其二，與此相關，是女性地位提高，言行解放，
變昔日的三從為今日的一從，即婚姻大事也可以自己做主，婚

姻之外的其他事，只說社交方面的與男性，聚則同席，分則寫信，當然也就可以從心所欲。其三是對於兩性關係，看法正在"走向"現代化。這所謂現代化，有如經濟和科技，所謂先進國家在前面跑，我們在後面追。自然還有一段距離，因為我們的傳統底子厚，力量大，以車為喻，負載過重，快跑就不容易。但是在一些思想堪稱遺老（尤其女性）的眼裏，步子已經邁得太大了，比如一再離一再嫁，年及古稀的老太太也嫁，青年不婚而同居，以至婚外談情說愛，等等昔日認為不得了的，今日已成為司空見慣。遺老看不慣，卻無力反對，因為這是大勢所趨，用流行的新語說，是不以人的意志為轉移。而且可以推想，情況，用舊語說是方興未艾，因為如上面所說，我們還在遠望著現代化，追而且趕。這結果，可以想見，就目前說，因婚外而引起的問題已經不少，將來必致更多。

　　有問題，要解決，至少是要研究應如何處理。先問個根本的，是這種事（婚外有戀）對不對？好不好？難答，因為答之前，腳不能不踩在某一種"理"上。而理，都是既由天上掉下來，又由社會加了工的。而說起天命，古人說"天命之謂性"之後，接著說"率性"，而不問何謂天命，想是因為，一，缺少玄學興趣；二，天命如何，自然只有天知道。至於加工的社會，總是如韓非子所說，時移則世異，世異則備變，這世，這備，對不對，好不好，想評斷，就還要找"理"。不得已，三才，只好不顧天地而只問人，或稱為人文主義，其評斷原則是，"利"於人是對的，好的，反之是錯的，壞的。表面看，這個原則不壞，比如評論藥品，說真藥好，因為利於病，假藥不好，因為不利於病，涇渭分明，乾淨利落。由藥品移到婚外戀，問題就不這樣簡單，因為牽涉的人不只一個；更嚴重的是何謂利，也會成為問題。

麻煩問題之來，是因為利的範圍擴大，性質變為深遠，具體說是由利病變為利"生"。古人相信天地之大德曰生，又說"生之謂性"，"率性之謂道"，左說右說，至少原因的一部分是，恍惚有所感而想不很清楚，也就說不明白。求清楚，明白，還要在生的解析方面下大力量。這，我們在前面也曾大致談過，要點是，生的究極目的，以至有沒有，我們不知道；我們知道的只是，我們，說是天命也可，不說也乾脆，反正都樂生，生是一種求綿延、求擴張的趨勢，抗很難，所以就寧可"順應"。何謂順應？用莊子的每下愈況法答，是：衣，新潮皮夾克比敝縕袍舒服，我們就取新潮皮夾克而捨敝縕袍；食，烤鴨比白薯乾舒服，我們就取烤鴨而捨白薯乾；住，高級公寓比穴居野處舒服，我們就取高級公寓而捨穴居野處；行，奔馳臥車比椎輪大輅舒服，我們就取奔馳臥車而捨椎輪大輅；外加一項，飲食男女的男女，結合，西施比無鹽舒服，我們就取西施而捨無鹽：所以取捨都取決於感受，而不問舒服有沒有究極價值。不問究極價值是躲開哲理；其實由某一個角度看，順應也正是一種哲理。至於實際，順應也會引來不順，以新潮皮夾克為例，如果群體經濟情況還不能有求必應，運用順應原則而取就會引來許多問題，如貧富不均、求而不得等就是。這裏想談的只是由取西施而引起的問題。扣緊本題說是，已經有了如意人，看見西施，還愛，或另一性，看見潘安，還愛，怎麼解決？

如果用舊時代的眼光看，這問題容易解決，至少是容易評論，說是不應該。但就是舊時代，對於這類問題，也不是異口同聲，而是人多語雜。以曹植的《洛神賦》為例，本是見了已為曹丕霸佔的甄氏，愛而不得作的，後代讀書人，甚至包括程、朱、陸、王在內，不是唸到"凌波微步，羅襪生塵"，也搖頭晃腦嗎？這說穿了也頗為悽慘，是雖有禮教的大傘罩著，人心終歸是肉長的，有時就難免情動於中，不知手之舞之足之蹈之也。到現代，所謂新時代，禮教的大傘變為殘破（不是扔開不用），問題顯然就變為多而明朗，也就更難解決。難，有的由實況來，如上面所說，是男女不再授受不親；親的緊鄰是近，是情動於中，動有大力，"知止而後有定"（《禮記·大學》）也就難了。難，有的由理論來，是，如果扔開禮教的大傘，或暫不管社會的制約，見西施或見潘安而情動於中，就不應該嗎？想答，要先看看天命。天之生材不齊，有的人情多易動，有的人情少不易動。莊子是推崇情少不易動的，所以說："其耆（嗜）欲深者其天機淺。"現實也可以為莊子的想法作證，以《紅樓夢》中人物為例，林黛玉多情，傻大姐甚至不知情，林黛玉就不免多煩惱，多流淚，也就是生活多苦。至少由佛家看，林黛玉的路是錯了，正道應該是滅情欲，以求無苦。可惜這也是理想，因為，如舞台上所表現，有的和尚下山了，有的尼姑思凡了。這就又回到天命，是天機深的人，恐怕為數不多；街頭巷尾遇見的，各種渠道聽說的，幾乎都是天機淺的。有不少還是過淺的，那就寧願，或雖不願而不得不，"衣帶漸寬終不悔，為伊消得人憔悴"。這類為伊神魂顛倒的事，由於人不見經傳，以及社會的制約，絕大多數葬在當事者的心中。有少數，幸或不幸，成為流傳的軼事，如徐志摩，使君有婦，又愛林徽因，又愛陸小曼，表示見才女就情動於中，就是這樣。某男某女一愛再愛是個人私事，但因人可以推想天，是，如果清除社會制約而專看"天命之謂性"，多愛（男性較甚）大概不是某些人的習染之性，而是人人都有的本然之性，因為愛的生物本原是傳種，傳種與從一是沒有必然聯繫的。從一的要求由社會制約來，這有所為，是一，適應兩性間的獨佔之願；二，防止多求多不得而引起的社會混亂；三，利於生育和養育。如果這樣的理解不錯，就會因多愛之性而出現兩種不協調：一種是天命與天命間的，是多愛之性與獨佔之性不能協調；另一種是天命與社會間的，是多愛與從一不能協調。一切難題都是由這兩種不能協調來；或減縮為一種，是人和天的難於協調：人表現為理智的要求，是最好能從一；天表現為盲目的命令，是多愛。

荀子相信人力可以勝天，這很好，用實際來對證，也不全錯。如果發乎情，止乎禮義也算，縱使名為小勝，實例也許可以找到很多。但那是舊時代，重視社會制約而不問何以必須聽從制約。新時代來了，形勢逼人，是不想問也不能不問。比如更趨近現代化，人造了天的反，珍視戀情之流而不再重視傳種之源，又有避孕妙法為虎作倀，婚姻、家庭、地位也就不像過去（或兼包括現在）那樣穩固了吧？緊接著就不得不問，從一還是美德或必需的嗎？時移則事異，兩性親合關係的階段化，也許就成為司空見慣了吧？就現在說，這只是推想，但它可以因事見理，是從一的基礎可能是"一時的"社會制約，未必合於人文主義的理。人文主義要重視利生的利，利不能離開打算盤的量，而一打算盤，加加減減，從一與多愛，究竟誰上誰下，至少是還在不定中吧？這顯然還是偏重未來，至少是偏重理論說，有人會以為想入非非。那就由玄遠回到現實，看看從一與多愛間有甚麼糾纏。事實是硬邦邦的，最有力，可以先看看。婚前，成為眷屬的雙方，專就印象和感情說，情況千差萬別，簡化，比如說，有的是百分之百（可能不很多），有的只是百分之五十。婚後，依常情，會有小摩擦，就是沒有，日久天長，也必致要變濃為淡。而人，"天命之謂性"，總是需要，至少是歡迎情熱的，這時候，男女授受可親的機會就容易引來情動於中，就是原來的百分之百，也未必能夠心如止水吧？不止而動蕩，就社會說，有不如沒有，因為會在平靜的水面攪起一些或大或小的波瀾。就己身說，有無間的選擇就大不易，因為有，會有所失（包括各種苦惱和困難）；無，也會有所失（就不會得情熱）。更遺憾的是，在這類事情上，人常常沒有選擇的能力，而是迷離恍惚，墜入情網。苦也罷，樂也罷，成為事實，說有不如無也就不再有用；務實，應該研究，怎麼樣過下去才比較妥善。

總的問題是怎樣看待，然後是怎樣處理婚外戀的問題。怎樣看待，上面已經大致談了，是也來於天命之謂性，好不好，難說；反正人力有限，抗不了，只好順受。至於如何處理，因為牽涉到二人以外的另一些人，而二人的要求又各式各樣，具體說就大難。剩下的路只有一條，是概括說說原則。由喜怒哀樂之未發說起。總的精神是人與天兼顧。這之後是一，天機深的人得天獨厚，見可欲而心不亂，有福了，因為可以面壁而心安理得。二，得天不厚或不很厚，最好是能夠以人力移天然，譬如擇偶時候慎重，求百分之百，婚後想各種辦法，求百分之百不多下降，等等，以求不需要，或不很需要另外的情熱。三，幸或不幸而又墜入情網，宜於不要求過多，譬如滿足於柏拉圖式或準柏拉圖式，具體說是不求組成家庭，影響就可能不至過於深遠。四，也是最好，喜新而不厭舊，過一段時間，新也會漸舊，加以社會制約有大力，生活的這種波瀾可以漸漸平靜。就是狂熱時期，也應該認知這種情況，以求大事可以化小，小事可以化無。五，萬一相關的人有所察覺，宜於諒解多於責備。這樣做，理由之一來於對人生的理解（甚至想想易地的情況）；之二來於有所求，即上面所說，波瀾終於會漸變為風平浪靜。六，離婚是最下策，因為，除非你能找到天機深的；在男女授受可親的社會，找一個天機淺的，而要求除自己以外，對任何人都不會情動於中，是既有違天命又不合常情的（縱使同樣是可能的）。人總不能不生在天命之下和常情之中，所以可行的路只有一條，是樂得十全十美而又能安於不十全十美。

四七　職業

職業是靠勞動以維持生活的一種社會性的位置。意義可以廣，那就舊時代的家庭婦女也可以算是一種，因為也是靠勞動維持生活。通常是用狹義，就是要有個社會承認的職位名稱，如上至政府的總統，下至小商店的售貨員，等等，都是。人要活，活要靠多方面的物質條件，這些都要用勞動換（以金錢為籌碼），所以人生於世，就不能沒有個職業。自然，也有少數例外，如衰老可以靠供養，殘廢可以靠救濟，等而下之，不走正路，可以靠偷盜、搶劫等。職業還有個不明顯而也相當重要的用途，是使具有活而動的天性的人身心有個著落，從反面說是不至有無事可做之苦。總之，人，還有勞動力的時候，就不能不（至少是最好）有個職業。

職業種類繁多，幾乎近於無限。多會產生差異。差異也近於無限，這裏只說一些彰明較著的。總的表現為有高下；雖然在宣傳材料上，説是只有分工的不同，沒有高下的分別。高下主要由五個方面決定。一是名，聲名之名。溥儀，人人都知道，因為，連復辟、偽滿也算在內，做了三次皇帝。梅蘭芳，也是人人都知道，因為是名演員。俗話說，"人過留名，雁過留聲＂，人生在俗世，難得不俗，所以就不能不視有名為高。二是權，說了算之權。有的人說了算，揚眉吐氣；另一些人，正好需要那一位說了算，就不能不低聲下氣。權還有大小之分，至大無邊，那就嘆口氣也成為指示。且說這口氣是在下民看不見的地方嘆的，所謂天高皇帝遠，所以就更高。三是利，財貨之利。財貨之利可以計算，所以高下之分尤為明顯。比如大學教授月薪二百，中外合資甚麼公司的職工月薪一千，由計算可知，公司職工的位置比大學教授高五倍。又如室內上班，平均日收入七元，街頭賣菜，平均日收入七十元，由計算也可以推知，賣菜的位置比上班高十倍。四是勞逸。這方面的差異更加多樣化，如斜靠在躺椅上發號施令逸，汗滴禾下土勞。又如同是售貨員，賣古董（縱使是偽品）逸，賣食品勞。人是一種怪動物，雖然閒也難忍，卻又好逸惡勞。因為好，逸的也就成為高。五是愛憎。愛是心裏高興，如當節目主持人，描眉畫鬢，可以上電視，出風頭，青年人趨之若鶩。掃街，屠宰，殯儀館與死人打交道，等等，就大不同，幹得有滋有味的恐怕很少。人生難得開口笑，所以充當節目主持人之類就成為高。人之常情是趨高避下。可是如願卻不容易。原因的一方面是理，花花世界，當然任何事都要有人做。另一方面是事，人走上某個崗位，絕大部分要憑機遇，只有一點點是憑能力，想望而不能得，有如狐狸過葡萄架下，仰頭看，葡萄好吃，可是夠不著，也就只好作罷。

但發揮主動性，大道多歧，選，走上某一條，常常也是可能的。還有不少成功的例,如班超的投筆從戎,慧能(禪宗六祖)的離家學道,就是此類。今日怎麼選?想談三個方面。其一是怎樣對待上面談的高下。這個問題不容易處理,原因是義和利不容易協調。義,就算作說大話也好,為人處世,至少是關鍵時刻,應該有我不入地獄,誰入地獄的精神,以職業而論,都趨高避下,掃街之類的事也就不會有人幹,我們必須寄身於其中的社會也就無法維持。這是說,由義方面考慮,我們也可以,甚至應該,避高趨下。但是,人間遍地是重利的梁惠王,有幾個重義的孟子呢?所以大話說過之後,又不得不卑之無甚高論,就是說,也不能不權衡得失,如市場買物,挑好的,合用的。可是這樣一來,兩種不能協調的原則兼顧,舉步就難了。幸而這是文字般若,至於實際,在可意與不可意之間,捨前者取後者的,大概不會有吧?法不責眾,所以再說一遍,卑之無甚高論,比如在月得五百與月得三百之間,較逸與過勞之間,我們都取前者而捨後者,也就既可以得到社會的諒解,又可以心安了。其二不再是問題,而是應該遵守的原則,是瞻望前途,成就大、貢獻大與成就小、貢獻小之間,應該堅決取前者而捨後者。這裏藏著一個也許不小的問題,是用甚麼標準分辨大小。具體說不容易,只好依常識,說個概括的原則,是能夠利較多的人,甚至澤及後世的,是大,反之是小。大小都提出兩種,成就偏於就個人說,貢獻偏於就社會說。兩者經常合攏,以漢朝為例,司馬遷寫成《史記》,張衡製成地動儀,都是既有個人成就,又有社會貢獻,所謂公私兼顧。顯然，能這樣兼顧最合算，也最合理，選職業，如果有可能，當然應該走這合算合理的路。其三是要適應自己的條件。條件有兩種，一是才能，二是興趣。才能，一半來於天，所謂天之生材不齊，如有的健壯，有的瘦弱，有的聰慧，有的拙笨，有的美麗，有的醜陋，等等。還有一半來於後天的教養，比如上學與失學，上大學與只唸過小學，所知和所能就不會一樣。由社會方面說，要量材為用。自己方面也應該有自知之明，比如手無縛雞之力，就最好不選體力勞動，略識之無，就最好不選文墨工作；從正面說，是要選自己能勝任的，至少是經過練習必能勝任的。再說興趣，可能多半來於天，少半來於後天的習染。但既已定形，對於自己的情緒和成就，就會產生擺佈的力量。這可以表現為，順之就會心情舒暢，事半功倍；逆之呢，比如最討厭數目字而進了銀行，勉為其難，即使有幸而不出錯，終日，以至多年，皺眉應付，所受之苦也就太多了。所以，如果環境容許選擇，那就有如到餐廳點菜，應該點自己喜歡吃的。

以上是講道理，至於實際，問題就會更加複雜，或難解決得多。一個小難題是，客觀，某一職業的成就和貢獻，主觀，自己的才能和興趣，自己都未必能夠十拿九穩。拿不準，據之而選，也就有南轅北轍的可能，至少是像是合適而實際並不合適。大難題是道路千條，而擺在眼前的卻經常只有一條，就是說，不容許選。舊時代，弓人之子常為弓；放大一些說，人總不能不靠山吃山，靠水吃水。現代情況也差不了多少，因為自己羽毛未豐，邁步出門，路幾乎都是與自己有關的人，或說社會給指定的。按部就班入學像是好一些，因為，理論上，分配要照顧個人的專業，可是由個人的理想和興趣方面考察，完全合適的，數量可能不多。所以總的情況就成為，為了謀生，社會（或說機遇）把一個人放在哪裏，他就只好不管理想和興趣，接受並依照要求幹下去。

以主觀印象為標準衡量，職業有合意的，如愛權，真就走上或大或小的說了算的崗位；愛某種學業，真就成為某種專業的研究人員。這是事與願合，心情是得其所哉，工作，即使勞累也會自得其樂，而成就呢，如順水行舟，自然會事半功倍。問題是有了個職業，不合意，怎麼辦。先說心情，我的想法，宜於隨遇而安。理由之一，由整個社會方面看，任何事都要有人做，而人事的安排，我們還不能少聽從機遇而多聽從科學，安置不合適，或多數不合適，是不可免的，不可免，落到自己頭上就雖不合意而並不違理。理由之二，怨天尤人也無濟於事，反而不如安然接受而不計較得失。再說對待的辦法，可以分為守和攻兩種。守是盡職，這就是《孟子·萬章下》篇說的："孔子嘗為委吏矣，曰：'會計當而已矣。'嘗為乘田矣，曰：'牛羊茁壯長而已矣。'"把本職工作做好，於己可以無愧，於社會當然也會有益。攻是就把它當作自己的事業，俗語說，行行出狀元，深鑽，也許能成為這一行的狀元。最下是這山看著那山高，到不了那座山，在這座山又坐不穩。

可以不可以換職業？情況多種，要就事論事。以兩極端的為例，不喜歡換為喜歡的，不勝任換為勝任的，報酬少換為報酬多的，輕而易舉；其反面，如年歲已經較高，或所從事的工作是高學識或高技術的，改弦更張就不容易。兩極端之間的，比如不同的職位各方面都相差無幾，換不換兩可，那就多一事不如少一事。不過也要承認，尤其現代，有些人是樂於動而不願守成的，那就多嘗試也無妨；但有一點要記住，是自己必須有不只勝任而且做得好的信心。

最後說說，職業還有個反面，是無業。無業有被動的，是社會問題，這裏不談。主動的無業任何時代都不多，因為人總要活，不吃自己勞動所得就要吃別人（通常是祖先或家屬）的勞動所得，這，即使別人不說話，自己總當愧於屋漏吧？

四八　事業

甚麼是事業？表面看，沒有甚麼問題。如劉、項起兵反秦，人人都承認是在幹一番大事業。可是進一步問，一些小卒，隨著南征北戰，也許未捷身先死，從而有勞而未得受祿，算不算，問題就來了。推想劉邦會說算，因為一人成佛，雞犬升天；可是那位小卒就未必同意，因為他並未升天，現代的情況也是這樣，各種機遇限定某一個人必須一輩子當孩子王，到兩鬢斑白的時候，真是桃李滿天下，開甚麼大會，寫甚麼文件，都說他或她的教學是大事業；問題在於本人，清夜自思，算浮生之賬，也相信這是大事業嗎？推想是未必。可見所謂事業，要具備兩方面的條件，主觀的和社會的：主觀是自己覺得確是值得幹一場；社會呢，是有了或大或小的功和名。兩個條件都嫌模糊，需要進一步分析。

重要的是社會方面的條件，因為自己覺得如何如何，常常是傳統加時風，形成流行看法的結果。流行看法有對不對，或全對不全對的問題。為了簡化頭緒以及有說服力，以下想偏重說可適用於多時代的“理”，就是說，概括地看，所謂事業或大事業，究竟要具備哪些條件。

《左傳》有三不朽的説法，説是立德，或立功，或立言，就可以流芳千古。參照這種説法，我們可以推想，所謂事業或大事業，通常要具備以下幾個條件。

其一是在某一方面有超過一般的造詣。只是超過一般，不是超過一切。一般可以有兩種意義：如行業與行業比，大學教授不是一般，售貨員是一般；又如同一行業有很多人，其中有的人各方面都佔上風，不是一般，都平常，是一般。這樣，不管甚麼行業，只要自己有興趣，肯幹，就都可以當作事業。當然，我們也要承認，造詣與造詣比，還會有高下之別。高下由兩種比較來。一種是在同一行業中比較，如米芾和米友仁父子，都擅長書法，可是父更高。另一種是在不同行業中比較，如寫書，司馬遷《史記》很高，説書，柳敬亭也很高，兩者相比，我們總當承認，還是司馬遷的寫書更高，因為終是更難。這樣理解一般，理解造詣，就為通常所謂有事業心的人留有活動餘地，是可以力爭上游，不得已而取其次，也未嘗不可。

其二是要有功於社會。造詣超過一般，也可能無功於社會。最典型的例是偷盜，舊傳，今傳，都有技能超群的，可是難得算作事業，因為不利於社會。又如李笠翁在《閒情偶寄》中説，他設計新型馬桶，比舊的合用，不敢外傳，怕人稱為笠翁馬桶，這樣，是造詣不能為社會所用，也就不能算作事業。在這裏，為社會所用是個條件，造詣超過一般仍然是個不可缺少的條件，因為任何正當的工作都會有功於社會，如果貢獻平平，甚至在中人以下，那就不宜於稱為事業。這樣，我們就無妨用數學的方式表明，所謂事業，其成果對社會的貢獻，總要比人均貢獻的數字高一些。而說起這高，自然也會有程度之差。以科技為例，發明火柴，功績不小，不過與發明電相比，就不可同日而語了。這會引來一個問題，仍以發明創造為例，如發明紙煙，至少是無利，甚至毒品，有大害，能不能算作事業？本諸取法乎上的原則，專由律己方面考慮，最好還是不把這類活動當作事業。

其三是會得浮世之名。這所謂浮世之名，是指某數量的不相識的人也知道，而且總是帶有某種程度的稱許之意。名有大小。小是在小範圍內流行，如泥人張、風箏劉、天橋八大怪之類。大是在大範圍內流行。這所謂大範圍，有地域廣和時間長二義：如孫中山，全世界都知道，是地域廣；伯夷、叔齊，商周之際的人，至少是讀本國史的人都知道，是時間長。有不少人的大名還既地域廣又時間長，如中國的孔子和希臘的蘇格拉底就是這樣。名流傳於大範圍，一般要靠文字記載，所以能立言就佔了上風，遠如司馬遷，近如魯迅就是這樣。自己未立言，也可以借他人之言流傳，如《史記》中許多人物就是這樣。扣緊事業說，名大小，總是與事業成就的大小（表現為影響的大小）有因果關係。由這個角度看，在政場上活動的人就容易佔上風。以秦始皇為例，他有權強迫小民去修長城，甚至焚書坑儒，影響大，所以名就能在大範圍內流行。說到這裏，我們會想到一個問題，是過去有流芳千古和遺臭萬年的說法，遺臭萬年的活動，我們也可以稱之為事業嗎？所以還要補充一個條件。

其四是要符合德的要求。何謂德？為省事，可以借用孔子的話，說德就是仁。孔子說，仁者"己所不欲，勿施於人"，"己欲立而立人，己欲達而達人"。用現在的話說，是幹甚麼，要不只對自己有利，還要對別人有利，或再放大一些說，要對社會有利。歷史上，有不少人是幹壞事出了名的，如唐朝的周興、來俊臣，明朝的劉瑾、魏忠賢，等等，就是這樣。他們幹盡了壞事，是因為最高的統治者給了他們胡來之權；沒有權，幹壞事，影響不會太大。由這個角度看，我們甚至可以說，上溯幾千年，有治人之權的名人，其所以能得名，絕大部分是由於多做了壞事，現代也一樣，如希特勒，無人不知，無人不曉，也是因為幹盡了壞事。這裏的問題是，幹壞事，也能得浮世之名，能不能算作事業？兩種處理辦法。一種，把事業分作兩類，好事業和壞事業，說魏忠賢、希特勒等之所為是壞事業。另一種，說事業都是好的，凡不利於社會的活動都不能算作事業。為了鼓勵向善，扼止向惡，我看是以後一種辦法為好；還有方便之處，是可以籠而統之地說，人生於世，只要不夭折，都應該有事業心，以求就自己說，有成就，就社會說，有貢獻，並終於能得或大或小的浮世之名。

有哲學癖的人會提出疑問，這有甚麼值得珍視的價值嗎？人各有見；對於生活態度，更是人各有見。有少數人是持否定態度的。還有程度之差。一種程度淺，是所謂隱逸，逃名。時代早的，有傳說的巢父、許由之流。到莊子就兼有成系統的理論，是與其登上廟堂，寧曳尾於涂（途）中。佛家博大，好處是多容納，也就帶來難點，是抓不住；但如寒山、拾得，縱有豐干饒舌，也還是逃了。像這樣不要名，事業心也就沒有，至少是微乎其微了吧？還有程度深的，《列子‧楊朱》篇的一段話可為代表，那是："然而萬物齊生齊死，齊賢齊愚，齊貴齊賤。十年亦死，百年亦死，仁聖亦死，凶愚亦死。生則堯舜，死則腐骨，生則桀紂，死則腐骨，腐骨一矣，孰知其異？"這是一切都無所謂，事業與不事業，當然也就不值得掛心了。對於這樣的否定態度，我們要怎樣看待？再說一遍，至少是理論上，對於生活態度，尤其是言之成理的，對錯是頗難說的。所以，就是站在常人的立場，我們也宜於採取寬容的態度，那是，即使礙難信從而並不說那樣就絕不可行。但寬容的另一面還有礙難信從，我們也應該堅持，並且言之成理。這理可以淺，是我們是常人，對於那種超常的理想和行為，縱使高山仰止，卻難於做到；或者說，我們只能走常道，飲食男女，建功立業，窮則獨善其身，達則兼善天下。理還可以深，僅以莊子為例，就是在曳尾於塗中的時候，他講說了"寧曳尾於塗中"的有關人生之道的系統理論，說到事業，還有甚麼比這更大呢？用這個觀點看，如段干木、老萊子之流，躲開政治隱居，潔身自好，不同流合污，可以說同樣是幹了大事業。

這樣，下降到我們常人，就可以少問甚麼究極價值，而依常道處理常態生活。常道也很複雜，表現為各種生活態度和生活形態。還是就常情說，不同的生活態度和生活形態可以分高下，扣緊本題說，事業方面有成就是高，無成就是下。當然，我們應該力爭上游，求在事業方面有成就。求，實現要靠真去做；做，要注意以下幾點。

其一是要有志。這是在自己的人生之道裏，把事業放在相當重要的位置上，歷史上有些人，如班超投筆從戎，祖逖聞雞起舞就是這樣。有不少人相反，或根本不想這類事，或過於自餒，覺得自己甚麼都不成，無志，事業有成的機會也就很少了。自然，有志也未必能竟成，但總會比無志多有成功的機會，所以作為第一步，不可放鬆。

其二是事業，經常未必能與職業一致，那就應該在業餘，選定目標，鍥而不捨。如碰巧能與職業一致，如舊時代，玄奘的譯佛經，現代有所謂專業作家，事業與生計合攏，當然就更好，不能合攏，要多費些力，如果有事業心，也不會感到負擔重，苦惱。

其三，事業的成就，有輕重之別，輕重表現在多方面，其中之一是，輕的，火熱一時，重的，真就流芳千古。而偏偏，火熱一時的最有吸引力，眼皮子薄的人容易為表面現象所迷，於是趨之若鶩。這可能費力也不小，通常是時過境遷，就與草木同腐。所以有事業心，還要能衡量事業的輕重，堅決取重而捨輕。

其四是也要知道，世間人很多，事業方面有成就的終歸是少數。這原因有社會方面的，很多人沒有受教育的機會，目不識丁，求事業方面有成就顯然就大難。但即使機會和條件都具備，造詣超過一般也只是可能，而並非必然。這樣，如果有志而不能竟成，怎麼辦？我想，可行之道應該是：盡人力，成固然好，不成則等於取法乎上而僅得乎中，仍可與常人為伍，安之而已。

四九　信仰

　　"生"是被限定的一種情況，正如彗星之繞日運行，也是被限定的一種情況。這限定之下或之中，自然還會有多種限定，只說一些犖犖大者。偏於身的是飲食男女，抗，大難，除非有大力，連生（包括求活得好）也不要了。偏於心的是要知，要信，表面看不像飲食男女那樣質實，骨子裏卻更為有力，因為有邏輯或康德的所謂理性為靠山。關於知，《莊子·秋水》篇末尾"莊子與惠子游於濠梁之上"的辯論可為明證，是莊子駁惠子的"子固非魚也，子之不知魚之樂，全矣"，說："子曰'汝安知魚樂云'者，既已知吾知之而問我，我知之濠上也。"這說得更簡單明快些是，不知也只能來於有所知。關於信，可以舉古希臘的懷疑學派為證，老師落水，大弟子不救，得到老師的賞識，因為對於救好還是不救好，他懷疑。可是，如果我們進一步問："對於懷疑主義，你是否也懷疑？"也懷疑，顯然問題就太大了。這表示，我們生在世間，不能不有所信。信是怎麼回事？應該信甚麼？問題顯然不簡單，以下擇要談談。

　　依習慣用法，"信"和"信仰"有別，信義寬，信仰義窄；

所有信仰都是信，有些信不能稱為信仰。所信可以是零星的，微小的，如信窗外的一株樹是柳樹，樹上落的鳥是麻雀。這習慣稱為知，由堅信不疑方面看也是信。所信還可以是不微小的，如信珠穆朗瑪峰最高，哈雷彗星76年後還會再來。這也是知，也就可以稱為信。信仰的所信，大多指具有玄理意味的，如信有全知全能全善的上帝，有佛、菩薩，月下老人有能力使有情人成為眷屬，等等。專由這類事例看，信仰的所信是超現實的，或說是無徵而信，或乾脆說是迷信，信窗外的樹是柳樹不是迷信，界限分明。其實問題並不這樣簡單，比如相信還有明天，相信活比死好，我們能夠找到可信服的證據嗎？如果真去找，追根問柢，最後可能就發現，這類事之所以像是確定不移，就因為絕大多數人信它，從未想到過還需要證據。但為了省事，我們無妨就以人的主觀為依據，說這類無徵而信的是知的信，不是不知的信；不知的信，如上帝、佛祖之類，才是信仰。

話還沒有說清楚，或者說，裏面還藏著問題，所以不清楚。甚麼問題呢？一個問題是由"知"來的。比如上帝，說不知，神父、牧師一流人就不會同意；佛祖，說不知，身出家心也出家的僧尼就不會同意。另一個問題是由超現實來。這有時會失之太寬，如到卦攤找甚麼鐵嘴算命，也就不能不算信仰。有時又會失之過嚴，如孔孟之信仁和中庸，邊沁之信功利主義（其實不如譯眾樂主義），也就不能稱為信仰。不得已，只好從另一面下手，說人，為了生活能夠有絕對保障，究極意義，常常不得不設想一種超越的力量（具體的神靈或抽象的道理），以作為寄託心靈的靠山，對於這個靠山的依賴和崇拜，是信仰。這樣說，信仰的對象就具有這樣一些性質：它是惟一的，至上的，也就沒有任何事物能夠與它相比；它是超越的，也就不需要任何理由來證實它，支持它；它有大力，所以絕對可靠，能使人心安理得；它存於人的內心，所以不同的人會有不同的形質，或說公信公的，婆信婆的。

　　為甚麼要有這樣一個虛無縹緲的？總的說是無可奈何而不甘心無可奈何，只好畫餅充飢。人生，為天命所制，微弱，有限，也就可憐。可是心比天高，願意，或並自信，有智慧，有能力，雖然知也無涯，形體不能永存，卻幻想能明察一切，生有偉大價值，並非與草木同腐。不幸這願意或自信，不能在現實中找到對證或保證，怎麼辦？有退守或進取兩條路。退守是不求，即知道人生不過是這麼一回事，有膽量面對現實，破罐子破摔。古代道家如莊子，說“知其不可奈何而安之若命”，列子，說“生則堯舜，死則腐骨，生則桀紂，死則腐骨”，可以算作這一路。這破罐子破摔的態度，看似容易而實難，因為事實是正在活著，又要把活著當作無所謂。也就因此，幾乎所有的人都走進取一條路，找理由，找靠山，在現實中失敗，就到現實的背後，勉強（從設想中）找到，不能在理性方面取得證明，就不要證明，以求能夠心滿意足。這心滿意足還可以分析，主要是三種心態，一種是全知，另一種是永存，還有一種是一切活動的有意義。先說知。活，尤其活得順遂，要靠知，所以也可以說是天性，人沒有不樂於求知的。知有近的，如雞蛋可吃；有遠的，如銀河系外還有天體。莊子已經慨嘆"知也無涯"，我們現代就更甚，是所知漸多，越苦於有些大事我們還不能知。比如我們生於其中的這個大環境究竟是怎麼回事，我們有生，生究竟有沒有價值，等等，是直到現在我們還不知道。"不知為不知"，是孔子的看法。或說理想，至於一般人，就難於這樣知足，因為活了一輩子，連有關活的一些大事也不明白，終歸是難忍的憾事。又是不得已，只好乞援於設想，比如是上帝願意這樣，然後是堅信，也就可以心平氣和了。再說永存。人，有生，於是樂生，貴生。不幸是有生必有死，這是天大的憾事，如何對待？莊子是任其自然，所以老伴死了，該唱就"鼓盆而歌"。西漢楊王孫也可以算作這一路，是裸葬以求速朽。至於一般人就很難這樣看得開。這也難怪，書呆子幾本破書被焚，佳人的釵釧被搶，還心疼得要命，何況生命？所以要想法補救。一種補救辦法是上天代想的，是傳種，生孩子，容貌、性格像自己，自己百年之後，還有個"三年無改於父之道"（《禮記·坊記》），似乎可以安心了。但那終歸是間接的，總不如自己能夠長生不老。道教，葛洪之流煉丹就是求這個。可惜是葛洪，直到白雲觀的道爺們，都沒有能夠長生不老。所以又不能不向天命或自然讓步，到關鍵時候，只好狠心，捨去形體，想個別的辦法，以求永存。這辦法，有小退讓和大退讓兩種：小是形亡神存，大是形亡名存。神，或說靈魂，存於何處呢？天主教、基督教是升天，坐在上帝旁邊。佛教（尤其淨土宗）是到極樂世界去享受，因為據《阿彌陀經》所說，那裏遍地是鮮花和珠寶。其下還有俗人的，《聊齋志異》一類書可為代表，是與陽間對稱，還有陰間，那裏雖然有閻羅和小鬼，不好對付，但也有酒舖，可以買酒喝，還有不少佳麗，可以依舊風流。再說大退讓，是用各種不朽的辦法以求名存，前面已經專題討論過，不再贅述。最後說第三種心態，一切活動都不是枉然，而是有意義，或說有價值。這不像求永存那樣清楚，或竟是在無意識中暗暗閃爍，但也未嘗不可以推而知之。活動各式各樣。可以分為大小，如殉國是大，訪友是小。還可以分為忙閒，如修橋補路是忙，作詩唱曲是閒。不管忙閒，就活動者的心情說，可以重，是以為應該如此，可以輕，是覺得有滋有味，這應該，這滋味，不能沒有來由，這來由也是信仰，縱使本人未必覺得。

　　以上的分析也可以用家常話總而言之，是，所以要信仰，是圖精神有個著落，生活有個奔頭。但人，性格不同，經歷（其中更重要的是學歷）不同，信仰自然也就不會盡同。具體信甚麼，千頭萬緒，不好說。這裏只想依所信的性質的不同，概括為三種。其一，所信不明確，像是沒有甚麼信仰；或者說，聽到甚麼就接受一點點，頭腦中成為五方雜處。古往今來，我國的平民大多走這一條路，鄉村的有些寺廟可以說明這種情況，是既供養孔孟，又供養太上老君和觀世音菩薩。這算不算沒有信仰？站在教徒的立場，也可以說是沒有信仰。我的看法不是這樣，因為沒有信仰有兩種情況，都是很難做到的。

一種是《詩經》所謂"不識不知,順帝之則"。這是老子設想的"虛其心,實其腹"一路,虛其心,其造詣也許就不只是少思寡欲,而是無知無欲,又談何容易。另一種是由廣泛而深遠的思辨而來的不信,這是因為追尋所以然而終於不能明其所以然,就不能不暫安於懷疑,也是談何容易。所以,對於這種頭腦中模模糊糊的情況,我們與其說是沒有信仰,不如說是同樣有信仰,只是不夠明確。最明確的是其二,宗教。不管是信上帝,還是信佛、菩薩,都是信的對象明確(不是可見、可聞、可觸,而是誠則靈),並且有組織、禮儀等加固,因而也就像是有靈驗。人生不能不有所求,於是,根據能捉老鼠就是好貓的原則,既然靈驗了,它就有了大用。其三是傳統的所謂"道","朝聞道,夕死可矣"的道。這道是慣於思辨的讀書人的理想的甚麼,可以偏於知,如說"天命之謂性",也可以偏於行,如說"畏天命"。讀書人敬鬼神而遠之,有所思,有所行,又希望能夠心安理得,所以不能不乞援於道,或說樹立自己的道。道是對天對人的認識的理論系統,有了這個系統,求知就有了答案,行就有了依據。自然,人心之不同,各如其面,因而不同的人也就有不同的道。但也可以大別為兩類。一類可以舉"天命之謂性,率性之謂道"為代表,是以天理定人為,儒家,尤其宋儒程、朱,都是走這一條路。另一類是不問天,只管人,如英國小穆勒之信邊沁主義,以及無數人的信這個主義、那個主義,以為一旦照方吃藥,娑婆世界就可以變為天堂,都走的是這一條路。

　　信仰有好壞問題，評斷，似乎仍不得不以人文主義為標準。比如信上帝，並信上帝是全善的，因而對己，由於相信得上帝的庇護而心安，對人，由於相信上帝樂善而時時以仁愛之心應世，我們總當說是好的。反之，因信上帝而以為惟我獨正確，並進而發了狂，於是對於異己，為了拯救靈魂，不惜用火燒死，我們就很難隨著喊好了。可以不可以兼評論對錯？如果對錯是指有沒有事實為證，那就不好下口，因為信仰都是來於希望和設想，求在事實方面取得證明，那就近於故意為難了。

　　由以上的分析可知，信仰，雖然難於取得事實為證，卻有大用。有用，正如我們對於諸多日用之物，當然以有它為好。可惜是有它並不容易。記得英國的培根曾說，偉大的哲學，應該始於懷疑，終於信仰。始於懷疑，這是由理性入手，能夠終於信仰嗎？我的想法，有難能和可能兩種可能。難能，是理性一以貫之，就是思辨的任何階段，都要求有事實為證，或合於推理規律。比如信仰上帝，就會問，這至高的在哪裏？如果如《創世記》所說，一切都是他所造，他是誰所造？依理性，這類問題可以問，可是問的結果，獲得信就大難。另一條可能的路是分而治之，比如說，上講堂，用理性思辨，上教堂就暫時躲開理性，只用崇敬之情對待上帝。這種不一以貫之的辦法，用理性的眼看，像是不怎麼理直氣壯；但人終歸不是純理造成的，所以很多明達之士，也還是樂得走這條路。

　　用實利主義的眼看，始於懷疑，以理性為引導往前走，未能終於信仰的人是苦的，因為得不到心的最後寄託。這從另一面說就是，人應該有個信仰。信甚麼好呢？具體的難說。可以概括說，是最好離理性不過於遠而又合於德的原則。理性與迷信是相反的，所以離理性不很遠，就要迷信氣輕一些。舉實例說，信天，或說大自然，或說造物，或說上帝，就會比信二郎神好一些。如果仍嫌上帝之類離理性過遠，那就無妨效法禪宗的精神，呵佛罵祖而反求諸本心，就是說，不靠神而靠道。卑之無甚高論，如"天命之謂性，率性之謂道"的道也可以勉強算吧？至於德，前面多次說過，其實質不過是利生，包括己身之外的生，所以"以眼還眼，以牙還牙"就不能算，更不要說落井下石了。最後總的說說，信仰方面的大難題是難得與理性協調，而偏偏這兩者我們都難割難捨。就某個人說，有的信仰佔了上風，如有些老太太，虔誠地唸南無阿彌陀佛而不問是否真有極樂世界，應該說是因信仰而得了福報。其反面，理性佔了上風，比如由上帝處興盡而返，想寄身於道，偏偏這時候，理性又來搗亂，問，這樣的道，有價值，根據是甚麼？顯然找不到最深的根，於是像是穩固的信仰又動搖了。動搖的結果，如果放大，就必致成為生的茫然。古語有"察見淵魚者不祥"的說法，我想，在有關信仰的問題方面，情況正是這樣。

五○ 道術

上一個題目談信仰。信仰是進教堂時候想的，想求得的是超過現世之生的甚麼。人總不能常跪在教堂裏，因而走出教堂，飲食男女、柴米油鹽的時候，對於生，還會想到家常事物的是非、高下之類的問題。想而有所得，即覺得怎麼樣活就好，並進而照辦，這覺得和照辦，我們稱為"道術"。説我們稱，因為，至少莊子不這樣用。《莊子·天下》篇開頭説："天下之治方術者多矣，皆以其有為不可加矣。古之所謂道術者果惡乎在？曰，無乎不在。"成玄英疏："方，道也。"方術也是道術。《莊子》這最後一篇是評論諸子百家的，所以道術等於今所謂學術。學術自然也會牽涉到行，但重點終歸是講學理。我們這裏是變全為偏，變高為下，雖然也是道，卻是小道，不過是想談談，一般象牙之塔外的人，有時也會想到，或只是感到，怎麼樣活才有意思，究竟是怎麼回事，以及會碰到的一些問題而已。

怎麼樣活才有意思，是想的，或只是感到的，為了減少頭緒，總稱為"想的"。想的與現實的關係非常複雜。其一，可以把凡是出現的都當作現實，或"另一種"現實。莊生夢為蝴蝶，這夢也是現實；自然，這夢中的蝴蝶與花間飛的蝴蝶並不是一種現實。其二，想的也要由現實來。人不能鑽入鼠洞，但可以想像鑽入，這鼠洞，這鑽入，卻仍是只能由現實來。道術也一樣，貧無立錐之地，也未嘗不可以想，一旦發跡，就也肥馬輕裘，鐘鳴鼎食。其三，想的（道術）與現實（實生活）有可能合而經常有距離。合是指覺得一切都好，不再希求甚麼，因而也就不想變。這在理論上並非不可能，俗人，如乾隆皇帝，也許就是這樣吧？還有傳說的聖賢，或說得道者，孔子"七十而從心所欲，不逾矩"，真悟了的禪師，飢來吃飯，困來睡眠，也許真能達到這種境界吧？但理論的可能終歸只是可能，至少是一般人，覺得一切都好，不再希求甚麼，即想的完全成為現實，總是非常之難的。這是說，想的與現實總是有或大或小的距離。其四，想的（道術）又必致影響現實（實生活）。影響可以小，如想法湊錢，買摩托車，有忙事騎，有閒情兜風，就是此類。影響也可以大，如班超投筆從戎，立功異域，終於得封定遠侯，就是此類。

"道也者，不可須臾離也，可離非道也。"見於四書中的《中庸》，這是說"天命之謂性，率性之謂道"的大道。其實，我們稱為道術的小道也是如此，比喻為蝸牛的觸角，只要往前走，就不能不由它來探測，取想望的，捨不想望的。所想望，可以明顯，如獨身之想找伴侶，成家立業；可以不明顯，如晨起必散步，也許並未想，其實是希望健康長壽。所想可以大，如想出國，換個境遇生活；可以小，如窗前闢個小園，養花。

所想可以高，如窮則希聖希賢，達則除弊政，救民於水火；可以下，有了權，也堂上一呼，堂下百諾。以上是就性質説，歸類，可以有限。如果換類的性質為個人的具體，那就必致成為無限，因為事實必是，人人有人人的道術，甲的和乙的，至多只是近似而不能等同。無限，不能説；而為了用，又不能不説，怎麼辦？想從另一個角度説説。

這是著眼於個人，兼考慮道術的性質及其滲入人心的程度，計由淺入深，可以分為四種。其一是"不識不知，順帝之則"，至少是沒有明確地想，哪一種生活是合意的。尤其是舊時代，長時期的艱苦境遇迫使人慣於忍受，只求能活，不計其他，自然就難於形成多少帶些進取意義的道術。還有，道術的形成，不能離開是非、高下的認識，有大量的小民沒有知識，也就缺少評斷能力，因而生活就會安於順帝之則。這近於老子設想並期望的"虛其心，實其腹"，如果可能，也未可厚非。問題是亞當和夏娃吃了智慧果，他們的子孫就難得完全虛其心。這是説，"不識不知"不容易，也就未必不需要道術；或從另一面，泛泛地説，為了活得好，對於任何人，道術終歸是有用的。其二，另一種是評斷，有希求，只是零散而不成系統。這是隨波逐流而加上一些個人癖好，比如衣覺得西服好，住房覺得四合院好，這是有所見。可是這所見都是因地制宜，所以可能不協調，還可能變。還可能大變，如一向甘居下游，忽而表現為積極。與第一種不識不知的人一樣，這樣的人，數目也是相當大。這樣游離好不好？為本人著想也不無好處，是少執著，於是因過於認真而引來的煩惱就會少得多。其三，再一種，有希求，而且明顯，面廣，固定，只是沒有理論系統來支持。所求各式各樣，可以俗，如今之醉心於富，為發財而無所不為；昔之醉心於功名，如《儒林外史》之范進，頭童齒豁而仍奔走於考場。可以雅，如太史公司馬遷之立志完成《史記》，"藏之名山，傳之其人"；以及《高士傳》、史書隱逸傳中所寫人物，不避飢寒而遠離官場。古往今來，為數不少的人，通常所謂有志之士，以及一般立身正直、遇事認真的，心裏顯然都明擺著是非高下，也就都可以歸入這一類。對於這樣的人，我們應該怎麼看？我的想法，這是重視人生，不想混過的一種表現，可以說是好；只是這樣的道術，或來自傳統，或來自時風，或來自傳統加時風，而傳統和時風，總是瑕瑜互見，不幸而所取是瑕，如捨命追求功名利祿，那就也會引來壞的結果。最後說第四種，有系統理論支持的道術。泛泛說，這是對人生的意義有自己的看法，或說有自己的人生之道；其後是對於自己的現實生活，有可意有不可意，並求（至少是希望）變不可意為可意。更重要的是這樣一種情況，如果你問他為甚麼這樣做，這樣想，他會講出一片大道理，這道理成系統，所以道術就成為名副其實的"道"。顯然，在世間，這樣的人，數目不會很多；勉強找，也許要到哲學史一類書裏去吧？這就使我們想到（限定本國）千百年來的所謂三教（儒、道、釋）。其實，道無限，儒、道、釋只是由於塊頭大，就像是可以壟斷一切。這裏就無妨以之為例，說說道術的多歧。就對於俗世生活的看法説，儒家代表一般人，是既然有了生，就應該重視，想方設法求活得好，合情合理。人生而有欲，現實中有不少壞事，如何才能合情合理？辦法是克己復禮，即講倫常，節制自己，以求人人都能養生喪死無憾。對於同樣的世間生活，道家就變重視為無所謂。活著也好，所以有時候説"寧曳尾於涂中"；病甚至死了也無妨，所以喪妻還可以"鼓盆而歌"。這是不執著以求減少求而不得之苦。佛家是進口思想，由多受苦而形成仇視世間（自然不能徹底）的看法。他們覺得世間生活只有苦，沒有樂，所以想滅苦就要出世間。出家了，到山林，或者仍在市井的寺院，能夠算出世間嗎？不得已，只好反求諸心，雖身不能離世間而心可以自性清淨。三教的高下，昔人曾經有興趣，問題過於複雜，這裏只想説，節制也好，任其自然也好，出世間以滅苦也好，我們總當承認，都是有系統理論支持的道術，所以也就都值得重視。重視，因為所有像樣的道術都值得參考，以求形成自己的。

　　以下由泛論轉為説自己的，想説四點。其一，覺得怎樣活才有意思的個人道術，有好還是沒有好？用老莊的眼看，是沒有好，因為老死牖下與投筆從戎，同樣是無所謂。常識也可以出來助陣，比如以苦樂為應取應捨的標準，"出師未捷身先死"就不如"不識不知，順帝之則"。可是我們不能走老莊那條路。理由有消極的，是由有知退到無知已經不可能。還有積極的，是既然有了生，就應該求活得好一些；這好只能由自己的道術來，縱使某一道術也可能並不高明。總之，道術即使不能充當生活向上的充足條件，也總是必要條件。所以，用平常話說，為了不白白活了一場，我們任何人都應該有自己的道術。其二，道術有高下，甚至有好壞，如何分辨？這個問題，上面已經接觸到，這裏補充一點原則性的，是不要圖小利、近利、己利。這個原則提高，也可能趨向或達到無利，如司馬遷之著《史記》，以及其中所記，伯夷、叔齊之流就是這樣。語云，取法乎上，僅得乎中；道術上，大不易，"取法"乎上總還是應該的。其三，要不要一以貫之？三教的道術都是一以貫之，如儒家就明白說，"忠恕而已矣"（《論語‧里仁》）。一以貫之是所求明確，並有理論支持，其結果必是不惑。這當然好；只是就一般人說，未免要求太高。退一步是認識明確，不隨風倒。不隨風倒是有主見，不輕易地見異思遷。但遷還是可以的；有些人，也許主見並不堅實，遷就成為不可免。這裏只能提這樣一個要求，是遷也罷，不遷也罷，都應該是慎重考慮的結果。其四，像是還有個嚴重的問題，是，自以為是的道術，是否會並不值得珍視呢？這個問題不好解決，也就難於處理，因為評論某一具體道術的價值，以甚麼為標準難說，還要照顧某個人的各方面的條件。不得已，我們也就只好但行好事，莫問前程而已。

五一

愛好

　　由道術下降，係人之心的還有"愛好"。或者說，道術是總的，其中還可以包括零碎的愛好。愛好是一種心理狀態，對於某些事物，通常是非生活所必需，但有就高興，因而想求而得之。求的心情還常常很強烈，我們習慣稱為"癖"，含有愛得很厲害，以致欲戒而不得的意思。語云，無癖不可以為人，這可以作保守和進取兩種理解：保守是，人大都沒有看破一切的修養，既然高不成，只好任其低就；進取是，惟其有癖，才更可以顯示其人的率真，甚至超常，如米元章之愛石，錢牧齋之愛書，黃莘田之愛硯，等等，都是。這樣說，癖也許有拔萃的一面，一般人的所謂愛好，程度大概不會這樣深。但這也自有其價值，退而又退地講，世間不少冷酷，不少艱險，至少是不少枯燥，也就不少苦悶和煩惱，人，為天命所限，總不能不希望，疾首蹙額之中，也間或能夠破顏為笑吧？這有多種辦法，而有愛好，心有所繫，總是其中之一，或重要的之一。明此理，見到世間有各種迷，如有的人唱京戲，是戲迷，有的人跑球場，是球迷，有的人跑郵局，是集郵迷，有的人逛書店，是書迷，等等，五花八門，就不足為奇了。

　　人心之不同各如其面，在愛好方面表現得尤其是這樣。有沒有一點愛好也沒有的？愛好與文化程度和生活條件有密切關係，推想舊時代、偏僻地區的貧苦農民，吃不飽，穿不暖，為能生存而掙扎，大概是不會有，甚至想不到愛好的。不具備這兩個條件，或者說，生活情況還可以，至少是沒有降到水平線以下，如果不像印度苦行僧之有意修苦行，沒有一點消閒之心，就幾乎成為不可能。而且可以進一步說，愛好只是單純的一種，也必是極為罕見。這愛好的非一，或相當多，可以是異時的，如愛郵票換為愛書；更多的是同時的，如既好下棋，又愛跳舞。愛好多，負擔會加重，如既費時間又費錢。但俗語說，好者為樂，好而至於成為癖，在不好者看來，簡直不可解，甚至可笑；當其事者就不然，而是"此中有真意，欲辨已忘言"（東晉·陶淵明《飲酒》）。這就是人，這就是人生。

　　愛好，人人不同，這分別由各種渠道來。一種，也許力量最大，是性格。性格由較多的先天加較少的後天形成，形成之後就有大力，決定行為的大力。愛好也必表現為行為，如唱京戲，買郵票，某甲這樣，某乙不這樣，我們說這是性格不同。性格有後天成分，或說不能不受後天的影響，如米元章拜石而不集郵，因為那時候還沒有郵票。後天的條件不只一種。其一是環境。這顯而易見，比如住在偏僻的山區，沒見過各種少見的郵票，自然就不會產生集郵的愛好。環境中還有個重要因素是人，與自己有交往的人，所謂"近朱者赤，近墨者黑"，就是說，愛好也會傳染，比如說，自己本不想跳舞，因為好友喜歡跳，也就跟著去跳了。其二是境遇，主要是有沒有錢和有沒有閒。愛好，原來沒有的想求得，或進一步，原來少有的想多有，就要用錢換（如書畫），或用閒換（如下棋），或用錢兼閒換（如聚書）。所以，睜眼看看就會發現，經常是，境遇越好，愛好越多。其三是時風。這是指流行於當時的評價意識。如某種事物，多數人覺得有價值，因而也就有榮譽，反之就沒有榮譽。人，看法違背時風是不容易的，於是，比如集郵成為一股風，有不少人，對那個小花票本來沒有興趣，也就隨著追逐，不惜大價錢買了。其四是傳統。這多半是讀書人，熟悉古事，不知不覺也就隨著昔人的腳步走，比如硯和墨，今日幾乎成為廢物，可是有些人還是肯費大力，出大價錢，搜求顧二娘和方于魯。以上說環境、境遇、時風、傳統共四種，這四種可以單獨行軍，但更常見的是聯合作戰，分，或聯合而出力不同，其結果就成為愛好的各式各樣。

各式各樣，具體說無盡，也不必要。可以說說的是有否高下之分。想來任何人都會承認，是有高下之分。分高下要有標準，標準玄遠，可以捨遠取近，只依常識，比如兩個人，各方面的條件差不多，而且都有爭勝之心，而愛好有別，甲所愛是圍棋，乙所愛是打麻將，幾乎人人都認為，甲的愛好比乙的愛好高。即以這常識為標準，可以把愛好分為由高到下的四類。第一類最高，是愛好與進德修業有關。舉兩種為例。一種是愛好古典詩詞，有閒錢就買這類書，有閒時間就隨著古人吟誦，或"窮年憂黎元，嘆息腸內熱"（唐・杜甫《自京赴奉先縣咏懷五百字》），或"衣帶漸寬終不悔，為伊消得人憔悴"。吟誦久了，熟能生巧，也許進一步，或登高望遠，或花間月下，心有所感，也用平平仄仄平的形式寫出來。吟，寫，未必能換錢，卻有大獲得，是移心於詩境，這是生活的上而又上，所以可以稱為高。另一種是愛好書畫，不只搜羅，還自己動手。書，可師法的單純，可以限於本國的古人；畫則可以古今中外。這方面，如果成為癖也大有好處，工作之暇，動筆，不能遠追晉二王（王羲之、王獻之）、清四王（王時敏、王鑒、王原祁、王翬）而能得其彷彿，損之又損地說，也總可以自怡悅，所以也可以稱為高。再說第二類次高的，是與學業無關，但可以消遣閒情。也舉兩種為例。一種是舊時代的，愛好佳硯，尤其是古硯，於是也就費大力（精力和財力）搜求，寶而藏之。這搜求不為用，是為欣賞，即看著高興。人生，高興並不易得，所以能供消遣也就是有了大用。另一種是現代的，愛好照相，買好照相機，學照的技術，有的還置備沖洗工具，自己沖洗，放大。人，似水流年，能夠留下一些生活的痕跡，時過境遷，找出來看看，也不無好處，所以這雖然是費力（也是精力和財力）之事，也可以說是很值得。再說第三類不高的，是所愛好與利有關。舊時代，有不少所謂守財奴，愛錢如命，如《儒林外史》所描寫，就是此類。現代呢，據說有的人集郵，也為贏利，如果竟是這樣，那就也應該劃入這一類。最後說最下的第四類，是常說的所謂吃喝玩樂，對修身、事業有妨害的。最典型的是賭博、吸毒之類，如果也成為癖，那就必致害了己，兼擾亂了社會。

愛好有高下，用不著說，任何人，只要不能做到毫無愛好，就應該趨高而避下。可惜的是，在這方面，就一般人說，總是趨高較難，趨下較易。比如迷書法與進賭場之間，前者要靠長久的修養，後者就不過是一念之差。高，難，下，易，趨高就不得不勉為其難。但勉為是理想；能否有成，至少一半要決定於實際。這實際，有社會的情況。人，在社會裏活動，憑自己的所知、所感，對於社會中的諸多事物，有愛有憎，有取有捨，所取，總是社會裏不稀有的，這是說，就是個人的愛好，也不能不受社會情況的制約。舉實例說，舉世都忙於爭利，讀書成為鳳毛麟角，個人愛好成為古典詩詞就大難，因為也許就沒有機會接觸。這就過渡到另一種實際，是個人的生活情況。王獻之成為大書法家，推想是來於對書法的愛好，何以會有此愛好？原因，或主要原因，是他有個書法家的父親，王羲之。這樣，社會情況加個人的生活情況，愛好的選取，個人就絲毫不能為力了嗎？也不盡然。理由之一是，至少是在某種情況之下，英雄也未嘗不可以造時勢。這是通常說的有志者事竟成，志來於個人，可見，即使強調客觀，個人終歸還有或多或少的活動能力。理由之二是，客觀情況也常常會有可此可彼的兩歧，比如帶著錢走入市場，貨架上既有《全唐詩》，又有照相機，買哪一種，即取哪一種愛好，還是可以由自己決定的。所以，為了愛好的趨高避下，我們還是應該勉為其難。勉為之前先要能分辨高下，所以"知"是很重要的。

　　談到知，還有個與愛好有關的問題需要考慮一下，那是，有"玩物喪志"一說，究竟對不對？這個問題不簡單，因為情況多種多樣。首先是所謂志指甚麼。照通常的理解，是指大志，即成大功、立大業的願望，有愛好，就會使大志化小甚至滅絕嗎？顯然還要看是甚麼愛好。吃喝玩樂，通常當作有害的那些，可能會有這樣大的影響。向上，那些公認為無傷大雅的，如紀曉嵐之愛好佳硯，似乎就不至喪志，因為他仍能編寫成《四庫全書總目提要》，至二百卷之多。這兩種不同的情況會使我們悟到一種可以稱為中道的理，即不高不下的愛好可以有，但宜於適可而止。適可是不過度。過度的表現及其危害，至少有這樣兩種。一種，表現為願望的獨佔。其結果是其他都不顧，事業云云自然也就化為空無了。另一種，表現為貪得無厭。據我所知，有些迷古董（或一種或幾種甚至多種）的人就是這樣，逛古董舖，見到一件，覺得不壞，價不低，不買到手心不安，於是東拼西湊，好容易到手，又遇見一件，覺得更好，價自然也就更高，想買到手，力量不夠，心更不安，於是不惜賣家當，借債，奔走呼號。這是因貪而走向消遣的反面，本為取樂，反而引來大苦惱。這苦惱，連帶上面提到的喪志，使我們不能不想到，非生活所必需的愛好，雖然在整個人生中不佔重要地位，處理得合情合理也並不容易，所以為了得多失少，仍須好自為之。

五二 貧富

　　以金錢為籌碼，貧是錢少，富是錢多。或者從生活資料
供應方面說，貧是應有的沒有，富是應有的盡有之外，還有餘
力。貧有大小之別，小貧是應有的生活資料，缺不很多；大貧
是缺很多，甚至最基本的衣食住也不能維持。富也有大小之
別，小富是衣食住等方面的享用，都可以超過一般人而仍略
有餘力；大富就沒邊兒，如歷史上的石崇、和珅之流，今日的
許多由工商而發了財的，享用不用說，金錢總是難以數計。人
是生物，生要靠諸多物質條件，生又不能不進取，即求滿足享
受之欲，這也要靠諸多物質條件，所有這諸多物質條件都要用
錢換，所以貧富就同苦樂，甚至生死，結了不解之緣。也就因
此，古往今來，幾乎所有的人，都嫌貧愛富，並因為愛，就不
惜用一切辦法，求撈取金錢，變貧為富。

　　變貧為富，只說規規矩矩的，理論上有兩條路。一條是靠
自力，如一個人，或一家人，靠勤奮勞動，多勞真就多得。最
典型的是樸實農戶，三五口之家，種菜，養雞，鑽研新技術，
增了產，漸漸也就變貧為富。另一條路是靠社會的經濟結構和
經濟措施，如舊時代，開當舖，放高利貸，現在，碰巧自己的

私有住房在鬧市，那就撥出一兩間出租，一年可以收入幾萬，都是並不勞動而也就可以變貧為富。

變貧為富，難不難，主要是由社會情況決定的。比如說，生產落後，社會動盪不安，就一般人說，變貧為富就大難。也有相反的情況，如在大城市賣食品或時裝，銷量大，利潤厚，甚至變為大富也並不難。另一個條件是個人的能力。能力有正用，有歪用，暫不提歪用，只說正用，無論舊時代還是現在，變貧為富都不容易，因為用勞力換錢，數量總是有限的。

還是專說正而不說歪，當然，任何人都會承認，富比貧好。記得連大賢子路也說："傷哉貧也，生無以為養，死無以為禮也。"（《禮記·檀弓下》）這樣說，是出於想盡孝道，即照顧上一代。其實，至少是就世風日下的"下"說，己身一代和下一代的生活，與貧富的關係更加密切。最基本的衣食住，有缺欠，難忍，且不說；單說買不起也不影響生存的，如成人想要某種書，孩子想要某種玩具，喜愛而不能得，心情顯然也會不好過。此外還會有常規之外的開銷，如天災和病，以及對親友的慈悲喜捨，貧就都辦不到，也就不能心安理得。總之，泛泛考慮，我們說富好，貧不好，像是沒有問題。

其實又不盡然。原因是，人生是複雜的，我們的所求不盡是享用，或說不應該盡是享用。問題幾乎都是由富來，具體說是：求富，路可能不正；已富，用可能不當。

早在兩千多年前，《論語》就有這樣的話："不義而富且貴，於我如浮雲。"可見富之來，還有義不義的問題。怎麼樣是義？具體辨別很難，可以說個概括的原則，是來於兩廂情願的交換。例也不少，古代的，如范蠡到山東，經商發了財，是兩廂情願；現代的，在科技方面有發明，賣專利權，得錢不少，也是兩廂情願。不義呢，具體的路無限之多，但是就其性質說，則可一言以蔽之，是靠社會地位的不平等，以上壓下，以有力壓無力。最突出的是有大大小小統治權的。如秦始皇，不是富甲天下，而是富有天下，生前可以建造阿房宮，死後還大造其兵馬俑。小到縣令也是這樣，如《韓非子·五蠹》篇所說：“今之縣令，一日身死，子孫累世絜駕。”絜駕，用現代的話說是還可以坐高級車，這錢是哪裏來的？顯然是由老百姓身上刮來的，所以是不義之財。其下還有不突出的，如出租土地、放高利貸之類，表面看與統治權無關，其實是，社會容許用這種辦法致富，也要以統治權為保障。這種發不義之財的路，現在就花樣更多，只舉一種，是造假貨充真貨，結果就真大賺其錢。總之，無論古今，富，尤其大富，如果追究錢的來路，就會發現，幾乎絕大多數是不義的。這樣，關於貧富的情況，我們說富比貧好，就不能不加些限制了。

　　以上是由富的來源方面考察，說富並不都是可取的。富之後還有去路問題，即怎樣花錢，用錢換甚麼，引來的齟齬就會更多。只說顯而易見的一些。其一最嚴重，因為影響到別人，是舊所謂為富不仁。任何人都知道，金錢可以化為力量。這力量可以正用。但同樣常見的是歪用，即為了滿足自己的情欲，不惜損人害人。這可以較輕，如囤積居奇，賤買貴賣之類。可以較重，如奪人之所有所愛為己有之類。還可以更重，如買通官府或僱用殺手，置人於死地之類。其二是容易走向奢侈浪費。也是由於"天命之謂性"，就一般人說，克己復禮有如逆水行舟，很難；有欲而任其滿足就像是順流而下，簡直是求停止，甚至只是放慢也大難。俗語說，莊稼漢多收五斗糧，便思易妻，何況已經成為富或大富，金錢無數呢。於是生活的各方面，由改善而趨向講究，而更講究，以至想超過一切人。也許真就超過了，並因此而換來舒適和艷羨的目光，有甚麼不好呢？只用舊的評價標準衡量，樸素和節制是美德，揮金如土求闊氣，正好是走向反面。這反面還會引來更嚴重的病症，這是其三，精力和興趣都放在享用方面，進德修業就難了。這情況也是好逸惡勞的結果。人求事業方面有成就，都要費大力，吃些苦，這自然沒有使奴喚婢、錦衣玉食舒服。於是，如我們所常見，富厚的反而容易碌碌一生。其四是，壞的影響還會綿延，使下一代成為紈綺子弟，鬥雞走狗，不務正業。這種情況，舊時代常見，現代似乎也並不少見。人，生兒育女，總是希望後來居上的，而用富不當，就必致事與願違，這也是值得三思的吧？

用富不當的禍害還會再擴張，成為時風，那就必致貽害無窮。所謂成為時風，是在絕大多數人的心目中，富，或乾脆說金錢，是最上的好，是無條件的好，有無上的價值。這無上的價值，不只表現在可以得高的享受，還表現在可以得榮譽。我們都知道，引導一個人做甚麼，或督促一個人做甚麼，榮譽常常比敲撲還有力。歷史上多少次改朝換代，每一次，前朝的臣民都有很多人自殺，這是因為忠是榮譽。尤其宋以來，女性相信餓死事小，失節事大，有不少，丈夫早亡，隨著死了，因為節是榮譽。榮譽可以使人甘願捨生，可見其力量之大；又因為它有可能並不貨真價實，所以也就很可怕。可怕留到稍後說，先看看金錢是不是可以算作榮譽。我們說不能算，因為它本身並不等於人生的價值，雖然它常常可以用來換取或幫助換取人生的價值。甚麼是人生價值？追到根本說，是能活，而且活得好。這好包括多方面的內容，如衣暖食飽是，文藝方面有創作也是，慈悲喜捨，使己身以外的人減少苦難，當然更是。求得人生價值，經常離不開金錢，但它終歸是手段而不是目的。拜金主義的時風則不然，而是把金錢當作目的，以為它是無條件的好，有它就有榮譽，缺少就沒有榮譽。而仍如既往，榮譽的力量大於一切，於是結果就成為，為撈取金錢，有不少人就無所不為。有權的用權，沒有權的用暴力或欺詐，只要真能撈到錢，就算勝利。勝利還有大小之別，小，不滿足，還想大，於是，單以貪污為例，百萬元以上的大戶就屢見不鮮了。拜金主義的影響還有平和的，但面更廣，是攀比享用，或比賽闊氣。甲家裏的電視機是 18 寸的，乙要買 21 寸的；乙屋裏的地毯是化纖的，丙要買純毛的；丙出門，手上戴一個金戒指，丁要戴兩個甚至三個；等等。這等等自然都要用錢換，享用求多求高，錢總會不夠，怎麼辦？規矩的是發愁，不規矩的是想轍。然後就可想而知，是世風日下，亂不能止。大事小說，只為個人打算，這用富不當的結果必是，人世俗而心愁苦，得失相比，就太不合算了。

所以談生活之道，對於貧富的處理，就不當簡單化，一刀切，無條件地說富比貧好。根據以上所談，未嘗不可以嫌貧愛富，但要附加兩個條件：一個是來源方面的條件，就是錢之來，應該都是合於義的；另一個是使用方面的條件，就是要用得其當，至少是不致產生壞影響。兩個條件都嫌概括，以之對付實況有時會有困難。這也是因為，實況千變萬化，以不變應萬變，指實說反而不好辦。不得已，我們還是只能靠常識。先說來源方面，靠權得賄，造假充真，人人視為不義，沒有問題。舉個模稜兩可的例，開個小店賣小吃，比如一種食品，一碗成本四角，賣九角，法律不管，工商管理部門不問，就可以算作義嗎？我看有問題，因為食客嫌貴，會皺眉，賣主清夜自思，也會承認是討了便宜。富之來，一個重要的要求是花錢的人心平氣和。以這個為標準衡量，到大街小巷看看，來於不義的富就太多了。士窮則獨善其身，我們求富無妨，但總要勉勵自己，切不可隨波逐流。富了，用也是這樣，可以用常識為指針，總的原則是，利他好，向上好，樸素好。見諸實行，如有的人出錢辦學校，有的人出錢設獎學金，這是利他，好。書與金首飾之間，多買書，少買金首飾，這是向上，也好。至於日常生活的享用，比如睡木床，腳不踏地毯，也活得不壞，就最好還是從儉。這有不少好處，其中之一，我以為不容忽視，是精神狀態可以離史書隱逸傳中的人物近一些。

　　貧，可能比富的機會更多，幸或不幸而排在貧的隊伍裏，要如何對待？最好是不至大貧。事實上也很少大貧，那就專説小貧。小貧還有程度之差，一種程度深的是衣食等不充足，一種程度淺的是衣食不缺，只是無力買地毯、金首飾之類。不管是哪種情況，都應該如昔人所説，安貧樂道。道取廣義，不只“朝聞道”的人生之道，其下的，通常所説精神文明的種種，無情如數理，有情如文藝，等等，也算。顯然，如果能夠浸饋其中，貧反而成為通往高層次生活的大道，也就可以見腰纏萬貫之徒而不生艷羨之心了。

五三 聚散

我們住在一個動的世界裏。為甚麼是動而不是靜止？也許靜止就等於徹底無？我們不知道。動的本身，或結果，是變。變給人生帶來很多問題，其中之一是"聚散"。由變不可免的角度看，聚散是常事，可是（尤其是散）會引起情緒的波動，所以如何對待也就成為一個不小的問題。以己身為本位，聚散有與"人"的，有與"物"的；人重物輕，先說人，後說物。

聚散有範圍問題，如參加甚麼大會，人數少則上千，多則過萬，都在一個地點，是聚；一般是三四個小時，宣佈散會，各自西東，是散。又如自此地到彼地，利用公共交通工具，上車或上船，許多人擠在一起，也是聚；到目的地，下去，各自西東，也是散。這種偶然相遇，聚未必喜，散未必憂的情況，還無限之多，因為不會引來情緒的波動，當然就宜於不提。這是說，範圍應該縮小，限於非偶遇的關係，聚則喜、散則憂的。這樣的關係，以及聚散的情況，也是多到無限，如何述說呢？

想先泛泛地說說，何以聚則喜，散則憂。本書第二分社會部分開頭曾經談到，人在群體中生活，不能沒有別人的幫助。

這就可以想見，聚喜散憂的情緒是由生活需要來。這需要，或者算作舉例，可以分為三個等級，或三種性質。一種，可以稱為最基本，是有之則能生、無之則不能生的。還可以分為兩種：一種是自己所由來，包括父母、祖父母、外祖父母等，沒有這些人就不能有自己之生；另一種是異性配偶，沒有他或她就不能傳種，也就不能有下代之生。另一種需要是生活諸多方面的幫助。幫助也有範圍大小之別，或廣義、狹義之別。廣義是各種互利，比如早點吃個雞蛋，這生蛋之雞是某養雞專業戶所養，雞蛋是某小販所運並所賣，吃的人也算是得到與雞蛋有關的許多人的幫助。顯然，所謂幫助不宜於面這樣寬。狹義的幫助指與自己有多種近關係的人的幫助，這近關係，可以近到有親屬關係，或血統關係，以及朋友直到同學、同事、鄰居之類的關係。顯然，沒有這些人的幫助，生活就會大難。還有一種需要，或者說是偏於精神的，是消除孤獨和寂寞之感。人是社會動物，像有些出家人那樣，住茅棚，不與人會面，交談，以求確能得解脫，是非常難的。所以人通常總是，或“群居終日，言不及義”；不言，晨昏林間散步，左近有個甚麼人，像是也就能得到一些安慰。這幫助虛無縹緲，用處卻未必小，因為人總是人，面壁，難免有被人忘卻之感，也是苦不堪言的。總之，生，因為處處需要別人，於是日久天長，也就成為人之性，是總願意同人在一起，離開就不好過。

再說聚散的情況。先說聚。自然也只能概括說說，是喜的程度，由以下三個方面的情況來決定。其一是關係遠近，比如遠的，一般友人，希望聚的心情是三五分，近的，父母妻子之類，希望聚的心情就會成為十分。自然，這關係遠近也包括生活細節的遠近，比如夫妻關係，就會近到寢食與共，朋友關係就不同，共寢共食，至多只是間或有之而已。其二是時間久暫。一般說，越是聚的時間長，越難割難捨。聚時間的長短，有常有變，比如夫妻關係，可能白頭到老，朋友關係就大多是別多會少，這是常；但個別的，也可能夫妻不能白頭到老，朋友反而終生不斷來往，這是變。感情經常是漸漸積累起來的，所以連和尚都"不三宿桑下，恐久，生恩愛"（《後漢書·襄楷傳》），常人自然就更甚，多年相聚，一旦分手，專就習慣說，也會難於適應。其三是感情深淺。顯然，感情深，就會"一日不見，如三秋兮"（《詩·國風·采葛》），一日尚且如此，更不要說永訣了。感情深淺與關係遠近和時間久暫有密切關係。說密切關係，不說必然關係，因為也可能有例外，如有所謂夫妻反目，甚至法庭相見，而來自偶遇的關係，也可能由於志同道合或情投意合而相見恨晚，甚至一見傾心。以上是泛論，至於某一個人，情況自然會千差萬別，如有的人交往的人多，有的人交往的人少，多，就會視許多散為司空見慣；不過無論如何，對於曾經聚首的某些人，總會聚則喜、散則憂的。

再說散。有聚必有散，俗語所謂沒有不散的宴席，就是這個道理。有情人成為眷屬，親友祝白頭到老，當事人也希望這樣，幸而上天照顧，真就白頭到老，但同時往生淨土終歸是不可能的，這是說，總不免其中的一個先走，也就還是有散，其他沒有如此深關係的人就更不用說了。散也有各種情況。絕大多數是依常規，只舉兩種情況為例。一種，如母女關係，母比女年長三十歲，如果都按照平均年齡的規律壽終正寢，那就母要早三十年去見上帝，早行，其結果就帶來散。又如甲乙二人，在大學同班，相聚四年，畢業，仍分配在一處工作的可能性不大，於是各奔前程，也就帶來散。散，少數來於人為。最典型的例是離婚，有情人變為無情人，聚反而難忍，也就只好散。其他還有多種情況，如陶淵明不願為五斗米折腰，賦歸去來兮，禪宗六祖慧能北上黃梅求道，都是本來可以繼續住下去而自己不願意住下去，也就帶來散。還有少數散是來於意外。這可以分量很重，如死於飛機失事、死於車禍之類。可以較輕，如杜甫《石壕吏》所寫，閉門家中坐，有吏來捉人，萬不得已，只得由老嫗去應河陽役，也就帶來散。還可以更輕，如在一地按部就班工作，早出晚歸，忽然傳來下放之令，只能服從，也就帶來散。散的情況，還可以從另一個角度分類，這是永訣和暫別。永訣，有的是確定不移的，如雙方，有一方離開人世就是；有推想的，如應征奔赴沙場，想到“古來征戰幾人回”（唐·王翰《涼州詞》）就是。推想會與實際有參差，所以有時候，以為是永訣，卻意外地又得相聚；而以為只是暫別的，卻不幸成為永訣。不管是實際還是推想，暫別和永訣，引來的情緒波動會大異，借用文言常用的詞語形容，多數情況是，暫別只是悵惘，永訣則成為斷腸。

聚散的情況說了不少，其實關係不大；關係重大的是我們應該如何對待。說句近於幻想的話,當然最好是,與合得來的,或進一步,與感情深的,長聚而不散。顯然,除了上帝以外,沒有人能有這樣大的力量。那就退一步,或退幾步,只說力所能及的,如唐人詩所說,"忽見陌頭楊柳色,悔教夫婿覓封侯"(唐·王昌齡《閨怨》),就真不去覓,以求朝夕不離好不好?人生是複雜的,如果聚與封侯不能兩全,就一定宜於取聚而捨封侯嗎?不同的人必有不同的選擇。就是不管不同的人,專顧理論,斬釘截鐵地說此優於彼,或彼優於此,也必有困難。而且不只此也,還有個實際,是長聚會引來,縱使是輕微的,淡薄甚至煩膩,如果竟是這樣,對於聚散,取捨的決定就變簡單為複雜了。複雜還會因具體情況的千變萬化而加甚,以假想的某一個人為例,他有親屬,可能很不和美,他本人呢,也可能或木然寡情,或好靜而不願近人,對於這樣的情況,談到聚散的孰優孰劣,顯然就更難一言定案。不得已,只好就常情,說幾句近於原則的話。計有三點。其一是,對於各種形式的聚,都應該珍重。人生短促,應該求多有價值高的所得。所得有多種,而深摯的人情必是重要的一種。顯然,這樣的人情只能由聚來。聚有這樣高的價值,所以應該重視。如何重視?不過是努力求向上,避免向下。如和美、親切是向上,反之是向下;互相關心幫助是向上,反之是向下;共同勉勵,趨高趨雅是向上,反之是向下。總而言之,既然有了相聚的機緣,就應該善於利用此機緣,求散之後回想,不至有悔恨的心情。其二,有聚必有散,有的是關係至深的散,尤其來於意外的，會引來極大的痛苦。這也是人之常情，但苦總是不值得歡迎的，怎麼辦？可以用儒家的辦法，節制，或甚至加一點道家的辦法，"知其不可奈何而安之若命"。天命也罷，人為也罷，反正這散已成為不可免，也就只好安之。動情，甚至斷腸，自然也是不可免，但明聚散之理，心情總會平靜些，這就是節制之功。其三，曾聚，散了，經過較長時期，這筆心情賬如何結算才好？我的想法，淡忘不如懷念。為甚麼？因為這是自己生活的一部分，只要我們還不能不摯愛人生，回首當年，忘掉昔時人總是不對的。

到此，人的聚散算說完了，轉而說物的聚散。本諸"傷人乎？不問馬"（《論語・鄉黨》）的精神，物不得與人並列，問題就比較簡單。與人生活有關的物很多，所以也須縮小範圍，說這裏所謂物，只指心愛之物。這可以大，如金谷園，可以小，如一粒雨花石，但既然限定心所愛，日常的衣食住等用品就都不能算。心愛之物有個愛字，因而也就與情緒拉上關係，也就會引來應如何對待的問題。先說說心愛之物，一般指書籍、金石、書畫、文玩之類，或下降，兼指財富之類。財富，發家致富，如何評價，問題複雜，這裏想只談書籍、金石、書畫之類，即有不少所謂風雅之士為之著迷的。為之著迷，好不好？應該說沒有甚麼不好，尤其書籍，如果買得之後還讀，應該說很好。這裏著重說聚散，只想指出兩點。一是聚可以，不要流於貪。有的人是因愛之甚而流於貪，其結果是一，為求得而無所不為，包括巧取豪奪；二，求而不得就如喪考妣。這就必致害己，或兼害人。所以應該不貪，即得之固然好，不得也無妨。二是聚之後，或天災，或人禍，或其他種種原因，難免散，最好是能夠不流於戀。戀是難割難捨，這就會引來大痛苦。我們讀歷史，算耳聞，經歷所謂事變和運動，算眼見，散，以及因散而肝腸斷絕的情況，真是太多了。這就會引來教訓，借用李清照《金石錄後序》的話說：“然有有必有無，有聚必有散，乃理之常。人亡弓，人得之，又胡足道！”雖然這位易安居士自己並未如此曠達，她的話總是值得因物之散而痛不欲生的人深思的。

五四

順逆

　　世路是坎坷的，所謂不如意事常十八九。不如意，所處是逆境，反之是順境。關於順逆的劃分，還要說幾句話。似乎可以認定有個常境，順境是所得超過或大超過常境，逆境是所得不及或遠不及常境。以農民耕稼為例，如果多年的平均畝產為千斤，某一年畝產為千斤上下是常境，超過千五百斤為順境，不及五百斤為逆境。這樣，我們居家度日，定時食息，既沒有中頭獎，又沒有禍從天上來，與親友通信，說乏善可陳，可是平平安安，就可以說是常境。常境上升為順境，如小官越級右遷為大官，會帶有喜出望外的心情，旁觀者也會報以想不到的驚訝。逆境也是這樣，如一霎時加了右派之冠，自己感到意外，沮喪，旁觀者也會報以想不到的驚訝，並附帶或多或少的惋惜之情。通常是，逆境比順境多，為甚麼？原因有客觀的，用佛家的話說，是我們住在娑婆世界裏，必是苦多樂少。原因還有主觀的，是人都心比天高，或說幻想成群，於是偶爾由天降福，就會視為當然，而幻想破滅，或更甚，由喬木降至幽谷，就難於適應，禁不住怨天尤人了。這裏且不管順逆的多少，泛泛說，人生，由能自主活動到蓋棺，一般五六十年或六七十年，總會遇到順境和逆境，應該如何對待？

　　對待之前還有個問題，是應該不應該趨避。這個問題也相當複雜，因為情況各式各樣，又人心之不同各如其面，愛惡取捨也會各異，處理辦法自然就難得一律。不得已，只好提個總的原則，然後附加個對應特殊情況的原則。總的原則是，可以盡人力，求由常境轉入順境，如果客觀條件不允許，或力有不及，也應該盡力求保持常境，不墜入逆境。這是常人的生活之道，過本分日子，但也有理想，甚至幻想，有就希望實現，當然也就歡迎順境的來臨。可是順境、逆境是個概括的名稱，具體為某種情況（如糧食產量的大增和大減），問題就變為複雜。以古代的傳說為例，堯讓天下於許由，許由不受，讓於舜，舜受了，天下之主，常人視為順境，許由不受，或者不視為順境，或者也視為順境而不取，總之就可見，說應該無條件地趨順境還有問題。逆境也有這種情況，如清末譚嗣同，變法失敗，可逃而不逃，等候逮捕往菜市口就義，是遇逆境而不避，是否也是應該的？這就使我們想到，常情所謂順逆，其中有些還有評價問題。單個評價，這裏做不到，所以只能附加個對應具體情況的原則，是：順境可以趨，但這趨的行為要合於義，至少不是非義的；逆境可以避，但這避的行為要合於義，至少不是非義的。記住這個附加的原則，有些關於順逆的情況就容易處理。比如富是順境，貧是逆境，有趨富避貧的機會，利用不利用？這就可以看看具體的致富之道，如果是參與製造偽劣商品，就應該避；如果是出售科技方面的專利，就可以趨。

　　趨避問題談過，以下談順境和逆境之已來，應該如何對待。先說順境。具體說，無限，只好歸攏為主要的幾大類。第一大類是地位，即在社會上被安置在分工的甚麼職位，頭上加上甚麼名堂的職稱。職位有高低，高低蘊含權力的大小，如總理、經理之類；或榮譽的大小，如作家、教授之類。地位有高低，由低升為高是順境。第二大類是財富。這也許比一般的高位（如中等商店的正、副經理）更重要，因為有錢能使鬼推磨。有錢的來路不一，自己有門路，有機會，可以變貧為富；或者不靠自己，生在大富之家，也就可以不貧而富。不管來路如何，反正有了錢就可以錦衣玉食，所處之境就成為順境。第三大類是事業。這是指在某方面有超過一般的成就，如讀書人真就寫出傳世之作，企業家真就轉虧為盈，等等，都是。人，就連禪宗的和尚也願意有所樹立，所以事業有成就，所處之境也就成為順境。第四大類是男女。或者只限於常人，都願意意中人點頭，成為眷屬。對方尚未點頭的時候，志忑不安；點了頭，常境就立即變為順境。以上四類順境分說，其實一落實，它們就會合夥。或小合，如有了地位，財富也就來了；事業有成就，意中人就容易點頭。還可以大合，如地位升而又升，財富、事業、男女三方面就都可以隨著擠進門來。

　　此之謂一順百順，還會有甚麼難處的嗎？難不是由順來，是由利用順而可能不當來。最明顯的是財富，錢太多，容易追求享受，其極也就會墮落，甚至危害他人和社會。地位也一樣，或更甚，位高，權大，如果發了瘋，其後果就更不堪設想。所以處順境也要有個處順境之道。這道，由偏於知的方面說，是既要知足，又要知不足。知足是對於所得，知不足是對於自己。知足就可以不再貪，知不足就可以時時警惕，多在進德修業方面努力。處順境之道還可以由行的方面說，是應該謙遜加節制。謙遜主要是對人，節制主要是對物。對人謙遜可以防止胡作非為，對物節制可以防止醉心於享受，流於墮落。總之，處順境更要謹慎，以免好事轉化為壞事。

再說逆境。就常人的一生說，逆境總是比順境多得多。何以故？這裏進一步說說，也許根本原因來於人之性。不是"性本善"之性，是荀子"人生而有欲"之性。有欲就求，求，因為欲多，得的可能自然就不會多，這成為境就是逆而不是順。還可以由人性下降，找逆境多的原因。這可以來於天災，如地震、水旱、風火之類，此外還有疾病，都可以使人陷入逆境。其次是人禍。大塊頭的是由政治力量來，遠的如五胡亂華、揚州十日，近的如大躍進和"文化大革命"，都不只使人突然陷入逆境，而且天塌砸了眾人。人禍還有零碎的，最常見的是欺騙、偷盜和搶劫。人禍，嚴重的使人家破人亡，輕微的也會使人喪失金錢，即俗話所謂倒霉。再其次是由於機遇不巧，如坐飛機遇見劫機，買股票，到手之後遇見跌價，等等，就是。再其次還可以由於自己條件不夠或能力不夠，如找對象，因體貌不佳而連續失敗，考大學而名落孫山，等等，就是。此外，逆境還可以來於自作自受，如因工作不努力而被解僱，好賭博而陷於貧困，甚至吸毒而無法存活，等等，就是。逆境多種，其間有程度之差。最嚴重的是危及生命的一些，其中有天命的，如不治之症；有人事的，如犯重罪被判死刑，因結仇而被暗殺之類就是。死，一了百了，境是否逆也就成為無所謂。所以值得重視的反而是比死輕微的那些，纏身，驅之不去，受之甚苦，如何對付才好？

　　當然，最好是能夠化逆為順，至少是化逆為常。這化，有些情況是己力所能及的，如考試名落孫山，努力溫課，下年再考，就有可能名列前茅。有些情況是自己無能為力的，大如戰爭爆發，小如患了慢性病，就雖切盼化而只能徒喚奈何了。徒喚奈何，甚至書空，寫咄咄怪事，無用；應該死馬當活馬治。辦法有消極的，是明順逆之理以後，順受，不怨天尤人。這自然不會使實境有所變，但可以使心境有所變，即履險如夷，不管路如何崎嶇，心情卻是平靜的。平靜，苦的程度就會差一些。這也許近於阿 Q 精神嗎？對於有些不講理又無可奈何的情況，如果阿 Q 一下確是能夠使苦的程度減弱一些，那就阿 Q 一下也是合理的。辦法還有積極的，至少是有些逆境，還可以善自利用，有如使糞便之化為肥料。以文事為例，古語云，文窮而後工，有些人正是利用不顯達、無財富的條件，寫了傳世的詩文。還可以說得具體些，如周亮工《書影》，羅素《哲學概論》，都是在監獄裏寫的。自然，這所謂逆境要逆得不太厲害，也就是處於其中的人還能活，還能忍受。不能忍受不能活的呢？如果有善自利用的雄心，寫一兩首慷當以慷的詩，總比哭哭啼啼好得多吧？所以就是處逆境，承認天命不可抗，盡人力還是應該的。

最後說說，對於別人的順境和逆境，我們應該如何對待。這別人，可以是與自己無交往的，這裏主要指有交往的。想由不足為訓的世態說起，《史記·汲鄭列傳》末尾"太史公曰"：

> 夫以汲、鄭之賢，有勢則賓客十倍，無勢則否，況眾人乎！下邽翟公有言，始翟公為廷尉，賓客闐門；及廢，門外可設雀羅。翟公復為廷尉。賓客欲往，翟公乃大署其門曰："一死一生，乃知交情。一貧一富，乃知交態。一貴一賤，交情乃見。"汲、鄭亦云，悲夫！

世態可悲，就因為不少人由私利出發，別人處順境，就跑上前去捧場，別人處逆境，就避之惟恐不遠。多年來所見，還有更甚的，是某人捱整了，其子就不以為父，其妻就不以為夫。太史公司馬遷是反對這樣為人的。應該怎樣？是別人陷於逆境（當然指非自作自受的），應該同情，或並進而援之以手。這雖然會被某些人斥為不合時宜，但是，如果人人都反其道而行，那就社會，再擴大，人生，真就不免於"悲夫"了。

五五　悔尤

　　悔尤是行事有失誤，感到悔恨。人生於世，只要不夭折，這種心情總是在所難免。這樣說，是承認失誤在所難免。有的人不承認，或者說，用二分法，指責別人有失誤，自己則永遠沒有失誤。事實會是這樣嗎？可能恰好相反，是失誤而不敢承認，與別人相比，至少還多這一項失誤。在這方面，馬上得天下的劉邦就比較高明，是晚年同他的兒子劉盈說，"追思昔所行多不是"。可惜是如俗話所說，悔之晚矣，生米煮成熟飯，還有甚麼用呢？無用，就理說也許真就可免，可是事實卻不能免，於是對付悔尤，也就成為值得注意的一個不大不小的問題。

　　悔尤來於失誤，由失誤談起。某一項行事，是否算失誤，依常識，應該由計算得失斷定。這有時容易，如經商，年終結算，賠了錢是失誤，賺了錢不是失誤。有時就不這樣容易，比如人生大路仍然是士農工商幾條，青年時期，或憑機遇，或憑選擇，走了士的路，而且有成就，比如居然掙來一頂教授的帽子，可是待遇低，經濟情況遠不如工商，算不算失誤？單靠計算得失似乎就不能得個毫無疑問的結論，因為很可能，甲說是得，乙說是失。可見某一事的得失判斷，還要有個比得失更為深遠的標準。可是說到標準，問題就複雜了，只說表面現象，是可能公有公的理，婆有婆的理。俟河之清，人壽幾何！所以，至少在這裏，我們不得不安於偏向惟心，說所謂失誤，正如悔恨的心情，是由主觀認識，甚至主觀感覺來。這樣，譬如同一事，甲乙都經歷，甲認為得，乙認為失，我們信誰的？只好兼信。又如某一事，甲一人經歷，認為失，乙旁觀，認為得，我們信誰的？只好信甲的。

人的一生，經歷的事很多，有大有小。大的，影響大，感受深；小的反是。感到失誤，因而悔恨，通常是大的；雞毛蒜皮，如此如彼都無所謂的，一般是不會走上心頭。上心頭，主觀印象，有得，有失，得和失的比例如何？難說。原因之一是人的經歷各式各樣，得失自然就不會一樣。原因之二是人的性格各式各樣，有的人，如王獻之，機遇好，可是承認有失誤，是與郗家離婚，梁武帝就不同，信任侯景，險些亡了國，卻說自我得之，自我失之，表示並不悔恨。單說一般人，像是都覺得失誤不少，甚至如陸放翁所慨嘆，"錯錯錯"，何以會這樣？我的想法，是由於用後來的理想的眼看先前的實際，其意若曰，如果不是那樣，而是這樣，就好了。可是覆水難收，時間不能倒流，所以，如果事比較重大，就會，常常是在心中，說，悔之已晚。悔，不免於煩惱，已晚，更不免於煩惱，應該如何對待？

事不同，總會有一些回頭看也感到欣慰的。這類事在本題以外，可以不管。只說相反的那些，總的說是不如意的。還要除去一些，或很多，是機遇注定，自己無能為力的。只舉舉舉大者，一是地域，如不生在蘇杭而生在漠北，二是時代，如不生在貞觀之治而生在天寶之亂，三是家庭，如不生在簪纓之家而生在貧困之戶，四是資質，如既不聰慧，又不貌美，這都會使人不順利，因而會感到不如意。不如意又有何法？只能順受，也就談不到悔恨。悔，是一些事，自己事後設想，本來可以不這樣做的。又可以分為兩類。一類，是事前想不到會有失誤。典型的例是有情人成為眷屬，決定成為眷屬的時候，都認為必美滿而決不會反目，可是實際呢，有些人就居然反了目。這會帶來悔恨的心情，因為總是事與願違。另一類，是事前想到會有，甚至確認必致有失誤。這幾乎都是常識公認的所謂壞事，如賭博、偷盜之類。兩類性質不同，悔恨心情的程度也會不同，意外的總會較輕，意內的總會較重。就一般情況說，意內的不足為訓，或竟不值得研討。所以以下所談限於意外的，即事前，覺得如此做順理成章，其間或有意想不到的變化，或竟沒有甚麼變化，及至事過境遷，回頭看看，與設想的一種可能情況相比，又錯了，因而不能不產生或強或弱的悔恨之情。

　　如何看待這種心情，或說人生不可免的這一種境？我的想法，對應的態度，由嚴到寬，似乎可以找到三種。其一是恨鐵不成鋼。人生只此一次，應該力求多是少非，多得少失，悔恨來於失誤，算人生之賬，這是大損失，大遺憾，雖然木已成舟，不可挽回，終歸應該當作人生旅程中的一大傷痕。其二是不經一事，不長一智。這借用《論語》的話說，是“過則勿憚改”，是“殷鑒不遠，在夏後之世”（《孟子·離婁上》）。視失誤為殷鑒，態度是積極的，或兼樂觀的，相信鑒往可以知來，則失誤可以變失為得，變禍為福，即過去的放過也罷，只求將來不再有失誤。不再有是變減少為滅絕，可能嗎？根據以上今之視昔，是用後來的理想的眼看先前的實際，總會看到不足之處的想法，這不可能；何況，以離異另結合為例，比如先前的失誤是多看能力少看品格，後來變為多看品格少看能力，也許成為另一種失誤，就更不可能。如果竟是這樣，那就失誤成為定命，是否悔恨也成為多餘？這就過渡到其三，寬的態度，安命。還可以分為淺深兩種，淺是不求全責備，深是視為無所謂。先說不求全責備。這是由對“天命之謂性”的認識來。人都是生來就帶有多種欲望的凡人，又能力有限，這能力指制身內的，制身外的，以及預見將來的，這樣，等於盲人騎瞎馬，不跌倒的可能是幾乎沒有的。既是命定不可免，人總不能不接受現實，也就只好“安之若命”了。寬的態度還有深的，是視失誤為無所謂。這是由求人生的究極意義而不能得來，找不到究極意義，何者為確定的是，何者為確定的非，何者為確定的得，何者為確定的失，也就變似可見為模糊了。這樣看是非和得失，是《列子·楊朱》篇所說，“生則堯舜，死則腐骨；生則桀紂，死則腐骨”一路，也有所得，是看破得失，也就不致因感到有失誤而悔恨。但仍會有所失，或說理不能周全，是同常人一樣，也在飲食男女，柴米油鹽，卻宣揚飲食男女和柴米油鹽為沒有意思，等於出爾反爾。

常人的生活之道，是應該覺得，忙如齊家、治國，閒如釣魚、養鳥，都有意思。感到有意思，是對於萬事萬物有取捨；取捨來於承認有得失。這就為悔恨開了門，因為人生百年，行事無限，總不會常得而不失。悔恨會有不經一事、不長一智的善果；這裏單說這種心情是苦的，除了消極的順受之外，還有沒有別的辦法，求化難忍為可忍？我以前寫過一篇題目為"錯錯錯"的文章，其中談到難免不斷失誤的情況以及如何對待悔和愧的一種新辦法，現在想來，事和見雖然都有所偏，卻也不無參考價值，想不另起爐灶，把有關的一些話抄在下邊。

　　如果自己的生涯可以表現為思（或偏於思）和情（或偏於情）兩個方面，思方面的錯遠遠少於情方面的錯。來由是，由心理狀態方面看，思為主則疑多於信，情為主則信多於疑。……信是不疑，這來於希望加幻想，於是有時，甚至常常，就會平地出現空中樓閣。自然，空中樓閣是不能住的，於是原以為濃的淡了，原以為近的遠了，原以為至死不渝的竟成為曇花一現，總之，就成為錯錯錯。如何對待？悔加愧就一了百了嗎？我不這樣想。原因是深遠的。深遠還有程度之差。一種程度淺些，是天機淺難於變為天機深，只好安於"率性之謂道"。另一種程度深的是，正如雜亂也是一種秩序，錯，尤其偏於情的，同樣是人生旅程的一個段落，或說一種水流花落的境，那就同樣應該珍視，何況人生只此一次。這樣，這種性質的錯錯錯就有了新的意義，也值得懷念的意義。

我想，至少是有些失誤，就無妨作如是觀，那就悔恨（至少是一部分）可以化為珍視和懷念，所失也就成為一得了。

其實，由某一個角度看，悔恨也是一得，殷鑒不遠之外的一得，那是"知慚愧"。事失誤，知慚愧，是步子錯了，心術未壞。有些人（一般是高高在上的）不然，而是把大失誤硬說成至正確、至妥善，那就真是不可救藥了。

五
六
歸
仁

　　《論語·顏淵》篇開頭就説："顏淵問仁，子曰：'克己復禮為仁。一日克己復禮，天下歸仁焉。'"朱熹注，專説仁、己和禮，是："仁者，本心之全德。""己，謂身之私欲也。""禮者，天理之節文也。"宋儒講孔孟之道，總是近於理想的天道而遠於實際的人情，因為腦子裏裝著太極圖，又橫著一條天理和人欲的界限。但是專就這裏的一點點説，我們卻無妨斷章取義加各取所需，説解釋仁為內心之高貴品質，確是大有道理。孔子也正是這個意思，説，如果人人能夠節制，照合於理的規矩行事，社會就可以成為仁的社會，而且時間不會久，只要真這樣做，就立竿見影。甚麼是仁的社會？是社會中的人，行事都合於仁的要求，這要求是：仁者"愛人"，"己欲立而立人，己欲達而達人"，"己所不欲。勿施於人"。這是德方面的高要求，就全社會説是理想；就一己説呢，即使仍須算作理想，總是應該勉為其難的理想。勉為的所求就是"歸仁"。關於仁在人生中以及社會中的高貴性和重要性，前面談"利他"、談"道德"的時候已經説了不少，這裏不避重複，是想由"窮則獨善其身"的角度，再強調一下，以期對己身的進德修業能有些助益。

　　再強調，是因為歸仁並不容易。阻力還不很少。其一是
"利"。這是總括的名稱，分說就會多到無限。但性質卻是單
純的，是指一切能夠使己身存活，一般還要進一步，能夠使己
身幸福甚至心滿意足的條件。且不說心滿意足，單說存活加一
點點幸福的要求，所需己身之外的事物就太多了。甲這樣，乙
也是這樣，而不少事物是有限的，於是就難免，甲得則乙不
能得，乙得則甲不能得。遇到這種情況，荀子的推論是爭。可
是仁的要求則相反，是讓。這顯然很難，尤其是對於存活和幸
福會有大影響的時候。其二，還有個助威的阻力是"世風"。
這是指為了私利，或說為了發財，為了享樂，多數人無所不為
的風氣。我們都知道，一個社會裏指導生活的力量，以風氣
為最大。舉最微末的裝束為例，新才子佳人，有幾個出入公
共場所，不西其服、高其跟的呢？何況發財的大事，如屈原之
眾人皆醉而我獨醒，視財富如浮雲，就太難了。而說起發財，
顯然就要當錢不讓，也就只能與"己所不欲，勿施於人"的仁
背道而馳了。實際是比不讓更甚，如我們的目所見，耳所聞，
有大量的人，用自己的所有，換錢。這所有，可以是管大大小
小事之權，可以是持刀執杖之力，可以是造各種偽品之巧，等
等，總之，都是己所不欲施於人。其結果呢，有不少人真就發
了。這之後，必是享盡人間之樂，出盡人間的風頭，或說獲得
眾人艷羨的榮譽。世風如此，如果沒有顏淵那樣的修養，不隨
大流，也己所不欲施於人，總是太難了。其三，還有個道術方

面的阻力，也不可忽視。這是為了治平，要怎樣看世間的有些人，或絕大多數人。孔孟推崇仁義，是把一切人，至少是本質上，都當作好人，所以應世之道是善意對人。法家韓非、李斯之流就不是這樣，他們不管人好人壞，都當作富國強兵（也就是抬高君主的地位和擴張君主的利益）的工具。工具的價值在於有用，所以對待的辦法是鞭策：聽話或有功就賞，反之就嚴刑峻法。嚴刑峻法是己所不欲，可是施於人，顯然就與仁背道而馳了。後世還有更甚的，是把有些人當作壞人，所以對應之道是仇視，並進而用各種以力為後盾的辦法壓倒之。壓倒，如果是對自己，當然是非所欲，可是施於人，也就與仁的要求背道而馳了。總之，人立身處世，不管考慮身內還是考慮身外，歸仁都如逆水行舟，要費大力，而轉過頭來變為順流而下，就會一發而不可收拾。

　　歸仁難，為甚麼還應該這樣？理由也不只一種。其一是，為了個人能夠活得安適，就不能不有個人與人間以仁的精神相處的社會。這意思，前面已經談過，是，人是社會動物，沒有社會的互助就不能活，至少是不能活得好。互助是由善意出發，也可能施而沒有受報，可是不計利害，這是仁。在世風日下的時代，這樣的事也還是不少見，如路遇病人，並不相識，卻慷慨解囊，送往醫院，甚至下水救人，犧牲了自己的生命，都是此類。試想，如果社會中人與人都這樣相待，這個社會就成為溫暖的，生於其中就會感到安適，快樂。如果走向反面，閉門家中坐，擔心紅衛英雄會來抄家，出門，擔心樑上君子會來撬鎖，長年累月如臨深淵，如履薄冰，生活就成為既太難又太苦了。所以專是為了社會安定，或卑之無甚高論，只是個人活得安心，也要人人都歸仁，而不要走向反面。其二，應該歸仁的理由還有玄遠的，甚至高尚的，是上面所引朱熹所說，仁是"本心之全德"。德是遵守道德規律的一種性格，或一種力量。這力量，康德視為神秘的，所以表示敬畏。何以值得敬畏？是因為有些事物，情欲想取，它卻出來阻止，而且生效，真就不取；或反面，情欲很怕（如有生命危險），它卻出來督促，而且生效，真就不怕，去赴湯蹈火。這樣說，德就成為辨別是非並取是捨非的一種內在的力量。這力量從哪裏來？孔孟說是由天命來，宋儒說是由天理來；我們現在看，似乎可以從天上拉到人間，說是由文化教養來。就說只是慢慢教養而成的吧，總是不容易，孟子說"人之所以異於禽獸者幾希"，這異的一點點，想來就是這個。回到朱熹的話，仁是本心之全德，遵守道德規律，歸仁，以善意對人，就成為當然的了。事實也正是這樣，比如分我們的所求為情欲的和道德的兩類，道德的求而得是"心安理得"，力量也並不小，從而所得也並不輕。所以，只是為了求心安理得，我們也應該走歸仁一條路。其三，應該歸仁，理由還可以從打小算盤來。這是以善意對人，日久天長，必致換來善意。試想，這樣處世，無論居家或外出，所接觸都是如至親好友，專由情緒方面說，也是合算的吧？

以上說歸仁是應然，是不是也能然呢？上面曾說不容易，所以化難為能，就要建樹一些保障有成的條件。自然，最好是有個仁道大行的社會，如《鏡花緣》所描畫的君子國那樣。但我們不能俟河之清，所以只好“窮則獨善其身”。這保障有成的條件，由重到輕，我想到的有三個。其一最根本，是《莊子·天道》篇所記堯的話：

> 昔者舜問於堯曰：“天王之用心何如？”堯曰：“吾不敖（傲慢）無告（無依靠之人），不廢窮民，苦（傷痛）死者，嘉（喜愛）孺子而哀（憐憫）婦人。此吾所以用心已。”

這是説，要有悲天憫人之懷，即孟子所説“不忍人之心”。這懷，這心，都來於愛人生，因而也就愛自己的同類。沒有這樣的胸懷，如張獻忠之流，以殺人為娛樂，如紅衛英雄之流，以整人為正義，即使口中還替天行道，手下卻是離仁太遠了。其二，由情懷略降到知或信，是經過考慮或不經過考慮，確認仁與利相比，仁的價值高，利的價值低。堅信這個，遇到仁與利不可得兼的時候，才會捨利而取仁。其三是要養成利他的習慣，使習慣成自然，萬一遇到仁與利有大衝突的情境，也會毫不費力就捨利而取仁。

這樣立身處世，蓋棺之前算賬，在俗世之利項內，也許損失不少吧？大概會是這樣。但是也不無收穫，這是心安理得。如果竟是這樣，那就應該想到，這是古今聖賢企求而未必能得的，今由歸仁而得之，甚至可以含笑於地下了吧？

五七 取義

在儒家的思想體系裏，仁和義有密切關係。孟子見梁惠王，說自己的治國平天下的主張，開宗明義就是"亦有仁義而已矣"。孔子推仁為至上德，也重視義，說"不義而富且貴，於我如浮雲"，"君子之仕也，行其義也"（借子路之口）。這樣說，義也是一種美德。與仁有沒有分別呢？應該有分別，分別是：仁是指明應該做甚麼；義只是說，凡是應該做的就一定要做，凡是不應該做的就一定不要做；仁有具體內容，是"愛人"，義沒有，應該不應該，要另找標準。但義是一種道德的約束力量，善行之能否見於實行，要看這約束力量的能否有效，所以，至少是在某些時候（比如知而未必能行的時候），它就像是更加重要。孟子就是這樣看的，在《告子上》篇說：

魚，我所欲也，熊掌，亦我所欲也，二者不可得兼，捨魚而取熊掌者也。生，亦我所欲也，義，亦我所欲也，二者不可得兼，捨生而取義者也。生亦我所欲，所欲有甚於生者，故不為苟得也。死亦我所惡，所惡有甚於死者，故患有所不辟（避）也。

在同一篇還說：

　　仁，人心也；義，人路也。

　　這就表示，有了善心，還要堅決付諸實行，這堅決就是義，甚至生死的重要關頭也不躊躇，此之謂捨生取義。顯然，人，立身處世，取法乎上，就應該取義，即當做的，無論如何艱險也要做，不當做的，無論如何難於節制也要不做。

　　當做則做，不當做則不做，作為一項行事的原則，或說一種德，估計不會有人反對。問題來於過渡到具體內容，即某一事，當做還是不當做，或者說，做了，合於義還是不合於義，不同的人就可能有不同的看法。如果這不同的人是不同地域、不同時代的，則看法不同的可能就幾乎會成為必然。單說不同時代，君辱臣死，舊時代當作大義，辛亥革命以後，除了少數遺老遺少以外，還有誰這樣看呢？這看法的不同還會表現在同一個時代，舉個不大不小的近事為例，"文革"初期的除四舊，在除的人看來，當然是義，被除的人呢，也會相信是義嗎？對於某一事，如此做義不義，看法的分歧關係不大，反正逝水不能倒流，過去就過去了。但這會使我們想到一個大問題，是某一事，做之前，如何斷定是義還是不義？顯然，如果這個問題不能解決，取義、捨不義也就成為一句空話，因為不知道是義還是不義，也就難定取捨，必致行止兩難了。

　　這兩難的情況大概不會很多，因為人的一生，所經歷的絕大部分是家常小事，這一般是依習慣處理，不會碰到需要分辨義還是不義的問題。但也會有例外，比如一個不遠不近的人請吃飯，疑惑他的錢可能來路不正，赴宴與否就會牽涉到義還是不義的問題，也就會進退兩難。不過這類事究竟關係不大，不多思考也可以。關係大的通常是非家常的大事。可以是家門之內的，如多年夫妻，反目，有子女，有意離異，離還是不離，就可能牽涉到義還是不義的問題。絕大多數是家門之外的，比如政場有鬥爭，不管左祖還是右祖，就都躲不開義還是不義的問題。有問題，要解決，這就不能不有個分辨是非的標準。找到個標準不難，困難的是這個標準也能說服別人。換句話說，是別人也可能有另外的標準。標準不同，對於同一事，就會有的人當作義，有的人當作不義。這樣的分歧如何處理？理論上可以論辯，實際上卻常常是，如果雙方勢均力敵，就道不同不相為謀，各行其是；如果不勢均力敵，如第一次世界大戰，英國參戰，羅素反戰，政府說而不服，就只好把他關在監獄裏。關，身像是服了，心當然沒服，因為他不會放棄他的分辨義還是不義的標準。

可見關係重大的是分辨是（義）非（不義）的標準。標準來路不同，深度廣度不同，也不可免地有是非問題。就一般人說，判斷某一事的是與非，總是憑直覺，即想不到還要甚麼標準。以救死扶傷為例，某甲，兩次遇見有死亡危險的人，乙是因車禍，丙是因自殺，都盡全力搶救，他自己，以及路人，都認為他是做了好事。如果有的人有窮理之癖，問這位做好事的，自殺，是本人覺得生不如死，你違反本人意願讓他不死，對嗎？如果這位某甲受了窮理癖的傳染，也深入思索，他就會感到惶惑，因為他並未想到的那個"生比死好"的標準受到挑戰。還是就一般人說，遇一事，能判斷是非，慣於判斷是非，可見心目中是有標準，縱使從未想到過。這樣的標準，主要由兩種渠道來。其一是傳統，就是千百年來認為對的，絕大多數人，還會不經思索就認為對。自然，這認為對的，可能真就不錯。但也可能，就是在當時，也並不合理。實例多得很，大小各舉兩種：如信最高統治者為神明，慣於山呼萬歲，信婦女守節為大德，請求旌表，是大的；厚葬，多生，是小的。其二是時風，即城鄉，大街小巷，三教九流，都覺得如何如何才光彩。同樣，這眾人趨之若鶩的，可能真就光彩。但也可能隱藏著大問題，如發財、享受（或重點是闊氣）第一就是這樣。時風有力，力來自人多勢眾，傳統更有力，因為於人多勢眾之外，還有時間長。這情況使我們不能不想到一個大問題，是標準未必靠得住，遇事，斷定義還是不義就成為大難，怎麼辦？

　　一種理想的辦法是，洞察人生，廣參學理，然後一以貫之。這是遇事，決定如何處理，不僅知其當然，而且知其所以然。古今中外，有不少賢哲就是這樣。但賢哲終歸是少數；又這一以貫之常常未必能合於時宜，也就會坐而可言，起而不能實行。只好實事求是，在標準方面不求全責備。這精神是，理想高，力有所不及，但又不能裹足不前，就只好退而安於其次，是信己之所信。仍以救死扶傷為例，見人自殺，因為相信

（或並不覺得）活比死好，就盡力搶救，而不問活著是否真比死好，以及這不想活的人活著是否真比死好。這種退而安於其次的辦法，不得已之外，也未嘗不可以找到積極的理由。其一是，這判斷是非的標準，就其成品說是常識，常識是群體長時期首肯的，它就一定含有合理的成分，或者說，有用的成分。其二，照己之所信做，即使這所信未必合理，專就信受奉行說還是可取的。舉例說，舊時代有不少婦女相信餓死事小，失節事大，因而甚至為未成婚的丈夫終身守節，我們今天看，這所信是錯了，但對於信己之所信，並進而實行的人，我們還是應該憐憫並加些欽佩之情的。當然，如果對於常識的所信，能夠不人云亦云，而是經過思辨之後再決定接受或不接受，那就更好。

思辨的結果，有可能合於傳統和時風（包括自上而下的命令），也有可能不合於傳統和時風，如何處理？只能都信己之所信，因為信己之所不信是既背理又背德的。然後是行己之所信，這就是取義。其反面，行己之所不信，是委曲求全，甚至作偽，義也就化為空無了。這樣說，是立身處世，對於非家常的大事，判定是非，標準可以（不是最好）不深究，而判定是非之後，就要堅決取義而捨不義，甚至如孟子所說，捨生也在所不惜。這所說也許過於理想嗎？走上大街看看，確是這樣，因為摩肩接踵，有不少人是為私利而無所不為，根本就想不到還有義和不義的問題。那麼，為甚麼還要強調取義呢？也只是希望，有些人，即使不會很多，還能夠"窮則獨善其身"而已。

五八　老年

《論語》有"未知生，焉知死"的話，這裏用"六經皆我注腳"（陸九淵語）法，説我們知道有生必有死，卻苦於不能知道我們自己，何以會有生，何時會有死。人糊裏糊塗生了，呼吸食息，忙著或慢慢地，送走舊的一天，迎接新的一天，走向哪裏？走向盡頭，死。可是何時是盡頭，除極少數人的特殊情況以外，不知道。但大致可以知道（根據概率），如果盡頭不提前，就還有靠近盡頭的那一段生涯，我們稱為"老"。指實説，是六十歲以後，如果以人生八十今日不稀的情況為準，這老的一段大致相當於人生全程的最後一個四分之一。與前三個四分之一相比，尤其前兩個四分之一相比，單看外表，自上而下，頭髮白了，眼睛花了，面如凝脂變為滿臉皺紋，牙齒脱落至少是殘缺搖動，走路蹣跚，連個頭兒也收縮不少，總之是走下坡路了。

所以人都不歡迎老，或簡直説是怕老。尤以現代的婦女為甚。這也難怪，誰願意花容月貌變為雞皮鶴髮呢？所以如我們所常見，有些年逾不惑的還自信為不減當年，別人叫她一聲小甚麼，心裏就感到舒服。怕，有原因，而且不只一項。其一最根本，也就最嚴重，是老，暗示或明示，乃死之將至，或走近死。説起來頗為悽慘，人是受天命的左右夾攻式的播弄，這左右是，強烈希望活著，卻又不得不死。死，在生命旅程的前半，因離得遠而顯得渺茫；到最後的四分之一，遠的移近了，渺茫也就變為清晰。這清晰，自然看不見，但不會想不到。這想到的景象是老帶來的，老就成為送信的，甚至高升為原因，所以就成為不受歡迎的。還不止此也。

其二，老的結果，上面曾經提到，最直接的是精力的衰退。聰明變為遲鈍，強記變為健忘，強壯變為衰弱，多藝變為少能，總之，原來能做的不能做了，原來做得好的做不好了。俗話說“好漢不提當年勇”，但忘掉當年勇也很難，於是回首當年就難免感到所失太多。這所失都是老的結果，集中為主觀感受就成為“不中用”或“無用”。當年也許走南闖北，叱咤風雲，因老而成為無用，不要說有特殊地位的，就是一般人，也不能不含淚慨嘆吧？

其三，老，有如晚秋的草木，葉片黃落，與春日開花時期相比，就既難看又慘淡。這是說，人，青春時期是美麗的，珍貴的，而老則使這些都化為空無。世上不少才子和佳人，退一步，就是一般人，也必有“雕欄玉砌應猶在，只是朱顏改”（南唐·李煜《虞美人》）的感傷了。

其四，有不少人，老還會使他們失掉權力。權力有大小，如政治性的大，工商性的小，家庭性的更小。有的人政治上有或高或低的位，因老退了，説話就不再管用。小至家門之內，因年老，精力不濟，或兼財力不濟，說話，可能兒孫就不再聽。說了算變為說了不算，除非有莊子"寧曳尾於涂中"的高見或偏見，是難得不傷心的。

其五，是難免多與親友訣別，也就難免哀傷。人壽不齊，自己的有遠近關係的各色人等中，單說年歲不超過自己的，總會有人不能越過古稀，那就本想多聚會幾年，他或她卻先走了。這他或她，也許關係很近，如夫或妻，走的走了，剩下的一個，睹物思人，其悽苦就可想而知。稍遠，關係也不壞的，如志同道合的朋友，走了一個，剩下的一個也難免，想到當年聚會之樂，或路過黃公酒壚，就不能不興起思舊的悲痛。所有這類愁苦，非老年也可能有，但那是偶然，老之後就成為必然。

其六，老，接近死，但還沒死，也就同樣要活。要活，就不能缺少物質條件。這，至少就理論說，要用勞力換，可是勞動的能力差了，甚至沒了，怎麼辦？高級人物有離休待遇，次高級人物有退休待遇，可有恃而無恐。沒有這種待遇的，當然最好能有足夠的積蓄。如果這退一步的辦法也落了空，那就只好靠兒女。但這要一，有兒女，二，兒女有扶養能力，三，還有傳說的烏鴉反哺之心，幸而三樣俱全，每日三餐，端起飯碗，想到人老珠黃，落得靠兒女度日，也總當不是滋味吧？何況這不是滋味的取得也並不容易。那就還有一個據說頗為舒適的退路，進養老院。且不說是否真正舒適，比舒適更為迫切的問題是有沒有，能不能進。總之，正如處處可以避雨，卻常常不免於淋濕一樣，有不少人，因為老，衣食住等條件就成了問題，其境遇自然就成為吃不飽、穿不暖。到這種時候，惟心就行不通了，而是恰好相反，心由境造，必成為苦不堪言。

其七，但惟心也仍然會起作用，這是指衣食不成問題的，還不免於有兩種心情，一種較清晰，是孤獨之感，或被人忘卻之感。年輕人（也可兼壯年），有用，可愛，或單槍匹馬，只是有用，或只是可愛，總之，有可取之點，就不會門前冷落車馬稀。老了，有用變為無用，可愛變為無可愛，即使偶爾有人上門，也大多是依俗禮來表示存問，心裏未必是火熱的，何況這偶爾也經常是可望而難於成為現實。人，除了有解脫宏願，甘心住茅棚參禪的信士弟子以外，有誰能忍受，身尚在而像是世間已不覺得有此人的冷漠待遇呢？但情勢又不允許用甚麼辦法乞憐，勉強一些人，相識的，不相識的，也年老的，不老的，村的，俏的，登堂入室，來湊湊熱鬧。萬不得已，只好希望有個老伴，晨昏在室內活動，以顯示還有人知道，自己還沒有離開這個世界。這是慰情聊勝無。但這要有老伴；有的人沒有，那就真是孤獨而又孤獨了。這種苦是一種心情的苦，感到窮途末路的苦，至少是有些人，其難忍程度會不下於吃不飽穿不暖的。

其八，還有一種較模糊的心情，是日長如小年，難於消遣。這心情有複雜的來源。一種是無事可做，或說沒有甚麼任務需要完成。無事，身閒，心反而容易不閒，所以也就不能安然。另一種是曾經滄海難為水，覺得做甚麼都不再有意思，但一晝夜仍是二十四小時，也就成為難揰。還有一種，是原來佔據時間的幻想和工作之外的多種活動沒有了，時間就像是由短變長，度日也就成為較難。這種心情的難，局外人體會不到，所以甚至推想為老年人的清福；其實呢，老年人同樣是不能適應過於清的。

以上老年的多種情況，還可以總而言之，是先為天所棄，接著也就為人所棄。為所棄，於是成為無足輕重，至少是感到無足輕重。這是苦，佛家所說四苦（生老病死）中的一種苦，老苦。如何對待？依照王陽明的想法，行之前先要能知，那就從認識談起。世俗，也有把一部分人的老當作幸福的，如郭子儀之流是福祿壽三全，或一般鄉里富翁，是福壽雙全。這是因為，天災人禍，生路過於艱險，少數人化險為夷，衣食不愁，而且高壽，世間罕見，就像是很幸福了。不視老為苦，也有非世俗的，如《莊子·大宗師》篇說："大塊載我以形，勞我以生，佚我以老，息我以死。"就認為老可以使人獲得安逸。不過《莊子》的態度不是一以貫之的，如在《天地》篇又說："壽則多辱。"辱指甚麼，下文沒有正面說，由"鶉衣而食，鳥行而無彰"的聖人之道推想，辱是來於執著，多有所求，也許與孔子所說"及其老也，血氣既衰，戒之在得"是一路。世俗之見是有所求，但不高，只是"實其腹"，這樣，腹實不實就都可以"虛其心"。"佚我以老"和"戒之在得"的所求是安分。兩者都可以歸入以靜求心安一流。還有以動求心安的，那是"老驥伏櫪，志在千里，烈士暮年，壯心不已"（魏·曹操《龜雖壽》）。人心之不同各如其面；但又殊途而同歸，即趨樂避苦而已。

　　如何趨避？我個人的想法，由老而來的苦，可分為物的和心的兩類，如衣食不足、精力日下等是物的，孤獨、難消永日等情懷是心的。物方面的問題，未必容易解決卻不難講，這裏只說心方面的。最好能夠"不識不知，順帝之則"。這是剛才說過的老子設想的"虛其心，實其腹"，也就是少思寡欲的境界，如果天機深，不經修持而能夠到此境界，則一切經典箋疏等就都可以作廢。可惜是我們都不能虛其心，用這個藥方來治病苦就做不到了。只好退一步，求多思之後能夠知天命，然後是安之若命。這也是個理想的境界，是一切任自然，得之不喜，失之不憂，如果心情能夠這樣，老不老自然也就成為無所謂。

　　但這終歸是理想，成為現實大不易。只好再退，求個可行之道，是變守為攻法。還可以分為高低或剛柔兩級。高是"自豪"，即盡己力之所能，幹點甚麼，並求能有或大或小的成就。只舉一個例，陳寅恪先生晚年失明，寫了八十萬言的《柳如是別傳》，這要幾年時間，日日神遊於我聞室與絳雲樓之間，也就不會有老的煩惱了吧？還有低的一路是"自欺"，即也找點事做，無名無利（包括對社會），卻是自己之所好，旁人眼中也許認為不值得，自己卻覺得有意思，境由心造，也就可以使隨老而來的苦減輕甚至化為空無。例很多，如養花、養鳥之類就是。

　　治老之病，還可以多種藥兼用。如出門跳迪斯克，入門寫《歸田錄》；一陣不快，哼兩句"春花秋月何時了，往事知多少"（南唐・李煜《虞美人》）之後，想想《莊子》的"知其不可奈何而安之若命"，如果能夠化悵惘為平和，也就夠了。根治是不可能的，因為有了生就不能不往前走，走就終會經過老而達到盡頭，這種種總不是自己心甘情願的。

五九 死亡

佛家有一句口頭禪，是"生死事大"。宋儒批評說，總是喊生死事大，就是因為怕死。這批評得不錯，即如《涅槃經》之類記釋迦牟尼示寂，也是萬眾痛哭，哭甚麼？自然是因為不願意死而竟死了。俗人就更不用說，如東晉謝安、支遁等蘭亭修禊詩酒之會，由王羲之作序，說了"天朗氣清，惠風和暢"等許多好話之後，還引一句古人云，是"死生亦大矣。"（見《莊子·德充符》仲尼曰）。意思顯然是，如果能不死該多好，可惜是不能不死。那還是昔日；到現在，生死事大一類說法就有了更為沉痛的意義。因為昔人的世界是《聊齋志異》式的，死是形滅而神存，這神，或說靈魂，還可以到另一個世界，雖然昏暗一些，陰冷一些，卻還有佳人的美麗，親友的溫暖，總之，只是變而沒有斷滅。現在不同了，科學知識趕走了《聊齋志異》式的世界，我們幾乎都知道，神是形的活動，形亡，神也就不存了，就是說，生涯只此一次，死帶來的是立即斷滅。有的人有黃金屋，其中藏著顏如玉，下降，也會有柴門斗室，其中藏若干卷破書，再降，總當有些遺憾、有些期望吧，一旦撒手而去，都成為空無，其痛苦就可想而知了。

這痛苦，前面提到過，是來於天命的兩面夾攻：一面是熱愛活著,另一面是不得不死。很明顯,解除痛苦之道就成為,其中的一方必須退讓,即或者走叔本華的路,不以活著為可取,或者走葛洪的路,煉丹以求長生(還要真能有成)。先說前一條路,改變對活的態度,即變愛為不愛,至少是無所謂。這顯然很難,因為要有能打敗"天命之謂性"的兵力。就理論說,叔本華像是應該有此強大的兵力,而且他寫過一篇《論自殺》的文章,說無妨把自殺當作向自然的挑戰;可是他卻還是壽終的,這就可證,在這類生死事大的問題上,不率性而行,說說容易,真去做就難了。真去做,是可生可死之間選擇了死,就原因說有兩種情況。一種是為取義而捨生,如傳說的伯夷、叔齊之餓死首陽山,文天祥之柴市就義,就是此類。另一種是為苦難之難忍而捨生,如因失戀、因患不治之症、因逃刑罰而自殺,就是此類,這算不算變了樂生的態度呢?似乎不能算,因為他們的生帶有難忍之苦,是因為避苦才捨生;如果沒有這難忍之苦,他們會同一般人一樣,高高興興地活下去的。不樂生,即反天命,難。可以退一步,純任自然,不執著於生死。莊子走的是這一條路,所以視妻死為無所謂,該歌唱的時候就照常鼓盆而歌。這比怕死確是高了一著,但也沒有高到不樂生的程度,因為他不就官位的理由是寧曳尾於塗中,仍然有活著比死好之意。總而言之,擺脫兩面夾攻的困境,打退樂生的一方,這條路是難通的。只好調轉兵力,試試天命的另一方,不得不死,能不能退讓。辦法有國產的。秦皇、漢武,攬盡人間之權,享盡人間之樂,當然更捨不得死,於是寄希望於方士，費力不小，花錢不少，結果是受了騙，漢武後來居上，勉強活過古稀，秦皇則未及知命，就都見了上帝。方士是騙人。還有自騙的，是道士的煉丹，據說九轉之後，吃了就可以長生不老。可是葛洪之流終歸還是死了，未能住今日的白雲觀。國產的不靈，還可以試試進口的。據說高科技的一支正在研究不能長生的原因，一旦明白了，依照因果規律，去其因自然就可以滅其果。與方士和道士相比，這是由幻想前進為科學，也許真就有希望吧？但這總是將來的事，遠水不解近渴，就今日說今日，我們仍只能承認，想打退不得不死的天命，我們還辦不到。也就不得不還面對死的問題。

依"天命之謂性，率性之謂道"之理，或只是依常識，死既不可免，我們所能求的只是，一，儘量晚些來，二，伴死而來的苦儘量減少。先說前一個要求，還間或有例外，即早死與晚死之間，如果允許選擇，宜於選取前者。想到的有四種情況。一種，典型的例是患不治且極端痛苦之症，至少就本人的意願說，晚離開這個世界就不如早離開。另一種，如果我們接受傳統的評價意見，王莽就不如早死些年，原因是如白居易作詩所詠嘆，"向使當初身便死，一生真偽復誰知"（唐·白居易《放言》）。歷史上不少大人物，如梁武帝、唐明皇之流，早死就少做不少荒唐事，也就以早見上帝為佳。還有一種，舉近事為例，梅蘭芳和老舍都是文化界的大名人，可是生命結束的情況有天淵之別，梅壽終正寢，老舍跳太平湖。梅何以得天獨厚？也不過早死幾年罷了。這樣，以算盤決定行止，老舍就不如早死幾年。還可以再説一種情況，是由老百姓的眼睛看，嗜殺人整人的暴君，高壽就不如早死，因為早死一天，小民就可以早一天解倒懸之苦。何以這樣説？有典籍的所記為證，是"時日曷喪？予及汝皆亡"（《尚書·湯誓》）。但例外終歸是例外，不能破壞通則；通則由常人常態來，總是認為，只要能活，還是以不死為好。

　　但是，以上例外的第一種情況使我們想到一個與法律和道德有關的大問題，是：如果一個人因某種原因確信自己生不如死，他應否享有選擇死的自由？以及別人從旁幫助他實現死的願望，法律和道德應否允許？這個問題很複雜，幾乎複雜到難於講清楚。清楚由講理來，可惜在生死事大方面，常常像是不能講理。不信就試試。人，稱為人就有了生命，並從而有了活的權利；死也是與生命有不解之緣的，為甚麼人就沒有這樣的權利？有人也許會説，並沒有人這樣説，法律也沒有明文規定。那就看事實。為甚麼事，某甲自殺，某乙看到，某乙有救或不救的兩種自由，他可以任意行使一種自由，法律都不過問；可是道德過問，表現為自己的良心和他人的輿論，即救則心裏安然，受到稱讚，反之會心不安，受到唾罵。這是除自殺者本人以外，都不承認他有死的自由，甚至權利。為甚麼不承認？理由由直覺來，不是由理來。近些年來，據説也有不少人想到理，以具體事為例，如有的人到癌症晚期，痛苦難忍，而又確知必不治，本人希望早結束生命，主張醫生可以助人為樂，幫助他實現願望。這個想法，就理説像是不錯，可是付諸

346

實行就大難。難關還不只一個。前一個是總的，就是先要有個容許醫生這樣做的立法。立法要經過辯論，然後表決，推想這是同意一個人去死，沒有造大反的勇氣，投贊成票是很難的。還有後一個零星的難關，是醫生和家屬都是理學家而不管直覺。直覺是好死不如賴活著，即怕死，這是天命。一二人之些微的造反的想法是奈何它不得的。

這就還會留下伴死而來的苦，如何對待？上面說可以儘量求晚來，這，且不問容易不容易，也許有些用，因為有如還債，需要明年還的，總會比需要今年還的，顯得輕鬆一些。但不會有大用，因為捱到明年，終歸是不得不還。所以首要的還是想辦法，求伴死而來的苦儘量減少。伴死而來的苦，有身的，有心的。身的苦，常識的範圍大，包括接近死的或長或短的一段病苦，這可以借醫療的力量減輕。這一段的晚期，還可能包括這樣的一段，喪失知覺而其他器官還在活動，算不算還在活著呢？自己以外的人說還在活著；自己就未必這樣認為，因為不能覺知的活著，至少是主觀方面，與死並沒有分別。然後來了那個神秘的交界，由生到死（生命的終結）。這交界，如果用時間來表示，也許數理學家有辦法，我們常人只好不求甚解，說是看錶，幾點幾分，死了。這幾點幾分，即死，結束的大事，有沒有苦（苦都是親身感知的）？如果有，是甚麼樣的？蘇格拉底說，不知道，因為死，一生只有一次，還沒經驗過。

所以，我想，伴死而來的苦幾乎都是心的，或乾脆說，因為想活著，還能看這個，看那個，幹這個，幹那個，一想到必有個終結，就捨不得，因而怕。有甚麼辦法可以變怕為不怕？可用的藥方不只一種，但都未必能有特效，因為，正如孟德斯鳩所說，是"帝力之大，如吾力之為微"，天命之謂性，不率性是很難的。不得已，只好得病亂投醫，甚至找個偏方試試。一種辦法由邏輯來，既然怕是由於捨不得生的一切，那就應該使生的一切成為不值得留戀。門路也可以有物的和心的兩種。物的是生活的各個方面有苦而無樂，甚至苦到難忍的程度。這樣的境遇也許能夠起不樂生的作用，可是它會主動來嗎？除了發瘋，是沒有人這樣幹的。還有，這樣的境遇，如十年浩劫期間，被動來了，事實還是極少數自裁，絕大多數為保命而忍忍忍，可見境遇不佳也未必能夠引來厭世思想。物的不成，門路還有一種心的。可以是佛家的婆婆世界，也可以是叔本華的悲觀主義，總之，都說世間無樂，也就不值得愛戀。如果境真可以由心造，這想得不壞。可是，問題是，說容易，不要說做，真那樣想也大難，因為，在書面上萬法皆空，離開書面，黃金屋，顏如玉，總是實而又實的。

　　通過厭世以求不怕死，這個辦法不成，只好試試另一種辦法，是求功成名就，男婚女嫁，一切應做想做的事一了百了，一旦撒手而去也就可以瞑目。儒家，或說一般人，就是這樣想的，有生之年，努力，立德，或立功，或立言，積累了不朽的資本，或下降，只是為兒孫留下可觀的產業，也就可以平心靜氣地置墳塋，備棺木，迎接捐館了吧？我的想法，這也是把惟危的人心看得太簡單了。如曹公孟德，可謂功成名就，可是垂危之際，還敦囑分香賣履，望西陵原上。敦囑，總是因為捨不得，也就不能不怕。人總是人，《古詩十九首》說："生年不滿百，常懷千歲憂。"不這樣的終是太少了。

再一種辦法是《莊子》的，還可以分為低和高兩個層次，都見《大宗師》篇。低的是任運，就是生活中無論遇見甚麼不如意事，都處之泰然，如設想的至人子輿病時所說："浸假而化予之左臂以為雞，予因以求時夜；浸假而化予之右臂以為彈，予因以求鴞炙；浸假而化予之尻以為輪，以神為馬，予因以乘之，豈更駕哉！且夫得者，時也，失者，順也；安時而處順，哀樂不能入也。"死也是失，推想也必哀樂不能入，不能入是情不動，怕自然就消亡了。還有高的是"息我以死"，如果認識真能這樣，勞累一生，最後死給送來安息，那就失變為得，與基督教的死後陪伴上帝，佛教淨土宗的死後往生淨土，成為一路，自然也就可以心安了。但這也會有缺點，是要有莊子設想的至人的修養，至於一般人，就會感到"仰之彌高"，甚至如"下士聞道"，大笑之吧？

最後還有一個辦法，是多看宏觀，多想哲理，也無妨試試。在宏觀的內容中，生命，尤其一己的，究竟太渺小了。在哲理的思辨中，人生的價值會成為渺茫。渺小加渺茫，不執著也罷。

以上處方說了不少。可惜我們的怕死之病由天命來，根子太硬，也就幾乎成為不治。所以野馬跑了一大圈，轉回來，想到生死事大，可能還是直覺佔了上風，於是不能不說，有了生，還不得不結束，而且只此一次，終是太遺憾了。

六○　身後

這本小書該結束了，想到從各個方面談人生，近思遠想，且不管談得怎麼樣，總該問問，這值得嗎？不問則已，一問就不由得想到可憐，甚至可笑。談，可憐；更嚴重的是所談，即人生，同樣可憐。為甚麼會有生，我們不知道。有了生，愛得了不得，想盡辦法求能活，為甚麼，我們也不知道。願意活，而偏偏不能如願，自然，天命，或再神奇一些，上帝，為甚麼這樣演化，或安排，我們還是不知道。我們微弱，只能接受定命，或動或靜，等待死。死，如莊子所說，"息我以死"，依理可以一了百了了吧？然而不然。舉古今高低不同的兩個人為例。魏武，至少在這方面同凡人一樣，也迎來死之將至，瞑目前口述遺令，不忘姬姜，讓她們分香賣履，定時望西陵墓田。可是入墓田不久，姬姜們就被移到曹丕的後宮，陪酒賠笑去了。另一個無名氏，沒有英雄一世，卻幸或不幸，略有資產，而且上壽，至"文革"時期而仍健在，信傳統，願意入棺土葬，於是遠在死之前就準備了講究的棺木。這也是遺令性質，可是也如魏武，未能如願，因為被紅衛英雄除四舊時除了。這兩個例都表示，就是已經俯首接受死，還會留個可憐的尾巴。

　　這可憐的尾巴是有關身後的，因而就引來應該如何處理身後事的問題。顯然，這先要看對於身後的情況，自己是怎樣推想的。秦始皇大造兵馬俑，是因為他推想，或説信，死後他還是帝王，也就還需要武力，去征服疆界以外的大民，鎮壓疆界以內的小民。一般小民呢，不需要兵馬俑，卻仍舊要花錢，見小鬼，準陽世之例，不能不意思意思，路過酒舖，難免想喝幾口，所以儉之又儉，也要棺內放些銅錢，棺外燒些紙錢。這是信死後仍然有知，或説身死而靈魂不滅。如果真是這樣，如秦始皇，大造兵馬俑，如歷代不少高級人物，迫使姬妾殉葬，如一般小民，清明時節，紙（錢）灰飛作白蝴蝶，等等，就對了。不只對，而且很好，因為這樣，我們的世界就成為《聊齋志異》式的，我們的生命就沒有斷滅，或者説，我們渴想活著，就真正如願了，雖然這如願要打點折扣，即要換換方式。但信身後仍有另一形式的存在，也會引來情理上的不少麻煩，只説兩種。一種是國產的不變，如崇禎皇帝走投無路，只得自殺，死前説無面目見祖先於地下，這是相信祖先仍存在於地下，就這樣長存而不變嗎？如果是這樣，比如第一代祖先短壽，死時二十歲，第三代祖先長壽，死時八十歲，都同住於地下，那就八十歲老朽要呼二十歲的青年為爺爺，就是在陰間，也太離奇了吧？另一種是（印度）進口的，死後要輪迴，也就是要變，比如變的幅度不大（人間道未墮入畜生道），由趙老太太變為錢小姐，清明時節仍到趙老太太墳上燒紙錢，還有甚麼意義呢？這是説，就是相信靈魂不滅，處理身後的問題也難得順理成章。

不能順理成章，也可以用陶淵明的辦法處理，不求甚解。幾千年來，人們就是這樣處理的，比如未亡人對於已亡人，節令燒紙錢，用真食品上供，燒了，紙灰飛作白蝴蝶，不深究能否真正收到，真食品則收回，吃下己肚，也不深究死者未吃如何能夠果腹。這也好，鄭板橋有云，難得糊塗。不幸是西學東漸，先只是泛泛的賽先生，繼而大到河外星系，小到基本粒子，都闖進來，知識成為系統化的另一套，我們就欲糊塗而更不可得。這是説，科學知識表示，我們住的世界不是《聊齋志異》式的，其中可以容納期望和幻想，而是冷冰冰的因果鎖鏈式的，甚麼都是命定的，其中之一既最切身又最可憾，是，至少就個人説，生活只此一次，死則不再能覺知，也就一切化為空無（就是確信這個世界不會因自己之斷滅而斷滅，總是與自己無關了）。

依理，如果確信實際就是這樣，心情也就可以輕鬆，放手不管了。然而又是不然。鮮明而有力的證據是，如果不是措手不及，都會或説或寫，或繁或簡，立遺囑。其意若曰，某某事，如何如何處理，我就心安了。如果這時候邏輯闖進來，説，心安，先要有心，有心，先要有人，事實是人沒了，心也就沒了，還有甚麼安不安呢？可見遺囑式的心安，追問來由，是渴望活著的心情放射為仍有知的幻象；核定實質，是求死前的心滿意足，縱使本人未嘗這樣想。或擴大一些説，只有活人能活動；因而一切得失、一切問題都是活人的；人死就不再有所需，也就不再有問題。扣緊本題說，所謂身後云云，其實都是為生時；一切願望，求實現，不能實現則心不安，都應該是指死前的生時。

這樣理解遺囑一類的期望和行動，有所失，是不得不犧牲身後的一段，因為這一段不屬於自己；不屬於，因為其時已經沒有自己。但也有所得。理由有實惠的和邏輯的兩種。先說實惠的，以唐太宗為例，據傳疾大漸之時，求將繼承皇位的李治，用王羲之的《蘭亭序》帖殉葬，兒子當然跪答遵命。依照我們上面的論證，真用王帖殉葬，唐太宗並沒有甚麼獲得，因為其時已經沒有他。但他又有獲得，而且很大，是兒子表示遵命之時，心裏的欣慰。這樣說，也許過於惟心了嗎？而其實，人生的任何所謂受用，不管來由如何惟物，不通過惟心這條路，是不能受而用之的。再說邏輯的理由，是上面提到的那個闖進來的邏輯，就沒有插嘴之地了，因為把身後的移到死前，則期望、幻想、得失、心安等等就都有了著落，因為人還在，能感知的心也就還在。這樣一來，談到身後問題，我們就等於使陰間的問題陽間化，說為身後，可以費苦心，但所求不過是生時的心安。求心安，馳騁的範圍可以大，比如一個人，不管賽先生怎樣在耳邊大喊沒有鬼神，還是相信死後用錢處不少，那就會多用真錢換紙錢，燒。範圍還可以更大，是擴張到己身以外，比如立遺囑，讓兒孫也多用真錢換紙錢，不斷為自己燒。為求心安，這都情有可原，但化為行動就會觸及是非、好壞問題。分辨的原則仍是上面說到的，一切問題都是活人的，所以一切舉措的好壞，都要看對於活人（包括己身以外的），能否利較多，害較少。

　　以下進一步，或縮小範圍，說為身後事而求心安，通常是做甚麼，或應該做甚麼。可以分作兩類：一類偏於保守，是"盡責"；另一類偏於進取，是"求名"。自然，這只是為了解說的方便，就某一種情況或某一個人說，兩者常常是不能截然分開的。先說盡責。《古詩十九首》說："生年不滿百，常懷千歲憂。"清人徐大椿作詩有這樣一聯："一生那有真閒日，百歲應多未了緣。"人，即使謙退，而且高壽，總不會感到，一切心期都已經滿足，一切心債都已經償還，可以輕裝去見上帝。也為了解說的方便，我們稱一切當做的以及想做的為人生之債。就老之已至以及未老而死之將至的人說，人人有債。有的人債多，有的人債少。有的人債重，如青壯年夭折，撇下嬌妻弱子；有的人債輕，如還想看看黃山。有的人債複雜，如想以己力求得治平；有的人債單純，如一部書，想寫完。債的性質也各式各樣。有的債非還不可，如扶養無工作能力的親屬；有的債還不還兩可，如想坐坐超音速飛機。有的債影響面大，如研究抗某種病毒的新藥；有的債影響面小，如想學會拉小提琴。有的債容易還，如想寫一篇以教師為題材的小說；有的債不容易還，如把二十四史翻譯成白話。總之，如果把當做的以及想做的都當作債，那就就性質說多到無限，就數目說也多到無限。通常，一個人的債總不會多到無限。但也不會少到稀稀落落，舉目可見，屈指可數。應如何對待？自然只能說説原則。那是一，爭取早清，即今年能做的不要推到明年，因為明年怎麼樣，不能預知。二，爭取多清，多清則遺憾少，有利於心安。三，要分緩急，如影響大的必急，影響小的可緩，應該先急後緩。四，除非萬不得已，以少拉新債為是。五，盡人力，由於客觀原因或主觀原因，不能如願，無妨用道家的態度，即安之若命，而不怨天尤人。

再談進取的一類，求名。人過留名，雁過留聲，正如有了生，兢兢業業活一場，同樣沒有究極意義。這裏談身後，已經肯定了死前心安的價值，也就可以不必往形而上的悶葫蘆裏鑽，自討苦吃。不形而上，也就是信任常識，我們都認為，有名比無名好，名大比名小好。名有好壞問題，比如依照歷史的評價，岳飛和秦檜都有名，前者好，後者壞。歷史時期長，難免變，因而好壞的定評也會成為不定。最突出的例是前不久的孔老二又復位為至聖先師。在這裏，我們可以不岔出去，只說所謂名，都是指流芳而不包括遺臭的，那就會想到一種情況，是求名，想到身後的時候就更加急迫。原因有二：一是時間不多了，慢慢積累必須變為搶修；二，想到生命結束，才更珍視流芳千古。流芳，就是不求千古也大不易，要如何努力？古人有立德、立功、立言之說，三種成其一就可以不朽。我們也未嘗不可以來個三合一，說求名而得，就要在利人（或說造福社會）的事業方面有較大成就。舉古今中外的二人二事為例。司馬遷，流芳千古，是因為寫了《史記》。華盛頓，也流芳千古，是因為爭得獨立，還為美國創建了個民主制度。傳名後世，也有多靠機遇的，如楊貴妃，是因為長得美，又碰巧有個皇帝愛她。憑機遇而得名更難，所以較穩妥之道還是在立德、立功、立言方面多想想辦法。當然，再說一次，所謂身後名，名者，實之賓也，連帶他人和社會得到的福利不管有多大，本人的所得，仍只能是瞑目前的心情欣慰而已。

　　還有兩個與身後密切相關的問題，葬和遺囑，也想談談。先說葬。昔日相信靈魂不滅，兼為名（闊氣、孝等）利（死後享用），都願意厚葬；只有極少數例外，如西漢楊王孫（主張裸葬，求速朽）之流。這樣，以君王為首，富貴人家隨著，老百姓是草上之風必偃，浪費就太多了。現在靈魂隨著形體滅了，如果厚葬（買墓地，立碑，著華貴衣服，開各種紀念會，等等），就成為只求名而無利。但不會完全躲開利的問題。這是說，為死者多耗費一文錢，就是生者多損失一文錢。根據以上一切問題都是活人的這個原則，把活人可用之物消耗於死人，是不合理的。還有，所謂名，不過是有錢，肯花，有甚麼值得炫耀的呢，所以應該薄葬，越薄越好，把節省下來的財物、時間、精力等為活人用。至於死後留痕問題，我以為可以因人而異。極少數人，真正流芳千古的，當然會有不少後代人懷念他（或她），那就入墓地，立豐碑，也好，因為後代人需要。至於一般人，名不見經傳，功伐不入史冊，即使有錢，似乎也不必買墓地，立石碑，因為這樣可以為活人減輕多種負擔（花錢，佔地，直到過路人不得不看一眼，等等），也算為身後做一件好事。近年還有遺體捐贈醫院的新辦法，據說那就連一文錢也不用花，而且有益於社會。如果真是這樣，那就後來居上，人都應該取法乎上了。

再說遺囑。人，縱使高壽，也難免有些未了事，所以，如果來得及，遺囑以有為好。人的情況萬殊，遺囑應該說些甚麼，情況也就萬殊。但考慮到所求，處理的原則卻是單一的，是一切要為有關的生者的利益和方便著想。以應該佔重要地位的遺產為例，可以用利取其大、公平照顧為分配的原則，比如數目很大，先提出一部分贊助公共福利事業（建立學校、設獎學金之類），其餘分與親屬，以及窮苦友人等，又，分配提前於生時就辦理完畢，就可以說是盡善盡美。也是根據一切為生者的原則，有些關係不太大的事也以說清楚為是。如喪事一切從簡，遺囑未說，生者也許就要大辦。死後都通知甚麼人，也好開列清楚，因為人生一世，忠恕待人，總會有些心心相印的，你不辭而去，他們會放心不下，雖說事不大，也總是小遺憾吧。還有一點，是生者或心太好，或依時風，蓋棺論定，會說些說者欣賞的溢美之辭，即悼詞八股，這，如果不是自己喜歡聽的，也最好於遺囑中帶上一筆，說本人尚有自知之明，請勿架空關照云云。

幾句下場的話

　　一本也許不當寫的書終於寫完了，學戲曲的有下場詩，應該說幾句下場話。不當寫，理由很簡單，是手無縛雞之力而想扛鼎。事實是不只想，而就真扛了，再說理由也就成為不必要。必要的是說說為甚麼想寫這樣一本書。一本甚麼書？這樣的意思應該在序裏說清楚，因為沒寫序，只好借這裏的一席地先說說。書名《順生論》，"論"用不著解釋，只說"順生"。可以圖省力，用古人語，是《禮記·中庸》開頭所說："天命之謂性，率性之謂道。"古人語過簡，還過舊，怕今人，尤其未頭童齒豁的，看了不很了然，所以易"率性"為"順生"。率性是道，順生自然同樣是道，這道即通常說的人生之道，用大白話說是自己覺得怎麼樣活才好。說"自己"，因為人生之道無限，道不同可以不相為謀，不同的人可以引為同道，所選的道卻總是"自己認為"好的。這就為本書的也許應該算作胡思亂想的許多講法找到個擋箭牌，是其中所寫都是自己的有關人生的所想，也應該並只能是自己的所想。所想是甚麼呢？說簡單也簡單，是我們有了生，生有沒有究極意義或價值，不知道；但有天賦的好惡，如沒理由地覺得活比死好，樂比苦好，這是命定，或説性；已定，抗不了，一條簡便的路，也許竟是合理的路，就成為，順著天命的所定活下去，即本書所謂順生。路平常，理也不深遠，推想也不會有人"真"揭竿而起造反，還"論"它做甚麼呢？是因為一，道，大同難免小異，外形或口頭還難免大異；二，即使不異，有客觀條件和主觀條件的限制，接受順生而真就能夠活得好也大不易。所以也就值得思考，或更不自量力，進而論一下。

轉而説不自量力。如果網密，本書前言中所説，新出生的牛犢不怕虎，我年輕時候改學人生哲學，想弄清楚人生是怎麼回事。怎麼樣生活才好，應該算是第一次。這裏只説第二次，是五十年代中期，忙而又像是行有餘力，老毛病，先是思，繼而像是有所知。古語今語都説，應該，至少是可以，知無不言，言無不盡。但世故的要求是，多説不如少説，少説不如不説。仍是老毛病，憋在心裏不舒服，無已，只好以筆代口，寫出來，自己看看。只寫成相當於本書的第一分，因為以下更難寫，決定擱筆。稿放在一個舊書包裹，睡了差不多十年吧，"文化大革命"的風暴來了，心想談人生，這還了得，性命攸關，趕緊找出來，付之丙丁了。其後雖然日長似歲，終於熬到七十年代，由幹校放還，獨自還鄉，過面壁生活。身心並閒，引來舊病，就是禁不住思，然後是有所見，想拿筆。寫甚麼呢？靈機一動就想到已經化為紙灰的舊稿，於是決定補寫。因為並非急務，斷斷續續，總有三四年吧，又告一段落，這就是本書的第一分。第二分，由形而上變為形而下，原因仍是更難寫，決定不寫。一晃又是十年過去，萬馬齊喑的情況也隨著過去，有不少相知的人有厚意，説關於人生，既然有想法，還是以寫出來為是，至少會有參考價值。我感激，但是有編寫任務以及其他一些雜事，忙，又畏難，一直沒有動筆。直到去年四月，也許受改革開放之風吹得太久了吧，膽量大起來，於是決定繼續寫。雜事多，精力差，斷斷續續，直到昨天近午，共計用了一年零一個月，總算寫完了。

說寫完，不依時風說勝利完成，是因為自己知道，缺點不少。想到的計有五項。其一是，為自己的性格和經歷（包括學業）所限，所說都是自己的一偏之見；一偏，即使未必都錯，也總會閉門像是頭頭是道，開門出去就可能欲行而難通。如果竟是這樣，思，寫，印，賣，都所為何來呢？不敢奢望，只是有些人會知道，對於人生問題，我曾這樣胡思亂想而已。其二是，內容必掛一漏萬，因為人生（事多人多）過於複雜，不管主觀如何想全面，談，總像是酌蠡水於大海。漏有整體方面的，即生活中有，題目裏沒有；有單篇方面的，即某一情況，某題目應該談卻沒有想到。其三是，難免重複，即這裏說了，那裏又說。人生是個整體，拆開是方便說，牽一髮而動全身的情況是不可免的。但這就會使讀者有如聽老太太嘮叨家常，可能感到煩膩。其四是，想法，不同處所的也許間或有不協調甚至吵架的情況，如這裏説是不可免，換個地方也許説應該勉為其難。這情況也許同樣是不可免；但是，如果容忍這樣，總是甘居下游了。其五是，有客觀原因，如問題過於艱深，明説不合時宜，有主觀原因，是才力學力都不夠，自知有些地方說得不夠明白。這沒有辦法改善，因為不是不為也，是不能也。

最後說幾句近於慨嘆的話，是人生，我們時時在其中，像是並不覺得有它；一旦設想跳到其外，繞著它看看，就立刻會發現，它是神異的，或說怪異的。你愛它，它會給你帶來苦；你恨它，卻又躲不開；你同它講理，講不清楚；不講，決心胡混，又會惹來麻煩。真是難辦；難還會殃及池魚，是我寫它的理由也就不易找到。但既然寫了，就總當找個理由。搜索枯腸，勉強想到一個，是：生，來於天命，我們抗不了，於是順；順之暇，我們邁出幾步，反身張目，看看它的臉色，總比渾渾噩噩，交臂失之，或瑟瑟縮縮，不敢仰視，好一些吧？

張中行

1992 年 5 月 10 日